國家圖書館出版品預行編目資料

```
犯罪學：社會學探討 / 侯崇文著.－－初版一刷.－
－臺北市：三民，2019
    面；  公分

  ISBN 978－957－14－6529－6  (平裝)
  1.犯罪學 2.社會學

548.5                                    107020857
```

© 犯罪學
—— 社會學探討

著 作 人	侯崇文
責任編輯	謝采妤
美術設計	吳柔語
發 行 人	劉振強
著作財產權人	三民書局股份有限公司
發 行 所	三民書局股份有限公司
	地址　臺北市復興北路386號
	電話　(02)25006600
	郵撥帳號　0009998-5
門 市 部	(復北店) 臺北市復興北路386號
	(重南店) 臺北市重慶南路一段61號
出版日期	初版一刷　2019年1月
編　　號	S 585910

行政院新聞局登記證局版臺業字第○二○○號

ISBN　978-957-14-6529-6　(平裝)

http://www.sanmin.com.tw　三民網路書店

犯罪學

社會學探討

Criminology
A Sociological Inquiry

侯崇文 著

三民書局

序　言

　　1978 年，筆者出國留學，當時美國的社會學幾乎都是實證研究的天下，任何學術期刊篇篇都是統計數字；在課堂上，我們整天讀統計、研究法，很有成就感。筆者是在這樣的學術氛圍中訓練出來，因此，回國之後，也一直教統計學，總是認為統計分析是社會學探討必備的工具，犯罪學也必須是實證科學的。

　　只是，像筆者重視以統計分析探討法國社會學家艾彌爾・涂爾幹 (Émile Durkheim)「社會事實」(social facts) 的人，為何在教學 30 多年之後，想要來寫一本與歷史暨人類思想有關的書？究竟這是如何發生的？筆者的理由如下：

　　第一，從事犯罪學研究工作多年，筆者看到研究的發現多數是一致的，科學研究有一定的效度，持續支持一些犯罪學理論，這讓筆者相信理論的價值，也因此，我們有必要認真的來認識犯罪學理論，並以理論作為犯罪學發展主要的目的。

　　第二，我們知道，犯罪學理論的產生，都有其時代背景因素，也有這些學者自己的哲學思想基礎，例如：對於人性本質的看法，或者對於社會秩序維護的看法，也因此，我們需要了解這些理論的哲學思想，才能認識理論真正的內涵。

　　的確，犯罪學的理論與歷史或社會思想密切關聯，就如同社會學者 David A. Jones (1986) 在《犯罪學歷史》(*History of Criminology*) 一書中強調者，他說：二十世紀的犯罪學是十八與十九世紀理論的產物，犯罪學的理論不可能無中生有，都是源自於過去的歷史與社會思想。

　　很多犯罪學教科書都會提到犯罪學魔鬼學說，本書亦於第二章做了介紹。魔鬼學說強調超自然力量和犯罪的關係，其實這觀點在今天仍普遍存在，臺灣民間習俗就經常用命理觀點解釋犯罪事件的發生。然而，筆者介

紹魔鬼學說更為重要的目的是學術性的，中世紀的知識論結合了哲學與神學，強調上帝創造一切，掌管一切，使這體系井然有序，永恆運行，而這知識論亦作為教會年代犯罪與犯罪懲罰制度的基礎。

十八世紀時，歐洲興起啟蒙運動 (Age of Enlightenment)，這是一個人類思想的革命，理性主義、科學主義，以及人道主義抬頭，當時多位學者對過去殘酷的刑罰開始反省，甚至於反撲，他們強烈要求改革，這樣的時代背景，使犯罪學古典學派得以出現。及至十九世紀，人類重新檢驗十八世紀過於理想主義的思想，他們用更為務實的態度來思考，嘗試要建立新的社會秩序，這背景也成就了犯罪學實證學派，更讓後來的犯罪學得以在美國開花結果，這些是本書第三、四章會討論的內容。

第五章單獨介紹古典學者艾彌爾·涂爾幹。涂爾幹是一位偉大社會學家，提出社會事實的研究方法，以及強調結構對於犯罪事實的影響，並將之稱為「迷亂」(anomie)。他將犯罪視為一種社會分工，是在社會結構面的變遷與社會規範破產下生成的問題。涂爾幹的犯罪學是巨觀且關注結構面的，他使犯罪學重心脫離以個人作為分析的心理學或生物學取向。

美國第一個社會學系於 1892 年在芝加哥大學成立，這些早期社會學家都負有清教徒的使命感，他們對於都市地區生活環境的惡化、社會控制力消失，及犯罪、罪惡等問題，感到憂心忡忡，因而思考為何有犯罪問題的發生，以及如何解決犯罪問題。芝加哥犯罪學的觀點來自歐洲社會學，尤其受到涂爾幹的影響，他們主張環境區位的解組是犯罪的原因，這論點稱為社會解組理論，是美國社會學探討犯罪問題最早的觀點，這會在第六章討論。

第七章介紹犯罪次文化，這理論源於涂爾幹與 Merton 的迷亂與社會結構傳統，強調貧窮家庭小孩資源不足，容易在制度中遭受挫敗，產生迷亂，進而發展出自己特有的態度、價值觀，但通常是犯罪與偏差、反主流的規範與價值。今日許多人用次文化理論解釋不良少年吸毒或犯罪問題，使這理論具實務應用價值。

和涂爾幹一樣，本書也為古典社會學者馬克斯·韋伯 (Max Weber) 單

獨寫一章。韋伯的了解社會學在於讓大家看到行動者對其行為所給予的主觀詮釋在人類行為上的重要性，如此，韋伯給了犯罪學一個重要的學術資產，也是一個很強烈的信息，他告訴我們，當行動者對其行動賦予了反社會的意義，這會成為犯罪的動機與語言；而當人們給了他們行動正向的意義，則成為不犯罪的關鍵因素。因此，行動者自己對於其行動所賦予的意義對於犯罪學探討是很有價值的，韋伯的論點在第八章中討論。

第九章介紹社會學符號互動理論，乃因許多犯罪學理論都受其影響，包括：社會控制論、中立化技巧、差別接觸理論、標籤論，及社會抑制論等，皆強調犯罪者賦予犯罪活動一個不同於一般人的意義，而這種特別的意義則和人與人互動的內涵與過程有關，屬犯罪學犯罪過程理論典範探討的範疇。

本書也試圖找出犯罪者如何學習定義他們心中的犯罪，如何合理化犯罪的行為，以及如何學習對犯罪的偏好，這些都涉及到犯罪社會化的問題，也涉及社會學符號互動論中人們如何透過互動，進而詮釋他們犯罪的世界的問題。這些犯罪學的解釋寫於第十章：差別接觸與中立化技巧、第十一章：社會控制論，以及第十二章：社會反應的標籤理論。

本書第十三章：衝突、權力與犯罪。這是衝突學派的觀點，這學派對犯罪的發生，犯罪的法律處理與懲罰，提供一個不同的思考方向，有別於前面的章節，頗具強烈批判色彩，強調犯罪者所建構的社會意義往往是被強迫的，或是刻意被製造出來的，有其特定的政治目的。衝突學派同時強調，我們的社會制度不是要解決犯罪問題，而是要維持特定的社會與經濟利益，而犯罪正是這種政治與經濟利益下的結果。

美國犯罪學的成長與社會學一脈相連，很難脫離關係，尤其美國社會學一開始探討的議題就是犯罪與青少年犯罪，在理論上則從區位環境解組與貧窮等社會學因素切入，以奠定學術基礎。可說，犯罪學的發展從未放棄社會學，且犯罪學後來更突破理論典範競爭的迷思，走向多元理論發展與理論整合，而使犯罪學開花結果，逐漸建立自己的科學領域。毫無疑問的，犯罪學發展的成果乃學者們堅定從社會學的思想尋找犯罪問題答案，

並對於社會秩序長期思考的共同結晶。

臺灣犯罪學的發展似乎不同於美國，臺灣犯罪學缺少社會學理論的傳承，這是很可惜的。犯罪學在臺灣的發展一開始是以西方成熟的犯罪學作為基礎，卻欠缺了社會學社會結構、符號互動意義、階級與地位，以及社會秩序如何維持等問題的思考，這是臺灣犯罪學發展的一個負數，也是寫這本書的一個目的。

這本書書名為《犯罪學——社會學探討》(*Criminology: A Sociological Inquiry*)，一來，要提供對於犯罪問題有系統的社會學觀點，讓犯罪學的學生了解，犯罪問題和理論家們的生活歷練與生活環境息息相關；二來，犯罪學的三個典範：功能論、衝突論、互動論，或稱為結構論、衝突論、過程論，分別由古典社會三位學者：涂爾幹、馬克思和韋伯等所支撐起，他們的思想是犯罪學家建構全方位探討與了解的基礎。

筆者反對犯罪學理論典範的競爭，不認為犯罪學個別的理論可以解釋所有的犯罪行為，這樣似乎表示筆者是一位沒有立場的人；事實相反，沒有特別的觀點或立場，這正是筆者對犯罪問題的看法，筆者認為：不管是區位的、結構的、社會互動的、過程的、衝突的，他們對於犯罪問題的思考都很有幫助。畢竟，人類行為相當複雜，單一理論之解釋是不足與殘缺的，因此，較為完全的解釋應該是納入不同觀點、不同角度，尤其是用多元主義 (pluralism) 與科際整合 (inter-discipline) 的角度探究者。

上述多元主義的論點寫在本書最後一章「當代生命歷程典範」，筆者同時提出「我的犯罪學想像」，代表筆者對犯罪社會學的立場，這也和當代許多犯罪學者探索犯罪問題或犯罪者生命歷程變化所持的態度是相同的。

這本書有關社會學者之生平與學術背景介紹多數資料來自「維基百科」(Wikipedia)，就不特別說明參考來源，但為了學術上的嚴謹性，筆者仍對照學術期刊，或學者所隸屬學術機構的說明方落筆。另外，這本書用了大量西方學者思想，理應將這些人的姓名以中文呈現，但因為人數太多，加上擔心翻譯會讓讀者更混淆不清，在與三民書局討論後，決定以英文原名呈現，若帶給讀者困擾，敬請見諒。

　　感謝太太程玲玲教授，她退休後，包辦家務，讓筆者可以專心寫作，也感謝兒子侯吉甲，學建築的他替本書畫了許多圖，提供諸多協助。

　　最後，謹以這本書獻給筆者的父親與母親，他們雖已離去，但一直是筆者生命的支柱。

侯崇文

於三峽臺北大學　2018 年 12 月

目 次 ———————————————————————— ✦✦✦

序　言

第一章　認識犯罪學　　　　　　　　　　　　　　1

第二章　魔鬼學說　　　　　　　　　　　　　　31

第三章　古典學派犯罪學　　　　　　　　　　　43

第四章　實證生物學派犯罪學　　　　　　　　　83

第五章　涂爾幹與迷亂理論　　　　　　　　　109

第六章　芝加哥學派的社會解組　　　　　　　141

第七章　犯罪次文化理論　　　　　　　　　　169

第八章　韋伯的了解社會學　　　　　　　　　187

第九章　符號互動理論與犯罪者意義世界　　　201

第十章　差別接觸理論與中立化技巧　　　　　231

第十一章　社會控制論　　　　　　　　　　　253

第十二章　社會反應的標籤理論　　　　　　　271

第十三章　衝突、權力與犯罪　　　　　　　　285

第十四章　當代生命歷程典範　　　　　　　　333

索　引　　　　　　　　　　　　　　　　　360

第一章

認識犯罪學

　　這一章有下列幾個目的：(1)幫助學生對於犯罪學有個最為基本的認識，討論什麼是犯罪學的問題？(2)了解犯罪學的研究領域，犯罪學家研究的問題到底有哪些？(3)探討犯罪學的歷史。(4)犯罪學家的科學角色與研究態度。本章的最後，將介紹犯罪問題探討的三個重要觀點。

第一節　犯罪學是什麼？

　　犯罪學 (criminology)，這名詞最早是由法國人類學者 Paul Topinard 在 1879 年提出，法文為 Criminologie。Topinard 對於犯罪學這名詞最原始的意義是犯罪的研究 (Reid, 1978: 24)。其後，1885 年，義大利法學家 Raffaele Garofalo 用了相同意義的名詞，義大利文為 Criminologia [1]。兩位都致力於使犯罪之研究成為一個科學領域，如希臘語的 ology，表示學問與科學。

　　在十八世紀末及十九世紀初，歐洲一些學者開始關心犯罪問題，主要以義大利法學者切薩雷・貝加利亞 (Cesare Beccaria) 與英國哲學家傑瑞米・邊沁 (Jeremy Bentham) 為代表，兩位都是古典犯罪學派學者。貝加利亞以倡導刑法改革著名，提出「犯罪與懲罰要適當」(The punishment should "fit" the crime.) 的概念，強調懲罰要超過犯罪的利益才有作用。邊沁則是功利原則學派的主要人物，相信人的本性是享樂的、逃避痛苦的，因而主張以懲罰作為嚇阻犯罪之基礎。

　　十九世紀歐洲興起實證科學研究，強調以科學方法探索世界，其中自然包括犯罪問題的研究，成為最早實行犯罪學實證研究的地區，只是非常可惜的，歐洲學者並無意使犯罪研究成為一門專業的科學，直至實證主義來到美國，這時的學者才開始致力於使犯罪學成為獨立科學，其中最早投入者為 Maurice Parmalee，他於 1918 年寫了第一本犯罪學的教科書《犯罪

1　1885 年 Garofalo 寫《犯罪學：犯罪研究，其原因，及抑制方法》(*Criminology: The Study of Crime, Its Causes and the Means of Repression*)，是十九世紀出現的犯罪學名詞。

學》(*Criminology*)，由紐約 Macmillan 公司出版。Parmalee 從物理環境、經濟、文化等因素，探討犯罪發生原因，他也強調身體生理因素及心理因素與犯罪有關。

　　Parmalee 寫犯罪學教科書的目的在於使犯罪學成為一門專業知識，使之得以在大學講授，訓練學生學習犯罪專業知識。繼 Parmalee 之後，1924 年，社會學家 Edwin Sutherland 出版了《犯罪學原理》(*Principles of Criminology*)，他致力於使犯罪學成為一門獨立的學術領域。這本書後來持續修訂出版，到了 1939 年，在第三版本時，Sutherland 提出了他最為著名的「差別接觸理論」(differential association theory)，有系統的解釋犯罪發生的過程與原因，使犯罪學在學術領域上逐漸受到重視，開始占有一席之地[2]。

　　Sutherland (1960: 3) 在寫《犯罪學原理》時，對犯罪學做了定義：

　　「犯罪學是一門對於立法、違反法律，以及對於違反法律的反應
　　有系統的研究之科學。」

　　Sutherland 定義犯罪學時，可說是萬丈雄心，嘗試要建立一個如同物理學、社會學、經濟學的獨立科學領域，有自己的研究方法與理論。我們知道，科學講究嚴謹的研究方法，且科學的解釋有其一致性，任何人做出來的研究結果，只要遵循嚴謹科學研究方法，答案理論上都應該相同。

　　Sutherland 於 1939 年擔任了美國社會學會 (American Sociological

2　Sutherland 於西元 1883 年生於美國內布拉斯加州 (Nebraska)，父親是位浸信會牧師。1913 年 Sutherland 取得芝加哥大學社會學與政治經濟學的學位，他學術上最有成就的時期是在印第安納大學 (Indiana University) 擔任社會學系系主任，長達 15 年。自 1935 起到 1950 年，Sutherland 提出犯罪學差別接觸理論 (differential association theory)。1950 年，Sutherland 在印第安納州 (Indiana) 布盧明頓城 (Bloomington) 過世，享年 67 歲。在他臨死之時，仍在編撰著他的《犯罪學原理》(*Principles of Criminology*)（第五版），畢生致力於犯罪學科學研究的努力可見一斑，值得我們敬佩。

Society) 理事長，由於他崇高的地位，大幅提升犯罪學的重要性與學術地位；此時，很多學者開始投入犯罪問題研究，可以說自 Sutherland 以後，犯罪學發展有了一個新的里程碑。

後來有很多人嘗試從不同角度定義犯罪學，重要的學者 Donald Cressey (1979: 457) 曾如此寫道：

> 「有關犯罪作為社會現象的知識，是對於法律的形成，法律的違反，以及對於違法者的反應有系統的研究的學問。犯罪學的目標是對於上述犯罪學問題，獲得有效的資料，並且持續的進行研究。」

Cressey 的犯罪學定義和 Sutherland 相同，把犯罪學定位在犯罪問題原因的探討，同時也探討犯罪與法律形成的關係，和人們對於違反法律者的反應和其帶來的問題。只是，Cressey 的犯罪學的目的是為了科學，強調以實證研究增進犯罪學知識發展。

近幾年，犯罪學研究大幅成長，吸引各種不同領域學者，包括生物醫學、政治學、公共行政學等，在這背景下，美國社會學者 Larry Siegel 提出從科際整合的概念來定義犯罪學，他說 (Siegel, 2011: 4)：

> 「犯罪學可以從許多的學術領域探討，最為普遍的是社會學。除此以外，犯罪學也可以在刑事司法研究、政治學、心理學、經濟學，甚至於自然科學、電腦、資訊等學科領域中討論。」

Siegel 的定義說明了近代犯罪學大幅發展的事實，不同領域的學者投入犯罪問題研究，另外，犯罪學無論在學生人數、在大學系所數量、或在學術期刊與論文上的成長，突飛猛進，使 Siegel 看到引進科際整合概念的必要性，進而促進犯罪學領域大步發展。

在臺灣方面，犯罪學發展顯然不及西方。在上世紀中葉，1966 年，中

央警察大學設立犯罪防治學系，正式開始治安專業教育工作，也展開臺灣犯罪學的發展[3]。不過，當時臺灣正處於戒嚴時期，維護社會秩序是執政者最為重要的考量，犯罪學之所以出現，其行政管理與社會控制的目的高過於學術目的 (Hou, 2004)。上世紀末是臺灣犯罪學發展較為關鍵的年代，1996 年位於嘉義縣的國立中正大學設立犯罪防治研究所，2001 年原國立中興大學法商學院改制的國立臺北大學設立犯罪學研究所，這兩個學術單位成立的目的，除提升犯罪防治人才專業水準之教育使命外，更在於探索犯罪及偏差問題，並致力於使犯罪學成為學術科學之使命。

綜上，犯罪學是一門學術領域的科學，強調用嚴謹的科學研究方法，有系統的探討犯罪問題。犯罪學最為主要的是探討犯罪形成的原因，但除此之外，犯罪學也探討犯罪的法律懲罰，以及犯罪的社會反應問題 (social response of crime)，有些是制度化的機構反應，如逮捕、定罪或拘禁，有些則是非制度化，來自人與人互動的排斥、拒絕或隔離等的反應。另外，犯罪學除強調社會學、心理學的分析解釋之外，犯罪學更重視科際整合的概念，強調不同領域的學者共同探討犯罪問題，使犯罪學更蓬勃發展。

第二節　犯罪學探討範疇

犯罪學探討的範疇甚多，最為重要者歸納成下列幾項：

一、犯罪學理論探討

理論是犯罪學最為重要的使命。犯罪學有許多的理論，主要是社會學的，也有心理學的；社會學從社會情境的因素解釋犯罪的發生，心理學則從個人內心世界找到促使人們犯罪的原因。犯罪學也可以從其他角度分析，例如：生物因素或者人體的生化因素等。過去犯罪學理論皆致力於建立自

3　當時稱為中央警官學校，1995 年年底改名為中央警察大學。

己的理論典範 (theoretical paradigm)，成為犯罪學的顯學，用來解釋多數的犯罪行為。然而，近來學者提出整合型的理論，強調犯罪乃受到許多因素共同的影響，而非單一因素便可以形成，舉例來說：臺灣幫派的出現，除了個人在文化上與主流文化出現差異、造成衝突，也可能是在生活適應上面臨困境、出現迷亂，而導致參與幫派。

二、犯罪統計與衡量的問題

犯罪的衡量問題指犯罪統計的問題。臺灣到底有多少暴力犯罪、財產犯罪、少年犯罪、毒品犯罪或新興的犯罪型態，例如：詐騙犯罪、電腦犯罪等問題，都是犯罪學想要知道的。

犯罪統計的資料如果來自政府部門的，稱為官方犯罪統計。以臺灣來說，每個治安單位有各自的統計資料，例如：內政部警政署的《警政統計年報》，和警政署出版的《警政白皮書》，有犯罪統計。法務部出版的《法務統計年報》，有檢察官的統計、矯正署的受刑人統計以及政風工作統計等。另外，法務部也每年出版《犯罪狀況及其分析》，這本書自 1973 年起每年編印，資料來源為司法統計、檢察統計和矯正署暨其所屬機關的統計，討論犯罪狀況及趨勢和討論犯罪者特性及犯罪處理的情形，該報告也說明近年來犯罪被害補償的情況。

臺灣政府五大部門之一的司法院也有自己的統計：《司法統計年報》，刊登有各級法院民事及刑事的收案及結案情形；另外，簡易訴訟案件、家事案件、少年法庭收案、結案情形等資料，也都呈現在《司法統計年報》上。用表 1-1 呈現臺灣官方各項犯罪統計的出版品。

表 1-1　臺灣官方犯罪統計出版品

治安單位	出版刊物	犯罪統計資料
行政院內政部警政署	《警政統計年報》 《警政白皮書》	官方犯罪統計

行政院法務部	《法務統計年報》	檢察官的統計 矯正署的受刑人統計 政風工作統計
	《犯罪狀況及其分析》	司法統計 檢察統計 矯正署暨其所屬機關統計
司法院	《司法統計年報》	各級法院民事和刑事收案及結案情形 簡易訴訟案件 家事案件 少年法庭收案、結案情形

官方犯罪統計最為人詬病的是「犯罪黑數」(dark figure of crime) 存在的問題。「犯罪黑數」乃指，許許多多存在著的犯罪活動，因沒有被治安單位尤其是警方察覺，而未出現在犯罪統計上。犯罪黑數存在的事實自然威脅到犯罪測量正確性的問題，許多學者批評官方犯罪統計不能呈現犯罪的真實性 (Biderman & Reiss, 1967; Reiss, 1971)。

犯罪學家 Skogan (1977: 41) 說犯罪黑數的問題限制了刑事司法體系嚇阻犯罪的效率，因為導致警察錯置保護人民生命與財產的人力資源分配。Skogan (1974) 指出官方犯罪統計是下列三個活動交互作用的產物，包括：環境中的犯罪活動，犯罪受害人的報案，以及社會大眾對於犯罪活動所做的反應。

筆者認為，官方犯罪統計和警方對於犯罪活動的定義有關，同時也反映了刑事司法體系上檢察官、法官如何定義與處理犯罪嫌疑犯的犯罪行為。基本上，犯罪統計是治安機構社會控制機制的反映，它不盡然能呈現一個客觀的，可以觀察的犯罪活動。

除官方犯罪統計外，犯罪統計也能用調查研究方法取得，例如：被害者的研究、或少年犯罪的自我陳述犯罪調查，皆為調查研究方法所得到的犯罪統計，可彌補官方犯罪統計的缺失。由於分析資料來自抽樣調查，總

會有抽樣誤差 (sampling errors) 問題出現[4]，另外，調查研究時，有些人會過度膨脹自己的犯罪經驗，以多報少或以少報多，扭曲犯罪事實；也有些人不願意承認自己的犯罪行為，以避免受到犯罪的調查與懲罰；此外，「殺人事件」的調查由於當事人已經死亡，難以用調查法查證。以上是非官方犯罪統計的缺失。

三、法律社會學

　　法律有其功能，它規範人與人的互動關係或商業行為，也保護婚姻，以及各種社會組織運作，是社會秩序維護不可或缺的。法律社會學視法律為一種社會事實、社會現象，學者則從人類可觀察的行為中找出法律的普遍命題 (propositions)，也就是法律運作的原理原則，以及影響這些法律行為的種種因素。至於律師、法官或法學者，他們則關注法律的定義與解釋，這和法律社會學是不相同的。

　　法律社會學強調，法律行為乃多種因素的產物，包括：社會階級、政治權力、文化因素、宗教因素等；而衝突學派學者則認為，國家這一個機器是操縱在資本階級的手中，而國家更為這樣一個階級的政府宣傳其合法性，藉由法律、教育、宗教等意識型態來鞏固其統治地位的平穩 (Turk, 1969)。

四、犯罪類型論

　　犯罪分類一直是犯罪學家感到興趣的問題，例如：殺人罪、傷害罪、強盜搶奪罪、竊盜罪、毒品犯罪、性犯罪、詐騙或色情等，近年還會探討到公司犯罪、電腦犯罪、身分竊盜、人口販賣、恐怖主義等新興犯罪問題。

4　抽樣誤差是一種統計現象，抽樣時取得的樣本資料與母群體出現不一致的現象，是錯誤資料的一個來源。

犯罪學家認為這些犯罪學除討論犯罪發生的始末、不同類型的犯罪在發生的時間、地點，以及犯罪者的人文背景上的差異，也提出各種不同的犯罪學解釋理論，以及控制這些犯罪的策略。

五、刑罰學

刑罰學 (penology) 研究受刑人懲罰的問題，例如：受刑人在監獄的社會化會讓他們有所改善還是更為惡化？懲罰刑度問題也是刑罰學探討的範疇，如：刑度對於人們犯罪動機帶來的作用。當代刑罰學也探討到監獄矯治與監獄管理的問題，也因此刑罰學也稱為監獄學 (correction)。

六、被害者學

被害者學 (victimology) 專門研究被害人的問題。犯罪被害人過去鮮少受到重視，犯罪學家往往聚焦於加害人犯罪本質的暴力與殘酷性，但犯罪帶給被害人在身體、財產、精神，甚至於社會關係的傷害與破壞，更帶來社會秩序的威脅，成為晚近犯罪學者關心的議題。

聯合國於 1985 年更啟動了「犯罪被害人正義與權力濫用的基本原則宣言」(Declaration on the Basic Principles of Justice for Victims of Crime and Abuse of Power)，有關刑事司法體系如何保護被害人，以及被害人補償，成為各國需要遵守的原則，而臺灣也推動《犯罪被害人保護法》，嘗試與世界被害的司法保護發展整合，公布實施的日期是 1998 年 10 月 1 日。

被害者學研究學者認為，犯罪被害人不是隨機發生的，是具系統的社會現象，而影響被害的原因有：環境因素、加害人與被害人關係與互動因素、被害人的特質與生活方式因素等。

第三節　犯罪學簡史

　　犯罪學理論的產生都有其時代背景和思潮，不可能無中生有。讀犯罪學的人也應認識各個理論出現的歷史背景和時代思想，才能了解犯罪學理論的真正內涵，如同社會學者 David A. Jones (1986) 在《犯罪學歷史》(*History of Criminology*) 一書中強調：二十世紀的犯罪學是十八與十九世紀歷史與社會思想的產物。以下將簡單說明犯罪學歷史：

一、啟蒙思想成就了古典學派犯罪學

　　十八世紀時，歐洲興起一個人類思想的革命——啟蒙運動 (Age of Enlightenment)，理性主義、科學主義、人道主義抬頭。當時的人開始對於過去殘酷的刑罰進行反省，強烈要求改革。這樣的時代背景促成早期犯罪學的出現，稱為「古典學派犯罪學」(classical school of criminology)，貝加利亞與邊沁等人是古典學派犯罪學理論重要學者。

　　古典學派犯罪學主張人有自由意志 (free will)，犯罪是人類自己的選擇與決定，自然要負起行為責任，所以需要接受懲罰。古典學派犯罪學認為過去的懲罰方式太過於殘酷與不人道，且司法審判不甚公平，因此，主張刑事司法體系的改革、限制法官的權力，此外，懲罰也要超過犯罪所得，使犯罪者必須付出更多的代價，如此才具有嚇阻犯罪之作用。

　　古典學派影響了法國的刑法發展，但由於執行上有其困難，後來受到修正，稱為新古典學派 (neo-classical school)，此學派強調兩方面：第一，他們修改自由意識的主張，認為未成年人、精神病患、憤怒殺人的犯罪並不完全是自由意志造成的。第二，他們放棄犯罪與刑法必須相互對應的主張，允許法官擁有一定程度的自由裁量權。

二、科學研究精神影響實證學派犯罪學的興起

到了十九世紀，人類重新檢驗十八世紀過於理想主義的思想，用更務實的態度，嘗試建立新的社會秩序，此背景造成犯罪學實證學派的興起，且讓犯罪學得以到美國開花結果。

當時社會學正於歐洲興起，學者們嘗試建立自己的科學領域，此思潮由法國學者 Henri de Saint-Simon 和 Auguste Comte 領銜。他們主張決定論 (determinism)，強調宇宙的現象可以被解釋，同時，他們提出科學研究方法，強調研究社會現象應以嚴謹的科學方法。這些概念對後世探討自己和社會帶來深遠的影響，並直接導致犯罪學實證學派的出現。

近代社會學的出現是對法國大革命與英國工業革命的反省，實證學派學者們嘗試用科學方法研究物理世界或社會現象；犯罪學也與社會學一樣：同為對社會問題的反省；同為實證科學的產物，以科學方法觀察和歸類犯罪現象，來尋找犯罪的知識。

以下討論當時的歐美學者以科學方法探討犯罪問題的努力成果：

比利時統計學家 Adolphe Quetelet 專門研究犯罪的社會特性。他除了發現年齡、性別與犯罪有直接關聯，其他因素如：氣候、貧窮、教育以及酗酒會影響犯罪。此外，Quetelet 被認為是犯罪學製圖學派 (cartographic school) 的創始者 (Beirne, 1987)，犯罪統計，當時稱為道德統計 (moral statistics)[5]，在地圖上呈現，以描述犯罪發生的型態與變化趨勢。

圖 1-1 犯罪學製圖學派創始者，比利時統計學家 Quetelet

法國學者 A. M. Guerry 曾負責巴黎司法統計，利用其職務之便，收集犯罪、自殺以及其他的犯罪統計，即道德統計，並用表或地圖呈現巴黎各區域

5　道德統計指十九世紀時的犯罪統計，當時有人特別收集犯罪或病態人口的資料，包括：知識程度、離婚、墮胎、妓女以及經濟情況等資料。

的犯罪率，同時比較犯罪的相關因素，被認為對當代社會科學統計分析帶來巨大貢獻 (Friendly, 2007)。德國道德統計學家 Alexander von Oettingen 也有類似的作為，他整理過去的犯罪資料，觀察出人類犯罪行為的規律性。

Cesare Lombroso 是義大利犯罪學者，同時也是位醫生，為歐洲實證犯罪學的代表人物。他從檢驗犯罪人、精神失常人的身體，提出「生來犯罪」(born criminal) 的理論，強調犯罪與人類遺傳有關，犯罪是身體退化到原始人的結果。雖然現代科學並不接受 Lombroso 生來犯罪的概念，但是，他以科學的方法測量犯罪人的身體結構；用比較研究法，比較犯罪人與一般人在身體上的差異；嘗試建立能放之四海皆準的犯罪學理論……這些貢獻為實證犯罪學留下不朽的典範，

圖 1-2 犯罪學之父，義大利實證犯罪學者 Lombroso

Lombroso 也因此被尊為犯罪學之父。

在英國，學者們對犯罪的區位分布問題感興趣，特別是犯罪與人們生活的環境的相關性。這樣的觀點在 1830 到 1860 年間相當的盛行，當時學者的論點多與工業革命發生和快速興起的都市有關，他們認為新社會的變遷帶來了犯罪問題。

在美國，十九世紀的改革派人士極關心犯罪問題，他們認為犯罪是社會問題，需要從政策面來減少和解決。他們也認為，犯罪與罪惡、貧窮 (pauperism)、不道德有關，且幾乎是可劃上等號的名詞。Charles Loring Brace (1872) 在《紐約危險階級》(*Dangerous Classes of New York*) 一書中寫道：「犯罪是都市社會造成的問題。」他認為，解決大都市犯罪問題最好的方法是教育犯罪人，同時，也需改善都市生活環境，做好犯罪預防工作。Edward Crapsey (1872) 在《不為人知的紐約》(*The Nether Side of New York*) 提出，犯罪在都市出現，主要是因為社區沒有整合和政治結構充滿貪污所導致。

歐洲與美國的學者用理性與科學的態度探討犯罪問題，提出許多犯罪

的解釋和預防犯罪的可行策略，這些研究為犯罪學後來於美國的興起奠基，犯罪學發展也從十九世紀末期起進入犯罪社會學時代。

三、犯罪社會學在美國興起

美國第一個社會學系——芝加哥社會學系，成立於 1892 年。芝加哥大學社會學系學者負有清教徒使命感，憂心於都市地區生活環境的惡化、社會控制力削弱，以及犯罪、罪惡等問題，因此他們最先著手研究的社會學議題便是犯罪問題，他們想要知道犯罪問題如何出現及如何解決。

芝加哥社會學先驅者重要的研究有：William Thomas (1923) 的《適應困難的女孩》(*The Unadjusted Girl*)、Neil Anderson (1923) 的《流浪漢》(*Hobos*)、Frederic Thrasher (1927) 的《不良少年幫派》(*The delinquent gang*)、Shaw 和 McKay 等人 (1929) 的《不良少年區域》(*Delinquent Areas*) 和 Robert Park、McKenzie 與 Burgess (1925) 寫的《城市》(*The City*)。這些學者都來自芝加哥社會學系、研究芝加哥的都市問題，尤其是青少年犯罪的問題。他們提出多個重要的犯罪學概念：同心圓理論 (concentric zone theory)、過渡區 (zone in transition)、社會解組理論 (social disorganization theory) 等，被稱為芝加哥學派犯罪學。

芝加哥學派學者中，以 Robert Park 為關鍵人物。他提出都市區位學的理論，受到達爾文進化論力量的影響，他強調都市環境有如自然界，人們在都市生活中必須面對不斷的競爭與挑戰，這結果影響都市社會控制力的型態，並造成犯罪與不良少年問題的出現。

在上世紀 30 年代的晚期，美國犯罪學出現三個相當主流的理論：差別接觸理論 (differential association theory)、社會結構與迷亂 (social structure and anomie)、文化衝突理論 (culture

圖 1-3 芝加哥學派犯罪學的關鍵人物 Robert Park

conflict theory)，分別由 Edwin Sutherland (1939)、Robert Merton (1938) 和 Thorsten Sellin (1938) 等三人領銜，這些理論對行為層面的犯罪問題討論具深遠的影響。中產階級務實的生活態度、資本主義的抬頭和都市移民與族群衝突的問題等，為這三個理論出現的時代背景。

四、衝突學派在動盪時代下出現

美國犯罪學另外一個重要的發展發生於 1970 年代，美國國內反戰的浪潮使得政治局勢動盪不安，人民對政府不信任，並導致青少年的迷失與墮落，種種因素促成了衝突學派犯罪學 (conflict criminology) 的興起。衝突學派犯罪學以德國學者卡爾·馬克思 (Karl Marx) 的哲學思考系統為基礎，從人類追求生存的歷史過程中，探討犯罪問題何以發生，其中，學者特別批判資本主義社會，並認為那是犯罪問題最主要的來源。

除衝突學派外，犯罪學標籤理論 (labeling theory) 也同樣帶有強烈的批判色彩。他們將社會上擁有權力、有身分、地位的人稱為道德事業家 (moral entrepreneurs) (Becker, 1963)，道德事業家對犯罪的人給予負面印記，包括：拒絕、標籤、降級，強化被標籤者的自我形象，進而帶來負面，以及無法挽回的影響。

五、近代犯罪學的復古

1990 年代，Michael R. Gottfredson、Travis Hirschi (1990) 和 Robert Agnew (1992) 等人嘗試復古，從早期的犯罪學理論中找到新時代的犯罪學詮釋。Gottfredson 與 Hirschi 提出犯罪一般化理論 (a general theory of crime)，Agnew 則提出迷亂論的一般化理論 (a general theory of anomie)。

犯罪一般化理論指可以適用於各種犯罪解釋的理論，Gottfredson 與 Hirschi 重拾犯罪學古典學派的自由意志、理性選擇的概念，再整合近代社會控制理論來建構犯罪一般化理論。至於 Agnew，他則回到古典社會學者

涂爾幹迷亂理論傳統，強調當代低階或高階的家庭小孩，由於他們生活中的挫敗與不愉快，帶來迷亂與緊張的情境，進而導致不良少年問題。兩個理論皆致力於建立犯罪學理論的大方向和大原則，爭取成為理論典範。

以上是犯罪學簡史，犯罪學從古典學派開始，進入實證學派，而犯罪社會學的興起更使犯罪學得以大幅成長。前面提及，犯罪學理論是學者對時代情境的反省與反思的產物，而隨著歷史與時俱進，來到這個新的時代，一個非常不同於犯罪學剛剛興起的年代，也不同於上世紀的時代，我們要如何來解釋犯罪問題呢？這是筆者給本書讀者的挑戰。

第四節　犯罪學的科學研究

一、研究的目的——理論

英國哲學家 Richard Braithwaite (1996) 對於科學有非常不錯的解釋。他說：「科學的功能在於建立一個通則 (general law)，用通則來說明經驗世界的行為，也讓我們可以對未來未知的事件有個相當可靠的預測」。依照 Braithwaite 科學在於「建立通則」的觀點，就是建立理論 (theory)，在犯罪學則是建立一個可以解釋與預測犯罪的理論。

心理學者 Kerlinger 與 Lee (2000) 在《行為研究的基礎》(*Foundations of Behavioral Research*) 一書提到，理論是一系列社會科學「建構」(constructs) 的集合體，而所謂的「建構」即是科學研究法中通稱的「變數」(variables)，如：區域解組、破碎家庭、結交偏差朋友等。Kerlinger 與 Lee 也強調，理論必須由兩個以上的「建構」或「變數」來形成；如此，犯罪學的理論也必須由至少兩個以上犯罪學研究的「建構」或「變數」來形成，例如：不良少年、破碎家庭、解組社區等，我們把這些研究的「建構」或「變數」連接起來，用陳述的句子來形成犯罪學理論。

總而言之，解釋犯罪現象、預測犯罪現象正是犯罪學理論的本質，也是犯罪學最主要的目的，而透過科學研究，我們相信，犯罪學家從科學研

究中所得到的理論可以正確的、有系統的解釋犯罪現象。

二、科學研究的動態與靜態觀

Conant (1951) 在《科學與普通知識》(*Science and Common Sense*) 提到，科學有靜態觀點和動態觀點，靜態的科學觀點認為科學是知識的集合體，科學家擁有許多解釋社會事實的理論，這些構成了科學。因此，科學家往往透過期刊發表、學術研討會、大學課堂上的講學等，有系統的呈現科學知識。

動態的科學觀點認為現成的知識固然重要，但現成知識只應作為進一步科學理論發展之用，動態的科學觀強調，現有知識在於激發更多後續的科學研究，科學家必須持續不斷探討，科學才能進步。

依據這觀點，犯罪學除強調現有犯罪學的知識累積外，也強調透過更多的科學研究來增加新知識，犯罪學家的任務不僅要了解現有的犯罪學知識，也要在已經建立起的知識系統上，進一步找出新理論、發掘新的犯罪現象，以發展犯罪學。

三、科學研究的幾個步驟

依據 Kerlinger 與 Lee (2000: 15–19) 的觀點，科學研究的探討通常依據下列四個步驟：(1)困難、挫折與想法 (problem, obstacle and idea)；(2)假設的敘述 (hypothesis)；(3)推理與演繹 (reasoning and deduction)；(4)蒐集資料，觀察與實驗 (observations and experiments)。簡單說明如下：

1.困難、挫折與想法

從事研究，我們會對一些問題產生興趣，但卻因不知道答案，而感到困難、挫折，這是每一位研究者會碰到的。就算有答案，通常也是不確定的。例如：犯罪學家看到這幾年臺灣社會到處裝置閉路攝影機，他們想要

知道，閉路攝影機有沒有發揮預防犯罪的效果？犯罪真的因為閉路攝影機而減少了嗎？這是一項困擾犯罪學者的難題。

有了難題，又找不到答案，這時，從研究上來說，可先試著尋找是否有可以解釋的答案。在犯罪學研究中，犯罪學家則可從個人的親身經驗、或從既有的犯罪學的概念中尋找，以上述的問題為例：我們看到安裝閉路攝影機的社區，犯罪問題比沒有安裝的社區好很多，我們就可以從此發想出「閉路攝影機可以減少犯罪」的解釋；若從既有理論推敲，則可從社會控制的角度思考，做出「閉路攝影機增加監控力量，會降低犯罪的動機與意願」的解釋。總之，對於想要研究的問題，通常會先提出一個可能的解釋，這是科學研究的第一步。

2. 假設的敘述

科學研究的第二個步驟是假設的敘述。「假設」與前面所討論的「理論」相當接近，都是對於現象的陳述，也是對於現象的解釋，兩者的差別為，假設是暫時性的，沒有經過驗證的，至於理論則是經過嚴謹的科學研究所得到的結果。

以上述的問題為例，我們可以做這樣的假設：

「閉路攝影機提高社會控制力，有效降低犯罪活動；相反的，未安裝閉路攝影機者，社會控制力弱，犯罪活動因而上升。」

假設是可能的解釋，但它不表示研究問題已經有了答案，這時研究可進入第三個步驟：研究方法，它是科學研究的核心。

3. 推理與演繹

推理與演繹是科學研究的關鍵步驟，極為重要。很多科學家其研究生涯要能突破瓶頸，要有新的發展，都必須透過推理與演繹的思考過程。

推理是一種教育學反思的概念 (reflective thinking)，強調對於所學，要

經常思考，才能得到更有意義的想法。演繹也是推理的一個概念，是從一般的原則 (general principle) 推論在不同情況下是否得到相同結論，舉個例子，我們說破碎家庭導致小孩偏差行為，我們稱這是一般的原則，也用這原則推論到某位破碎家庭同學的身上，我們就下新的結論：這位同學有偏差行為。如此，演繹乃從一個已知的原則推論出一個新的結論的概念，而讀社會科學的人也知道，當我們進行推論的時候，會發現這樣的原則不一定就能成立，這時，我們就必須要修正我們的原則，或用科學方法進行研究了。

不管如何，推理、演繹，在於幫助我們得到一個更多元，更具有科學基礎、學術價值，且可以用科學研究與測定的研究問題。

4.蒐集資料，觀察與實驗

研究方法的目的在於告訴讀者，我們如何蒐集資料和分析資料。一般來說，我們會提供讀者此研究的樣本說明：樣本如何取得、樣本數有多少、是否具有代表性 (representative)、是否可以推論到母體？樣本決定後，便設計問卷，進行訪問，取得資料，這樣的方法稱為調查法。

研究方法還要說明變項測量 (variables measurement)。在研究中，任何變項都必須是可被操作定義的，也就是可以用行為指標或用活動來定義。另外，統計分析的方法也要在研究方法中說明。

資料蒐集方法有很多種，其中，實驗設計是較為重要者。

實驗設計的目的在於回答研究問題，此時，研究者有個重要的任務：要控制變異量，以增加實驗作用帶來的差異，此稱系統變異量。同時，也要控制實驗設計以外的各種影響因素，使之不要在實驗設計中出現。

下面是一個典型的實驗設計：

實驗設計分為實驗組與控制組，實驗組的研究對象要接受 x 實驗的作用，控制組的研究對象則未接受 x 實驗作用，y 為研究觀察的行為。以此方式操作，實驗組與控制組在 y 的差異就可被視為實驗作用造成的結果。

上面的實驗設計，採用隨機化 (randomization) 的方式，以 R 表示。隨機化乃是一種實驗設計的操作，目的在於使實驗組與控制組盡量相等，可擁有一致的背景和特性，研究對象為實驗組或控制組，不是刻意安排的，而是統計上隨機過程的結果。隨機化另一個實驗設計的目的在於使所有影響實驗結果 y 的因素，都可因隨機化而消失。

然而，由於犯罪學研究不易以實驗作用操作，且涉及人權及人道問題，因此，犯罪學者較少採用實驗設計。犯罪心理學者 Farrington 與 Welsh (2005: 9) 稱犯罪學實驗研究相當的罕見 (relatively uncommon)，直至今，犯罪學的研究仍以調查方法 (survey research) 或質性研究法為主流。

第五節　犯罪學家研究態度

一、視犯罪為社會事實

犯罪為社會事實 (social facts)，這概念由法國社會學家涂爾幹提出，他在《社會學研究方法》(*The Rules of Sociological Method*) 說到社會學是研究社會事實，也是研究社會關係的科學。涂爾幹 (1964: 144) 認為人們應視社會上的東西為社會事實，社會事實不是心理學的現象，而是社會學的現象，它是存在於社會上的東西，可以是人們的生活方式、社會的制度或社會的價值觀、道德觀、情感等。社會事實為社會上所有成員共同的認知、情感與感受，它足以對人們產生壓力與影響，而犯罪則與這些社會事實有關。

持犯罪為社會事實觀點的人認為，犯罪不是心理學的現象。的確，犯罪可能和人們心理狀態有關，例如挫折、不滿、焦慮、忌妒，但人類也不是毫無道理就犯罪，很多時候，這些心理狀態是社會性因素造成的，例如失業、失親、失戀、失敗、失望。

犯罪是社會事實的觀點也強調，犯罪經常是社會性的，並受社會情境的影響，舉個例子，某些行為它原本是很正常的、可以接受的，但當社會發生變遷，人們的社會態度改變，正常的行為卻變成犯罪的行為、不能容忍的行為。除此之外，犯罪也受到社會因素的影響，社會上有價值觀、有規範、有每個人追求的目標與理想；社會上也有階層，有高收入者、有低收入者。另外，每個人的教育程度與就業機會也都不盡相同。社會學家認為，犯罪源於社會自身，在社會中顯現出來，是社會所建構出來的社會現象，也是人類參與社會過程中很自然的產物。

二、犯罪是正常的，也是功能的

犯罪有許多負面的作用，首先，犯罪造成被害人個人的傷害，可以是身體的、心理的，也可以是身心之外的（例如財務上的損失）。其次，犯罪破壞社會道德、傷害人與人間的情感與信賴、衝擊社會規範、威脅社會上公平與正義的價值。第三，犯罪的社會成本大，需仰賴警察、檢察官、法官、監獄等投入大量人力與物力處理犯罪問題。第四，犯罪帶給社會更多的混亂，使法律與社會秩序蕩然無存。

犯罪帶給社會這麼多負面作用，社會學者卻說「犯罪是正常的，也是功能的」，犯罪學者也多認為犯罪是常態的社會現象。自人類有歷史以來犯罪便持續發生，且存在於任何社會、沒有例外，此論點由法國社會學家涂爾幹提出 (1966: 65)：

> 「首先，犯罪是正常的，任何社會要沒有犯罪，那絕對是不可能的。」
> 「犯罪不僅僅在今日許多社會存在，也在過去的任何時代存在。沒有一個社會看不到犯罪，沒有一個社會不需面對犯罪問題。犯罪的形式會改變，因此，每一個地方的犯罪不會相同，但是，每一個地方總是有一些人，他們的行為引起刑罰制裁的必要性。」

　　涂爾幹強調犯罪是正常且常態的社會現象，甚至是社會所必需的。前面論及涂爾幹認為任何社會事實其目的都是社會性的，而犯罪的社會事實也是社會性的，除了維護社會秩序的道德與規範不受動搖外，也在於凝聚社會大眾的共同情感。當社會上出現暴力時，許多人會因此義憤填膺，在極力要求嚴懲犯罪者的當下，可喚醒民眾的共同情感與意識。

　　以下簡單說明犯罪的幾個功能：

　　1.犯罪是社會變遷的力量，如果沒有犯罪，社會便停滯不前。歷史上，許多制度的變革，都是源自犯罪問題出現之後做的調整。

　　2.犯罪通常違反規定，但卻能完成組織的功能。例如：公司違反《個人資料保護法》，把個人資料賣給其他的公司利用；公司聘用違法勞工在於節省人力成本；工廠把廢土丟在馬路邊，省下一筆處理費用……這些都是規避法律，但是卻成就某種特定功能的例子。

　　3.犯罪讓是非對錯明確化。犯罪的出現，讓人們可明確知曉對與錯，清楚哪些行為是被接受的、哪些不被接受。

　　4.犯罪讓團體成員更加團結。犯罪經常可以作為社會中警告的信號，強化團體成員的凝聚力。2016年臺北市內湖發生隨機殺人事件，造成一名4歲女童死亡，震驚全國，許多民眾主動送花向受害家屬表達哀悼，甫當選總統的蔡英文送了卡片致意，寫上「阿姨不會讓你白白犧牲，這個社會破了很多洞，我會盡全力把他們都補好」，這是使社會更具凝聚力的表徵。

　　5.懲罰違反規範的犯罪者可以讓遵從規範者感到滿足。

　　談到犯罪的功能，社會學者 Davis (1937) 寫過一篇經典論文——〈妓女社會學〉(The sociology of prostitution) 發表於《美國社會學回顧》(*American Sociological Review*)。Davis 從社會學的角度探討妓女，他強調不能因為個人的保守觀念就反對妓女，事實上，妓女確實是個社會制度 (veritable institution)。妓女在許多社會裡被認為是罪惡的，甚至於違法的，但妓女產業卻非常仍十分興盛 (flourish)，且存在於每個社會，原因為妓女於社會具有特定功能。Davis 從功能角度分析妓女，他認為妓女有下列功能：(1)部分男人過著無性婚姻，這時妓女滿足了他們的性需求；(2)妓女是

個職業，給了妓女收入，解決她們的經濟需要；(3)妓女的存在產生許多的
經濟力量與關係，形成經濟圈，這個圈子有車夫、介紹人、旅館、醫院、
藥房、洗衣店等，妓女支持了這個經濟體系的功能與運作。

Davis (1937) 不認為我們可以動搖妓女這行業的存在，經濟與道德力量
可能會造成價格的改變，但妓女與顧客的需求，將是妓女這行業堅不可摧
的堡壘 (impregnable)。

三、研究犯罪要價值中立

「價值中立」(value free) 是社會學家研究的態度。社會學家了解社會
現象時，他們必須價值中立，不應該有個人的價值、喜好。馬克斯·韋伯
(Max Weber) (1864–1920) 強調科學研究必須客觀，他說：「價值是在科學
之外的。」(Values are beyond science)，在科學研究裡看不到個人價值
(Weber, 1946)。為此，韋伯比較了不同的經濟體系：資本主義與社會主義，
來提出發展差異的解釋；分析時，韋伯對於經濟發展不帶價值觀、不做出
好或壞的陳述。為此，犯罪學的研究也應強調客觀與價值中立，不能用個
人的價值偏好解釋犯罪。

四、研究犯罪要有批判的精神

社會學家對於平日習以為常的事，要能懷疑和批判，要能透析行為背
後真正的原因，他們的解釋必須不同於一般人。犯罪學家也與社會學家一
樣，要有別於一般人的見識，要看到別人所看不到的，看到犯罪背後的真
實面，需認知到許多認為理所當然的事往往是刻意被扭曲、是非顛倒。

分析時，犯罪學家要具有批判的精神，需經常的想像和思考，人類在
何種歷史的特殊結構下遭致犯罪。以全球化、科技化的當今為例：資本家
用電腦、機械取代勞工，使許多人失業，無法參與生產，迫使他們鋌而走
險，這就是種犯罪學的批判，強調犯罪是人類在歷史變遷過程中異化的結

果，人們被隔離和排斥所產生的無力感，是犯罪的導因。

第六節　犯罪學的三個主要觀點

犯罪學有三個學術的觀點：⑴共識的模式 (consensus model)；⑵衝突的模式 (conflict model)；⑶互動的模式 (interaction model)。每個模式的觀點都涉及犯罪學家如何看犯罪問題、如何解釋犯罪。每個觀點都具有其特色，且皆為犯罪學提供特殊的成就與貢獻。

一、共識的模式

犯罪學共識模式的觀點來自涂爾幹的理論傳統，強調社會秩序的維持靠著民眾的共識，因此，民眾對於任何破壞法律與秩序的行為的看法是一致的。共識模式的觀點也強調，法律是社會價值的反映，是多數人共同接受與重視的價值。共識模式認為社會必須有一個中立的國家機器，藉以解決各種利益團體之間的衝突。它也認為，任何的偏差、爭議或衝突的發生都是暫時的，社會很快會恢復平靜。另外，共識的觀點強調社會學社會化的重要性，我們每一個人都要學習，內化社會的道德與價值觀，如此大家才能產生共同的情感，才能過著共同的生活。

二、衝突的模式

犯罪學衝突模式的觀點來自德國學者馬克思。馬克思是一位歷史唯物論者，他強調，任何社會的特性、意識型態和變遷與發展，都是那個社會特殊歷史情境的產物，特別是該社會的階級情勢 (Smelser, 1973)。衝突模式強調法律是統治階級的工具，法律是被創造出來的，其根本的目的僅在於維持既有的社會秩序。社會任何利益團體彼此之間為了取得財富或控制權力的支配權，勢必發生衝突。

　　衝突觀點的犯罪學認為，刑法體系並未如共識學派學者所言，反映著多數人利益或期望；刑法反映的是統治階級的期望，目的在於維持統治階級既得的利益，甚至於，刑法只是個工具，被用來擴大統治階級的利益。衝突學派認為，任何社會制度的存在，主要目的在於支持現有階級結構與聲望結構，這些制度除包括立法機構，也包括執行法律的刑事司法犯罪控制制度。衝突學派認為，刑事司法體系出現的偏見與不公平現象是一種刻意、具特別目的而製造出來者，是來自利益團體期望的結果。

　　簡而言之，衝突學派認為，法律是設計來維持既得利益團體的權力結構與他們的聲望，而犯罪則是社會上各種利益團體衝突下必然的結果。

　　以下用表列方式，比較衝突模式與共識模式在犯罪問題看法的差異。

表 1-2　衝突模式與共識模式之比較

犯罪問題	共識模式	衝突模式
對人性的看法	人性二元論，人類本能是自我與功利的，但人性也有利他與道德情感面。	人性是自我與貪得無厭。
社會秩序建立的本質	社會共識與合作是社會秩序的基礎。	用權力與權威維持社會秩序。
犯罪原因	是巨觀的，和社會制度、結構不健全有關。犯罪則是違反社會契約，破壞社會共識與集體情感。	是巨觀的，在資源有限的情況下，既得利益團體試圖控制窮人和沒有權力的人，產生的對立與衝突。
法律的本質	法律反映的是所有人民的意志，法律被大家所承認，代表社會的道德且具有權威，是維持社會秩序不可或缺的。	法律是被刻意創造出來的，法律乃用來壓制人民的工具，法律代表的是那些取得權力或者具有影響力者的利益。
社會價值觀本質	社會大眾對社會價值存在著高度共識，且大家願意	社會大眾對價值觀沒有共識，不同利益團體之間

	享有這些價值，至於衝突則是偶然的，且往往只是暫時性的。	呈現嚴重的對立與衝突，而社會上各種利益團體之間的衝突是持續的，且不可避免。
預防犯罪，解決犯罪問題的方法	建立社會共識與集體情感，強化家庭、學校、社區、宗教等各種制度之功能，及擴大教育、經濟及就業機會。	建立新的社會秩序，以人的尊嚴與人的基本人權作為原則，並剝奪任何形式的特權。

三、互動的模式

犯罪學互動模式的觀點則來自社會學符號互動理論 (symbolic interaction model)，強調符號的意義 (symbolic meanings)，其犯罪本質是微觀的，強調行動者符號的使用，以及溝通、互動在犯罪過程中的重要性。

符號存在於生活中，可以是社會上的制度、人、事、物或是行動者本人，而符號的意義則是人們對於符號所給予的主觀詮釋。符號互動論認為，行動者主觀的詮釋來自人與人的互動與溝通，透過溝通過程，人們學習到符號的意義，內化為人們自己認知世界中的東西，並持續影響一個人。

符號的意義是犯罪學門中一個重要的觀點，強調互動是社會化的必要條件、學習的基礎。從互動中，人們學習態度、價值觀，也學習對於犯罪與法律的看法，而如果互動的對象都是犯法的人，此時將容易學習到犯罪的技巧、動機，而有勇氣挑戰法律。

有的人犯罪，遭到警方逮捕，被法院判決，這樣的情形從犯罪學上來說，是這些人被社會上有權力者標籤為犯罪的人之過程，這標籤可以對一個人造成相當深遠的影響，使被標籤的人接受了他（她）的犯罪角色，可能導致其終生犯罪。此為標籤理論的論點，同屬犯罪學互動論的一環。

學者 Thomas Kuhn (1970) 在他的《科學革命結構》(*The Structure of Scientific Revolutions*) 一書中提及科學典範 (scientific paradigm) 的概念。典

範乃指一個歷史時期科學上的觀念及作法，Kuhn 說，典範是科學社區（即學術界）的人對問題的共同看法，並提供學者們探討問題的方向與架構。上述三個犯罪學的觀點各為一種科學典範，每一個典範在不同時代提出，皆有眾多跟隨者，並成為當時犯罪學家探討問題的主流方向。理所當然，同時代的學者看法並不會一致，有的支持功能論；有的支持衝突論；也有的支持互動論，犯罪學家各自支持自己的典範，產生典範的競爭，成為犯罪學進步的動力。

第七節　結　論

這一章我們讓大家認識了犯罪學——一門研究犯罪問題的科學，它有其獨特研究的問題及研究方法。本章介紹犯罪學發展的背景，特別強調，理論不可能無中生有，將反映出每個時代的歷史與社會情境。另外，本章也介紹到當今犯罪學家看犯罪問題的基本立場，他們視犯罪為一個社會現象、社會事實，認為犯罪是正常的且功能的。最後，我們討論到犯罪學的三個主要觀點：共識的、衝突的和互動的。這些與犯罪問題相關的基礎與架構，是進入犯罪社會學必須先準備的功課。

學習重點提示 ◈

1. 如何定義犯罪學？並請說明犯罪學探討的範疇。

2. 犯罪學理論不會無中生有，往往是歷史及社會情境的反映，請在這論點下，簡單說明犯罪學發展的歷史。

3. 犯罪學作為一門科學 (science)，其學術上的目的為何？另外，犯罪學家從事犯罪問題的研究，他們應該保持怎樣的態度？

4. 對於犯罪問題，犯罪學有三個主要的觀點，包括：共識模式 (consensus model)、衝突模式 (conflict model) 以及互動模式 (interaction model)，請說明之。

5. 社會學的出現是對法國大革命與英國工業革命的反省，當時實證學派學者們嘗試用科學方法研究物理世界或社會現象。犯罪學也與社會學一樣，是實證科學的產物，同樣是對社會問題的反映、同以科學方法觀察犯罪現象、歸類犯罪現象和科學知識。試說明犯罪學實證學派之發展。

參考書目

Agnew, R. (1992). Foundation for a general strain theory of crime and delinquency. *Criminology*, 30, 47–87.

Anderson, N. (1923). *The Hobo: The Sociology of the Homeless Man*. Chicago: University of Chicago Press.

Becker, H. (1963). *Outsiders*. New York: Free Press.

Beirne, P. (1987). Adolphe Quetelet and the origins of positivist criminology. *American Journal of Sociology*, 92 (5), 1140–1169.

Biderman, A. & Reiss, A. (1967). On exploring the "Dark Figure" of crime. *The Annals of the American Academy of Political and Social Science*, 374 (1), 1–15.

Brace, C. L. (1872). *The Dangerous Classes of New York*. New York: Wynkoop and Hallenbeck Publishers.

Braithwaite, R. B. (1996). *Scientific Explanation*. Herndon, VA: Books International.

Conant, J. B. (1951). *Science and Common Sense*. New Haven: Yale University Press.

Crapsey, E. (1872). *The Nether Side of New York*. New York: Sheldon and Company.

Cressey, D. (1979). Fifty years of criminology. *Pacific Sociological Review*, 22, 457–480.

Davis, K. (1937). The sociology of prostitution. *American Sociological Review*, 2, 744–755.

Durkheim, E. (1964). *Rules of Sociological Method*. New York: Free Press.

Durkheim, E. (1966). *The Rules of Sociological Method* (Sarah A. Solovay & John Mueller, Trans.). New York: Macmillan Publishing Co., Inc.

Farrington, D., & Welsh, B. (2005). Randomized experiments in criminology: what have we learned in the last two decades? *Journal of Experimental Criminology*, 1, 9–38.

Friendly, M. (2007). A.-M. Guerry's "moral statistics of France": challenges for multivariable spatial analysis. *Statistical Science*, 22 (3), 368–399.

Gottfredson, M. R., & Hirschi, T. (1990). *A General Theory of Crime*. Stanford, CA: Stanford University Press.

Hou, C. (2004). My life as a criminologist, *Lessons in Comparative/International Criminology and Criminal Justice*, edited by John Winterdyk & Liqun Cao, Willowdale, ON, de Sitter Publications, 210–224.

Jones, D. (1986). *History of Criminology: A Philosophical Perspective*. CT: Praeger Publisher.

Kerlinger, F., & Lee, H. (2000). *Foundations of Behavioral Research*. Belmont, CA: Cengage Learning.

Kuhn, T. S. (1970). *The Structure of Scientific Revolutions* (2nd ed.). Chicago: University of Chicago Press.

Merton, R. K. (1938). Social structure and anomie. *American Sociological Review*, 3, 672–682.

Park, R., Burgess, E., & McKenzie, R. D. (1925). *The City: Suggestions for the Study of Human Nature in the Urban Environment*. Chicago: University of Chicago Press.

Parmalee, M. (1918). *Criminology*. New York: The Macmillan Company.

Reid, S. T. (1978). *Crime and Criminology*. New York: Holt, Rinehart & Winston.

Reiss, A. (1971). *The Police and the Public*. New Haven: Yale University Press.

Sellin, T. (1938). *Culture Conflict and Crime*. New York: Social Science Research Council.

Shaw, C., Harvey, Z., McKay, H. D., & Cottrell, L. S. (1929). *Delinquency Areas*. Chicago: University of Chicago Press.

Siegel, L. (2011). *Criminology*. New York: Thomson Wadsworth.

Skogan, W. G. (1977). Dimensions of the dark figure of unreported crime. *Crime and Delinquency*, 23, 41–50.

Skogan, W. G. (1974). The validity of official crime statistics: an empirical investigation. *Social Science Quarterly*, 55 (1), 25–38.

Smelser, N. J. (1973). *Karl Marx on Society and Social Change: With Selections by Friedrich Engels (Heritage of Sociology Series)*. Chicago: University of Chicago Press.

Sutherland, E. (1924). *Principles of Criminology*. Chicago: University of Chicago Press.

Sutherland, E. (1939). *Principles of Criminology* (3rd ed.). Philadelphia: Lippincott.

Sutherland, E. (1960). *Principles of Criminology* (6th ed.). Philadelphia: Lippincott.

Thomas, W. (1923). *The Unadjusted Girl*. Boston: Little, Brown and Company.

Thrasher, F. (1927). *The Gang: A Study of 1,313 Gangs in Chicago*. Chicago: University of Chicago Press.

Turk, A. (1969). *Criminality and Legal Order*. Chicago: Rand McNally.

Weber, M. (1946). Science as a Vocation, *Max Weber: Essays in Sociology*, edited by H. H. Gerth & C. Wright Mills, New York: Oxford University Press (Original work published 1919), 77–128.

圖片來源

圖 1–1：Adolphe Quetelet/Public domain

圖 1–2：Cesare Lombroso/Public domain

圖 1–3：Robert E. Park/Public domain

第二章

魔鬼學說

第一節　宗教與犯罪

社會學者 George B. Vold (1958) 說：犯罪學理論有兩大區塊，一個是魔鬼學說 (demonological explanation; demonic perspective)，另一個是自然學說。本章討論第一個區塊，從超自然的世界、神或魔鬼，找到犯罪問題的答案。

魔鬼學說出現的年代較古典學派為早，強調「另外的世界」(the other world) 如何左右人類犯罪行為。「另外的世界」是一種超脫人類自然規律的東西，它不具有物質的軀體，人類摸不著，也無法用科學來證明它的存在。靈界、神鬼屬於「另外的世界」，這是所有社會都有的概念；他們至高無上，無所不在，並左右人類命運，包括：生、死，及人類何以犯罪的問題。

讀犯罪學的人或許會懷疑，魔鬼與犯罪會有何關聯？依據魔鬼學說，人們犯罪乃因邪惡力量在作祟，當邪魔附身，一個人將無法行使其自由意志，並導致他從事犯罪的活動。顯然，魔鬼學說的解釋是宗教的，認為犯罪與神鬼有關。

社會學者以為，宗教對社會有不少貢獻，其中最為重要的應該是促進社會的整合，凝聚社會情感，這樣的論點是涂爾幹 (1912) 提出的。我們知道，涂爾幹認為，宗教是一種社會事實 (social facts)，真實的存在，且與我們的政治、經濟、法律等社會事實相互關聯，影響我們的生活，也發揮社會存續的作用。而宗教作為社會事實，也和犯罪有關。以下筆者先用臺灣民間信仰及佛教為例，了解人們如何看宗教與犯罪的關係。

一、民間信仰

神明與廟宇，是臺灣社會很普遍的民間信仰象徵，在鄉下或都市，到處都可看得到。這些神明與廟宇對於聯繫民眾情感有幫助，也有助於保持良好的社會秩序（田啟文，2014）。神明與廟宇的另外一個目的是使人有所

寄託，當人們碰到難阻時會去廟宇，到他們所信奉的神那裡，求神問卜，
尋求精神寄託，也尋求神明幫忙開示。

　　和許多宗教一樣，臺灣宗教有神也有鬼，中央研究院研究員林美容
(1994) 說：「人死而成鬼」，鬼俗稱為魂，依臺灣習俗，有些人死了，但沒
有後代，沒有子孫可收容或祭拜他們，他們漂泊無依，成為鬼魂。林美容
也說，依據民間信仰，農曆整個七月都是眾鬼神的假期，鬼魂在這個月可
以不必在陰間受苦，而七月的中元普渡正是民間敬拜鬼魂的節慶，民眾讓
這些鬼魂吃飽喝足，不使他們出來討取，降低碰見機會，也減少可能帶來
的不幸與災難。

　　依據臺灣民俗觀，人們犯罪、坐牢、憂鬱、發生情緒失控或被害等，
都視為運勢不佳、卡到陰、碰到鬼魂。至於為何卡到陰，也很難有個理性
的解釋，總認為因為鬼魂無依無靠，到處飄遊，人一不小心就被卡到。尤
其臺灣歷經外來政權統治，在抗爭變亂中死亡者多，孤魂野鬼也多，似乎
只要遇上了就沒有好處，且會帶來禍患，包括發生在人身上的犯罪事情。

二、佛　教

　　佛教，是世界上重要的宗教之一，由印度人釋迦摩尼 (Gautama)（有
的說是佛陀或喬答摩）所創，以成佛、超凡為宗旨。釋迦摩尼原本是個貴
族，擁有皇宮，過很好的生活，但後來他看到人世間充滿苦難，因此想尋
找解脫之道，於是他走入荒野修行。他坐著沉思，思索世界上許多的不幸，
人的痛苦、災難、老、病、死等等的問題。他吃得很少，也少呼吸，他以
折磨自己，並從親身苦難的經歷中，感受神的氣息，體會成佛道理。

　　釋迦摩尼在菩提樹下打坐沉思的時間長達六年，終於得到靈感，覺悟
成道。依照釋迦摩尼的說法，如果想免於痛苦，我們就必須從自身做起。
他說，一切的苦難來自於希望，希望我們可以得到它或者不要它。假如不
希望得到的比想要得到的多，我們不再希望得到一切美好的東西，就不再
有欲望，這時，我們就不再悲傷、不再有苦難，這是釋迦摩尼脫離人類痛

苦的看法。

釋迦摩尼提倡輪迴說，認為這世界上有一股看不到的力量，存在於任何東西上，而自然界的差異、變化，以及一切的循環、交替、變換，其實都是表面的，都是這股力量的結果，它可以讓一個生命物成為人、成為老虎或者是蛇，這就是輪迴。

釋迦摩尼更提出「業」(Karma) 的觀念，「業」稱為：羯磨、因果或是因緣，也就是，如果我們累積正的因果，我們會得到越多的「業」，會帶來好的輪迴；相反的，如果我們犯罪、殺人，則會得到不好的「業」、負向因果、不好的命運，例如：投胎成為豬、狗、貓或是蛇。

輪迴的最高境界是不再輪迴，所謂的「涅槃」，稱之為進入虛無，將沒有欲望、沒有痛苦，這是佛教最高的境界。不過，佛教也說，這境界不會白白發生，需要我們在心靈上隨時淨化，長期安靜與苦練，才能得到。

回到犯罪學，依據佛教「業」的解說，前世不好的「業」、或一個人遺傳了前世不好的因緣，是讓人成為罪惡之徒的主要原因；相反地，如果人們一心向佛、認真修行，讓自己安靜、讓內心清靜，修成為正果、累積「業」，最終成佛，可以脫離人間痛苦，不再犯罪。可知，佛教關心正向「業」的問題，是形成不犯罪的力量；至於負向的「業」，則會使人為惡，帶來苦惱與不幸。

當然，這樣有壞的「業」的人，他們也可以朝修得正果的方向努力，讓自己改邪歸正、不再犯罪。簡單的說，佛教強調「業」以及因果報應，做好事的人就得著正向的「業」，帶來平安的日子，然而，做太多壞事的人就帶著負向的「業」，帶來犯罪與不幸。

第二節　中世紀的知識論

犯罪學魔鬼學說是中世紀西方社會政治環境的產物，從西元五世紀西羅馬帝國滅亡到第十五、十六世紀文藝復興的這段期間，教會是當時社會非常重要的支柱，權力遠遠大過許多非教會人士。此時的社會思想強調：

上帝（即神）創造一切，並與天使居於天堂，掌管一切，使世界井然有序，永恆運行。上帝具有絕對的權威，人們的生活與各種社會制度都必須按照基督教義去做，任何人若有所背離，就會被定義為犯罪，受到審判與制裁。

中世紀有其自己的知識論體系，強調的是先驗法 (method of priori)。依據哲學家 St. Augustine (354–430) 的論點，他說：「你若不明白，你要相信以求明白。」這便是一種先驗法。舉個例子，如果你不明白上帝的存在，你就相信，之後你便可明白上帝真實的存在。先驗法也稱為直覺法 (method of intuition)，強調人類本能上具有認同真理的傾向，人們往往透過自由溝通、對話，便可尋求真理。

中世紀的人取得知識的方式被稱為士林哲學 (scholastic philosophy)，或稱之為「經院哲學」，這哲學建立在亞理斯多得的三段論邏輯上，再加以發展。亞理斯多得的三段論強調：⑴前提假設；⑵邏輯思考；⑶歸納結論。舉例說明：「每隻狗都有四條腿，小黑是隻狗，所以小黑有四條腿。」這樣的推理是對的，因為三段思考都對，前提對，邏輯對，歸納自然也對。但是，如果我們說：「所有的狗都是黃色的，小黑是隻狗，所以小黑是隻黃色的。」這樣的推論是錯誤，因為前提一開始就不對。而如果我們說：「每隻狗都有四條腿，小黑有四條腿，所以小黑是一隻狗。」這樣的講法就不對，因為第二段的邏輯小黑有四條腿並不正確，小黑可能是人或是其他動物，我們說小黑有四條腿並不正確。

士林哲學主導中世紀人們的思考，也是人們取得知識的方法。通常，學者會選一本書（這本書是由當時有名學者所著）給大家讀，大家再給予批評，只是，大部分時候，這本書是要大家來欣賞、讚揚，要讓大家接受這本書的觀點；而如果出現不同的意見，通常用兩種方法解決，第一是透過哲學分析，找個學者，由他解釋作者文字上的意義，同時把所有不同的意見排除。第二是透過邏輯分析，用的是上面三段論方式，檢驗思考邏輯是否正確，不正確的自然不能接受。在那時代，提出不同意見不是要製造對立，而是要得到一個更好的見解。

基本上，中世紀的知識論是古希臘、羅馬文化再發現的過程，人們回

到人類理性及辯證的邏輯尋找真理，而同時中世紀的知識論也是在敘述神學的問題，以及將神學教義與世俗生活結合以滿足整個社會需求的一系列思想、作法。每個人都用這樣的思考模式來看問題、想問題，他們以神為中心，接受上帝、敬拜上帝，並身體力行，遵守神的各種命令，他們是絕對不會挑戰權威的。但事實上，在中世紀以神為中心的時代，許多知識都是由神職人員決定，由他們傳授，而知識的第一個前提是上帝的存在，並且要找出許多命題來證明這樣的前提，在那時候很少人批評這樣的論述，因為批評上帝的人會受到審判與懲罰。

第三節　中世紀的犯罪觀

一、原　罪

中古歐洲是所謂的神權社會，世界上事物的解釋都用神的旨意作為參考架構，這樣的解釋是與人類生活的世界無關的，因為世界上的一切都是源於上帝，由上帝來做工，上帝來決定。如此，宇宙是上帝所創造的；小孩出生是上帝的應允；國王是上帝的旨意與授權；上帝的旨意要人死，他必要死。簡單的說，世界上發生的所有事情都無法從我們所生活的世界中找到解答。而至於人何以犯罪的問題，也是要回到中世紀神的解釋找答案。

基督教有「原罪」的觀念，這奠基於《聖經》，在《舊約》第一章〈創世記〉裡提及，上帝創造了真善美的伊甸園，亞當和夏娃住在裡面，有得吃、有得住、不用勞苦，也沒有煩惱，這是多麼美好的事；但他們卻還是偷吃了禁果，背叛了上帝，也因此受到懲罰，背負原罪，並影響後世的每一個人。

基督教認為，原罪使我們每個人一出生，內心就有一種犯罪的傾向，犯罪是本能，沒有人可以避免，也因此，關於人何以犯罪並不需要用道理來解釋。由於每個人都會犯罪，沒有人是可靠的，所以我們要用律法來約束，這樣才能過著有秩序的生活。

二、自由意志

基督教神學觀和犯罪學相關的還有「自由意志」，就是強調人類擁有選擇的能力，人用自由意志決定自己的行為。

神學家 Pelagius 說：「人有自由意志。」他強調，自由意志使人有能力履行上帝的命令，並能控制他們行為的動機和行動。只是，另外一位神學家 Augustine 則堅持，人不可能控制自己生活中各種事務的決定，而如果人類要有自由意志來做好事情，人類仍需要依賴上帝的協助；如此，自由意志，從 Augustine 神學的角度，那是上帝給人類的東西。

不管如何，自由意志使人可以決定自己的行為，以及自己在世界上的各種活動與關係，並為自己的自由意志負起責任。人類可以選擇上進，做一些對社會有價值、有貢獻的事情；但人類也可選擇墮落，做傷害或迫害社會的事情。

三、犯罪的解釋

前面說過，中世紀的基督教觀點強調，人帶有原罪，人人會犯罪，不用社會科學解釋；但基督教觀點也強調人的自由意志，人類有自己選擇的能力，自己決定做事情的能力，也包括從事犯罪活動的自由意志。據此，中世紀犯罪的解釋有兩個說法：撒旦說和墮落說。

撒旦說就是魔鬼、惡魔，一個使人類從事壞事情、背叛上帝的力量，人們犯罪、酗酒、姦淫、殺人……乃是因為人被魔鬼誘惑、控制、綑綁，進而犯罪。

香港中國宣道神學院教授麥啟新 (2014) 用「被鬼附」的概念來說明基督教的魔鬼說。「被鬼附」指魔鬼利用人、控制人或迷惑人，使一個人有瘋狂失常的行為表現，甚至犯罪。

魔鬼學說另一個犯罪的解釋是因為人類濫用了自由意志，自甘墮落、不求上進、終日無所事事，盡是貪圖個人享受，追求世界上的榮華富貴，

或做些罪惡、法律所不容的事,例如:打架、偷竊、強盜、殺人、敲詐、勒索等,這種人自己選擇犯罪,就如同亞當與夏娃在伊甸園裡選擇墮落與犯罪是一樣的。

四、犯罪的審判

中世紀神的思想自然影響到當時的刑事司法制度,乃指透過神旨意來判斷事情真偽、評判誰對誰錯的方法,稱為神判法 (trial by ordeal),而最著名者應該是宗教裁判 (inquisition),用於審判和裁決被教會認為異端的人。在中古時期,任何人的行為若沒有按照教會的期望,或者質疑教會的教義者,往往會被控告和巫術有關係,這時便由教宗選派修士出任裁判,找出異端,並施以酷刑或處決。

以下說明幾個審判的方式:

1.決鬥的審判 (trial by battle)——被告和受害人或受害人的家庭成員決鬥,被告如果是得勝者,他在神的眼裡就是無辜的。但是這樣的作法容易讓強壯者代表法律,因為他們在決鬥中勝利的機會比較大。

2.折磨、苦難考驗法 (trial by ordeal)——被告被置放於水底下,如果生存下來,表示被告是無辜的。例如「水審」,被告如果浮起,就是有罪;若是下沉,表示無罪。右圖是英國北美殖民地一位女士 Grace White Sherwood,被控使用妖法導致人流產,後來以水審審判,由於她浮上水面,導致有罪。

圖 2-1 水審

3.笞刑 (running the gauntlet)——被告必須從兩排強壯的人中間走過,他們拿著武器對被告毒打,如果被告存活了下來,表示被告是無辜的。除了上述之外,在火上行走、火燒身體,也是常用的審判方法。

經過了折磨、苦刑考驗,而能存活下來者是無辜的,也表示在神的眼

裡，他們是無罪的，這便是所謂的折磨、苦難
考驗法。

圖 2-2 笞刑

　　4. 證 人 宣 示 證 實 被 告 無 罪 法
(compurgation)——這是要來證明一個人是純
正 (purifying)、潔淨的 (purging)，只根據數人
的證詞，對嫌犯做無罪的陳述，也需要在神的
面前宣誓他們的證詞。通常被告要找到 12 到
25 位有身分的人來宣告被告是無罪的。這個
作法基本的思想是：在上帝面前的宣誓是真
的，因為如果在上帝面前說謊，上帝會懲罰他們。

　　除此以外，也有用異象 (miracle sign) 來決定是否有罪，審判的那一
刻，如果出現異象，例如天空出現彩虹則表示被告是無辜的。

　　中世紀多數的處罰都是公開舉行的，因為這樣才能夠使人們不敢犯法。
多數做壞事的人會戴上枷鎖或遊街鞭打，至於重刑犯，他們的命運則是「當
眾處決」。另外，在神的面前發誓，以及犯罪與罪惡的補償，也是當時相當
盛行的作法，而這也是當時魔鬼學說思想所反映出來的社會制度，人們相
信另外一個世界的力量，也用另外一個世界的力量來決定個人是否有罪，
或者來解決我們社會的衝突與爭議。

第四節　結　論

　　魔鬼學說是宗教的犯罪學解釋，人犯罪乃因人和神的關係出了問題。
臺灣民俗觀認為犯罪是因為人們碰到了鬼魂；佛教強調因果報應，人們做
了太多的壞事，累積負向的「業」會帶來犯罪。

　　至於基督教的解釋，基督教是一神論，強調唯一的神，我們人類在世
上的一切，都是神為我們所創造和決定的，因此，我們過著犯罪的生活、
或過著遵守社會法規的生活，都無關我們自己，一切都是神的旨意，是神
的計畫的結果。

對魔鬼學說來說，犯罪之所以發生乃是因為超自然的力量使然，這種超自然的力量引起人們去從事犯罪活動。人們犯罪並不是來自人自己的自由意志，往往是由於人自己被魔鬼控制，源於「是魔鬼使我做的」(The devil made me do it)。

本章同時討論中世紀教會年代的知識論，人們用直覺法得知真理，知識不需來自經驗，而是來自人類的理性，只要我們相信了，就可以明白，就可以直覺得知。可以說，中世紀將哲學與神學兩者完全結合，而這樣的知識論也是作為教會年代犯罪與懲罰制度的基礎。

神、鬼看不到摸不著，他們如何和犯罪有關，很難用當代行為科學方法探討，只是世界上確實有很多人相信神、鬼的存在，也相信他們左右人們的命運，包括是否會有犯罪行為在人類身上發生。如此，人們的宗教態度、認知則是行為科學可以探討之議題，其發現將有助於了解宗教信仰與犯罪的關係，並可作為建構預防犯罪策略之用。

近代實證研究發現，宗教信仰與犯罪有關。學者指出，遵從宗教規範生活的人，及過著較為世俗生活的人，兩者之間在犯罪行為上有所差異，呈現負相關，過著宗教生活的人往往也過著道德生活，這種人的犯罪比較少；相反的，過著世俗生活的人，這種人的犯罪比較多 (Pettersson, 1991)。另外，也有社會學家發現，參與宗教活動越多者，犯罪活動越少，宗教參與對於抑制成年人的犯罪活動有直接作用 (Evans, et al., 1995)。

兩位學者有關宗教與犯罪關係的解釋是比較合理的，McCullough & Willoughby (2009) 強調，宗教本身具有社會化的作用，影響我們的自我控制，同時也關係著我們是否過著規律的生活，而這些都是具有控制犯罪動機的力量。

學習重點提示 ◈

1. 臺灣民間信仰和佛教如何解釋犯罪之出現？從科學的角度，你認為宗教可以解釋犯罪嗎？

2. 中世紀歐洲以神為中心的社會，如何建構知識？又如何將神和世俗的生活結合，以滿足社會需求？

3. 請說明犯罪學魔鬼學説的觀點，包括：自由意志、原罪、審判方式等問題。

4. 中世紀犯罪學魔鬼學説的知識論，以及其對於人性、人的自由意志、犯罪與懲罰等問題有何論述？

參考書目

田啟文 (2014)。論臺灣廟志之篇目結構及其功能。漢學研究集刊，19，1–38。

林美容 (1994)。鬼的民俗學。臺灣文藝（新生版），3，59–64。

麥啟新 (2014)。重新認識屬靈爭戰。香港：天道書樓。

Durkheim, E. (1912). *The Elementary Forms of the Religious Life*, translated by Joseph Swain. London: George Allen & Unwin Ltd.

Evans, T. D., Cullen, F. T., Dunaway, R. G., & Burton, V. S. (1995). Religion and crime re-examined the impact of religion, secular controls, and social ecology on adult criminality. *Criminology*, 33 (2), 195–224.

McCullough, M. E., & Willoughby, B. L. B. (2009). Religion, self-regulation, and self-control: associations, explanations, and implications. *Psychological Bulletin*, 135 (1), 69–93.

Pettersson, T. (1991). Religion and criminality: structural relationships between church involvement and crime rates in contemporary Sweden. *Journal for the Scientific Study of Religion*, 30 (3), 279–291.

Vold, G. (1958). *Theoretical Criminology*. Oxford, England: Oxford University Press.

圖片來源

圖 2–1 Water-ordeal. Engraving, 17th century/Public domain

圖 2–2 piessgasse (pike-alley), from the Frundsberger War Book of Jost Amman, 1525/Public domain

第三章

古典學派犯罪學

　　魔鬼學說之後，人們開始揚棄用以上帝為中心的思想來解釋人類的一切；轉而從人們生活中的「這個世界」(this world) 進行思考。犯罪學者注意到人類自己、人的理性與人的自由意志，並用這些「這個世界」的角度解釋犯罪的發生，這觀點稱為古典學派 (classical school)。而也有一些學者用「這個世界」的角度尋思犯罪的原因，他們從人的生理、心理或社會情境因素探討，稱為實證學派 (positivist school)。上述古典學派與實證學派皆從人類生活中的「這個世界」尋找犯罪的解釋，差異僅為採用科學研究方法與否。詳細的介紹將於後面章節討論。

第一節　古典學派的推力

一、文藝復興的再生

　　不管是古典學派或實證學派，都受到以義大利為中心，發生在歐洲的文化與思想運動的影響，也就是受到文藝復興 (Renaissance)，以及後來的啟蒙 (Age of Enlightenment) 的影響。因此，讀犯罪學的人需要認識這一段歷史與當時的思想，它們是古典學派犯罪學的推力。

　　文藝復興起於十四世紀持續到十六世紀，其意義是「再生」(rebirth)，指希臘、羅馬古文明的再生，也是自由精神與人文主義的再現。我們知道，羅馬敗亡以後，歐洲進入持續近千年的中世紀，在那個時代，沒有太多人致力於文學、科學、哲學或其他相關的追求，當時社會的學術氛圍是窒息的，沒有任何學習可言，因此，被史學家稱為黑暗時期 (Dark Age)。

　　正當歐洲仍處在黑暗時期的時候，我們卻看到一些人正認真的追求知識與科學發展，也就是看到了「學習」，尤其是再度回到已經沒落的希臘與羅馬文明，努力探索知識，其結果，人類理性與自主性抬頭，人類看到自己的價值，社會也興起希望，這也是文藝復興最為重要的意義，成就了1400 年代歐洲社會的興起。

　　文藝復興期間出現宗教改革運動，那時人們想要擺脫教會的束縛，用

自己的方法來接近神、了解神，以及詮釋神的旨意，他們並認為，只要他們夠努力，就可以自己與神對話，得到神的喜愛與救贖 (salvation)，而這在過去是必須透過神職人員才能為之。宗教改革造成人與神的關係發生變化，人可以擁有自己的自由意志，懂得憑己之力追求未來，這樣思想上的轉變，成為古典學派犯罪學的核心思想。

二、百科全書運動的推力

對古典學派犯罪學者的思想最直接的衝擊，為歐洲的《百科全書》運動。發生於 1751 到 1772 年間，約 70 位科學家、學者、藝術家與法國學者 Denis Diderot 與 Chevalier de Jaucourt 合作，共同編輯《百科全書》(*Encyclopedic*)。這些學者努力地提供許多新的觀念與想法，廣受歡迎，使得此運動席捲法國，並擴及整個歐洲。不僅影響到後來法國大革命的出現，甚至對美國憲法也有所貢獻。

編寫《百科全書》者有探討法律的 Boucher D'Argis、探討建築的 Jacques Francois Blondel、探討自然歷史的 Louis Daubenton、探討航海的 Andre Deslandes、探討醫學的 Antoine Louis、探討音樂的 Jean Jacques Rousseau，主發起人 Diderot 則是探討繪畫。《百科全書》雖然廣受歡迎，後來卻受到法國政府壓制，1756 到 1766 年，最後的十冊都未能獲得官方同意出版。當法國政府開始對《百科全書》進行打壓時，許多學者注意到政治上的問題，尤其專制獨裁政府使用殘酷方式維持社會秩序的問題，他們對此有所不滿而尋思改革。改革的貢獻者中，孟德斯鳩 (Montesquieu) 是非常重要的一位，他的《法律的精神》(*The Spirit of Laws*) 倡導三權分立，在《百科全書》運動史中扮演至關重要的角色。

犯罪學古典學派的興起也受到此運動影響，義大利學者貝加利亞在 1764 年出版了《犯罪與懲罰》(*An Essay on Crimes and Punishments*)，在書中一開頭就表達對孟德斯鳩的肯定，稱他為偉人 (great man)，並說要跟隨其腳步 (Beccaria, 1764)。貝加利亞也在書中提出對當時政治型態的不滿，

及批評刑事體系過於殘暴。顯然，孟德斯鳩的思想影響到貝加利亞。

貝加利亞、孟德斯鳩以及啟蒙《百科全書》學者們共享著一些重要的思想與價值，例如：他們都受到實證的科學研究精神影響，強調理性主義、科學主義；其次，他們都對舊有社會秩序進行批評，要求改革建立新秩序；再者，他們反抗貪污、沒有效率的政府，且對過去封建時代嚴格的控制感到不滿；最後，他們也批評當時宗教的迷信和刑事司法的殘酷，並開始進行反省，極思改革。這些思想革新促使犯罪學古典學派出現，古典學派犯罪學者們嘗試擺脫傳統上以神為中心的想法，強調人的自由意志、人自己的決定，並欲追求公平的刑事司法制度。

犯罪學古典學派代表人物為切薩雷・貝加利亞 (Cesare Beccaria)，他被尊稱為犯罪學之父。然而，貝加利亞的很多觀點受到湯瑪斯・霍布斯 (Thomas Hobbes) 的影響，荷蘭法學家 Rozemond (2010) 曾指出貝加利亞的人類自然狀態和社會契約的觀點和霍布斯是相同的，因此，在介紹貝加利亞之前，需要先介紹霍布斯以及他的理論。

第二節　霍布斯的生平

湯瑪斯・霍布斯 (Thomas Hobbes) 是英國人，1588 年生於英國威爾特郡 (Wiltshire) 的馬姆斯伯里 (Malmesbury)。他的父親是一位教區的牧師，但書讀的不多，對知識學習也沒有太大的興趣，後來還因與人打架而無法教育霍布斯。所幸，霍布斯受到叔叔的照顧，得以繼續受教。霍布斯學習能力強，不到 15 歲便進入牛津學院讀書。他在牛津時和貴族 Cavendish

圖 3-1 霍布斯

家族的大兒子成為好友，從此和他們保持好關係，直到逝世都得他們保護。

1608 年霍布斯離開牛津，開始到歐洲大陸遊學，前後共計三次，因為擔任貴族小孩家教，每次旅遊霍布斯都會帶著他的學生。他的第一次旅遊

於 1610 年，後來的兩次為 1629 年及 1634 年。

1629 年，他年約 40 歲，再次帶著他的學生赴歐遊學。這次遊學開啟了他對數學的興趣，並以之作為哲學辯論的邏輯方式。其著作《*Short Tract on First Principles*》、《法律元素》(*Elements of Law*) 便是他第二次遊學的心得成果 (Toonies, 1889: 193–210)。

1634 年，他再度帶著學生到歐洲遊學，時間長達 3 年。這次，他和許多知名科學家在一起，其中有法國哲學家笛卡兒 (Descartes) 和伽桑狄 (Gassendi)，此時的霍布斯已是學術界知名人物了。回到英國後，他開始投入寫作。《法律，自然與政治的元素》(*Elements of Law, Natural and Politic*) 這本書在 1650 年時用《人性》(*Human Nature*) 出版前面的 13 章，其餘的用《身體政治》(*De Corpore Politico*) 出版。

霍布斯天性膽怯，害怕革命，他曾說自己是只有女人膽量的男人 (man of feminine courage) (Ribeiro, 2011)。1640 年 11 月，當查理一世國王在位時，英國國會由長期議會 (Long Parliament) 控制，他們催生革命，威脅內戰之爆發，霍布斯立刻逃到法國巴黎。

霍布斯逃難到巴黎時間長達 11 年，逃難期間，他的學術思想已趨成熟，對人性、社會以及身體皆有自己的看法。1642 年他以法文出版《論公民》(*De Cive*) 表達他的哲學思想；1651 年出版《利維坦》(*Leviathan*)，是他最有名的著作，這本書在法國和英國出版。Leviathan 在《聖經》中指巨大的海怪獸，故也有人譯為《巨靈》，霍布斯將之解釋為國家，他將國家喻為海怪獸。

圖 3-2 霍布斯的《利維坦》

寫完《利維坦》之後，霍布斯回到了英國，他不再出國，英國成為他最後 28 年學術生活的地方。之後，他繼續寫作，忙於完成他的哲學系統理論，共出版兩本：《論身體》(*De Corpore*) (1655) 以及《論人類》(*De Homine*) (1656)，前者說明他理論基礎，後者則是他過去已經發表過的思想。

　　1666 年英國倫敦發生大火 (Great Fire of London)，許多人怪罪那些無神論 (atheism) 及褻瀆神 (profaneness) 的學者，並認為這是上帝對人類的懲罰 (Lamprecht, 1940)。倫敦大火導致 1667 年國會嘗試要通過法案禁止不敬文學，其中包括霍布斯的《利維坦》，但後來這法案並未在兩議會上通過。膽小的霍布斯卻被國會的動作嚇壞了，於是，他日趨保守，開始上教堂、和社交圈人交往、研究異教邪說的法律、寫相關短文。但就算他嘗試建立保守派政治色彩，他還是被禁止在宗教問題上表示看法，以免影響社會大眾。

　　英國國會的動作並沒有影響霍布斯的學術地位，1668 年《利維坦》以拉丁文版在阿姆斯特丹出書，其他霍布斯的著作則包括主教 Bramhall 對於《利維坦》攻擊的答覆[1]。84 歲那年，他以拉丁文撰寫自傳。在離開這世界之前，他再度回到他第一個擔任家教的 Cavendish 家族，依靠他們。1679 年冬天，霍布斯過世，他終生不娶，享年達 91 歲。

第三節　霍布斯的自然狀態與自然法

一、自然狀態

　　自然狀態 (state of nature) 和自然法 (law of nature) 是霍布斯提出最有名的論點，出現在《利維坦》(*Leviathan*) 一書中。前者說明社會秩序的自然狀況，後者則說明社會秩序建立的理論。

　　自然狀態指人的利己自我 (selfish) 是自然的，在任何政府形成之前便存在。霍布斯的自然論認為，如果沒有社會情境的壓力，這時人們所做的任何的事情，不管是慈悲或者仁慈寬厚的，其最終的目的都會是自私的，且不是人類毫無思索下的產物，而是經由人類理性思考的結果。

1　他寫《對 Bramhall 主教出版的答覆》(*An Answer to a Book Published by Dr. Bramhall*)（1668 年寫，1682 年出版）。

霍布斯除了強調人類自私的自然本質外,也指出人類的衝突、紛爭、爭鬥也是一種自然的天性,而這有三個原因:(1)有限物質的競爭。社會上的物質稀少,因此人們會爭奪這些有限的物質;(2)人們彼此之間互不信任;(3)人們往往為了保有他們既得的權力,變得充滿敵意。

談到戰爭何以出現的問題。霍布斯說,當每一個人都相信他比其他的人更值得擁有、他應該得到的比別人多。而當這樣的渴望存在於兩個人的思想中,而東西卻只有一個時,他們兩人便會成為敵人、相互競爭。

由於人類自然的自私與衝突、紛爭、爭鬥等本質,人類自然的情況是一種人與人間永久的戰爭。在那樣的狀態下,人類沒有道德的存在,每一個人都生活在持續的害怕中 (Hobbes, 1651)。

霍布斯 (1651) 為這樣的自然狀況 (state of natural) 作了以下的敘述:

> 「在這樣的狀況,我們將看不到工業,因為我們的生產不確定。這結果,地球上沒有文化、沒有航海,更沒有由海上運來的日用品可用。也沒有寬敞的建物,沒有需要用大的力量來移動東西的工具。也沒有地球上的知識、沒有藝術、沒有文字,沒有社會的形成。更糟的是,我們人類生活在持續的害怕與暴力死亡的危險之中,人的生命將會是孤獨、貧窮、骯髒、粗魯,也是短暫的。」

總而言之,霍布斯強調人是自私的,人具有掠奪的本性,其造成的結果是人類生活在一種持續害怕的狀態。在這思想上,霍布斯認為人們必須要終止戰爭,要完全的屈服於國家之下,這樣做的目的乃為了讓人類能過著理性的生活,能持續和平與安全。

霍布斯進一步說明,害怕死亡是人類追求和平社會最為重要的動機,為了避免持續造成傷害的自然狀態,使得人類彼此需建立共同契約,這個契約就是所謂的「自然法」,以下說明之。

二、自然法

霍布斯認為自然法的目的皆在於維護一個人的生命安全、在於終止自然狀況。霍布斯對自然法的定義如下：

> 「自然法是一個命令，一個一般的通則，透過理性而得到。依據自然法，一個人被禁止去做任何會損害他自身生活的行為、或者拿走他得以生活的種種方法。」

以下敘述自然法的幾個法則，其中以第一個法則最重要，因為它建立了終止自然狀態的架構。

第一法則為：人類應該要追求和平，終止自然狀態。霍布斯認為每一個人都應該追求和平，只要此人希望能夠得到它，而如果他無法得到，他也應該用所有的可能來得到，並且在得到後持續捍衛和平。追求和平是人類自然法的第一個法則。

第二法則為：我們必須相互放棄對別人的某種權利，才能成就和平。當個人願意放棄對別人的主張，而其他的人也同樣的願意放棄對別人的主張，這些權益的相互轉換，我們稱之為契約。契約是道德責任之基礎，沒有契約，道德將無法存在，舉例說明：如果我放棄對你偷竊的權利主張，而你也同時放棄對我偷竊的權利主張，我們兩人彼此相互轉換一些權利，這就是契約。這契約在於讓我們彼此有責任遵守共同放棄的主張，可讓我們終止兩人之間的戰爭，不用時時擔心會被偷竊。

第三法則與契約的有效性有關。我們都知道，在自然狀態下所訂定的契約，如果有一方不願意遵守，或如果有一方害怕你會違反契約，這時就很難達成真正的約定，契約則變得沒有約束力。如此，我們社會需要一個可以執行契約的權威機構，以保障契約的有效性。另外，霍布斯也提及，我們人類不能與動物訂立契約，這種契約是無效的，因為動物無法了解我們所同意的契約。

霍布斯還提到其他許多的法則，簡要說明如下：

第四法則，我們要對那些遵循社會契約者表達感謝，如果不遵守的人與遵守的人沒有不同的對待，這也是違反自然法的。

第五法則，我們應該要順應社會的利益，如果對於小的事情都要吵架，會影響到和平的過程。

第六法則，對於有前科之人的寬恕要特別小心。

第七法則，懲罰受刑人的目的在於矯治，而非要報復。

第八法則，我們要避免彼此間直接或間接的憎恨。

第九法則，避免自誇。

第十法則，要保有那些別人能夠喜歡的權利。

第十一法則，要公平、公正。

第十二法則，不能被分割的東西，要與別人共同分享，例如：河流。

第十三法則，無法分割，也無法分享的東西，要用運氣、命運來分派。

第十四法則，和平的調停者，應該要有安全的保護。

第十五法則，經由仲裁來解決爭議。

霍布斯還強調其他法則，但是重要性較輕微，例如：針對酒醉者的法則、針對破壞別人財產者的法則。另外，霍布斯認為道德應該包含在自然法之內，道德必須透過社會契約來達成和建立。他認為只有透過社會契約，人類才能看到道德，才不會生活在戰爭與混亂之中。

第四節　貝加利亞的生平與時代思潮

一、貝加利亞的生平

貝加利亞是古典犯罪學重要人物，他因批判當時盛行的酷刑、反對死刑，並提出許多犯罪懲罰的改革思想，對犯罪學產生巨大影響，而被後世尊稱為犯罪學之父 (Vold, 1958)。

1738 年，貝加利亞出生於義大利米蘭，一個貴族家庭。他在很年輕的

時候，就取得義大利帕維亞大學 (University of Pavia) 的法律博士學位，其後，熱衷於政治，曾參加米蘭十八世紀的啟蒙運動，是「拳頭學院」(academy of fists) 成員。拳頭學院是米蘭地區菁英組成的社團，他們熱衷於探討科學、文化、社會、經濟等改革議題，這個經歷激發貝加利亞的思想，並影響到他的刑法改革之論述。

圖 3-3 義大利古典學派犯罪學家切薩雷・貝加利亞

參與啟蒙運動之初，貝加利亞對刑法並不是很感興趣，只寫一些個人的觀察，類似個人讀書心得，不具有系統，主要是針對當時歐洲刑事司法體系充斥著對犯罪人的殘酷與不公平對待，提出他的不滿及尋求變革的看法。

後來，1764 年，他寫《犯罪與懲罰》，這是他一生最重要的貢獻。這本書由於論點明確，且具人道主義色彩，與當時盛行的啟蒙思想一致，因而受到廣泛的關注與歡迎。這本書在出版兩年後，立刻被翻成法文，三年後，還翻譯成英文，致使貝加利亞的刑罰思想影響力在短時間內遍及歐洲與美洲。

圖 3-4 1764 年《犯罪與懲罰》義大利文版封面

貝加利亞很少出國，只有在 1766 年曾到巴黎做短暫訪問，但他聲名遠播，連俄羅斯帝國的凱莎琳大帝 (Catherine the Great) 都曾邀訪，想引進他的刑罰觀念；只可惜，凱莎琳大帝之邀貝加利亞並沒有成行。

1768 到 1770 年間，貝加利亞在米蘭巴拉丁諾 (Palatine) 大學擔任法學與經濟學教授。1771 年，他返回家鄉倫巴底 (Lombardy) 擔任公職。貝加利亞在這期間持續參與啟蒙活動，一直活躍於學術圈，並撰寫政治、經濟等有關文章。貝加利亞最後於 1794 年過世，得年 56 歲。

二、時代背景

十八世紀的歐洲，刑事司法體系相當殘酷而不人道。在那時代，任何犯罪動輒判處死刑（竊盜也包括在內），監獄環境也非常的差，沒有統一的管理機構，充斥效率和安全問題 (Ignatieff, 1978)。除了監禁，當時也盛行將犯罪的人直接送到遙遠的地方。另外，秘密審判在那個時代非常普遍，刑事司法體系慣於用拷打、刑求迫使人承認自己犯罪，對此貝加利亞說道：「拷打赦免了強壯的惡人，卻責難弱小無辜的百姓。」他也說：「你可能有罪，因為法律想要使你有罪。」(Beccaria, 1764) 拷打和刑求，使很多無辜者被定罪。

歷史上的刑求方法有：剝奪睡眠、刺身體 (pricking)、打在罪犯者身上的烙印 (branding)、套於人頸上的鐵具、鐵環絞刑 (garrote)、刑求時被迫看著自己親人、用毒品逼迫認罪……刑事司法體系的刑求甚為殘酷，許多作法從中世紀沿用到啟蒙時代，導致無數無辜受害者被毀傷、殺害或造成精神問題，使得有心之士要求改革 (Lea, 1973; Bennett, 2012)。

三、時代思潮

貝加利亞處在兩個不同的思想之中，一個是以教會神職人員為主體，強調國王的權力是神所授與；另一個則是許多的學者和哲學家，讚揚著人與人的潛能，並主張理性主義和人類的自由意志。這兩個思想皆對貝加利亞產生影響。George Vold (1958: 20–21) 曾歸納出貝加利亞時代存在的思潮：

1.人類的原本是純真、優雅或者是天真無邪的。這說明伊甸園是人類的理想、美好的地方，有吃有住、沒有煩惱。

2.人類從上面伊甸園狀態出來後，運用他的理性，作為一個具有負責任能力的人。

而依據人類墮落的原則，人類必須受苦受難，因為人類第一對男女亞

當與夏娃，運用他們的理性，不聽從神的話，選擇了犯罪，他們必須負起責任。

同時，人類也運用理性，建立契約政府。我們知道，社會契約 (social contract) 在貝加利亞時代，是許多學者的概念，包括：孟德斯鳩、盧梭 (Rousseau)、伏爾泰 (Voltaire) 等，他們強調人類決定將政府視為國家與其人民間的社會契約，因此，國家要對人民負責，同時人民也要為國家負責，兩者是相互的。貝加利亞強調，人類運用理性了解建立契約社會的優點與缺點，他們知道可以得到什麼，又會丟掉什麼，而當政府變成了為人民服務的工具時，人民就必須放棄必要的自由，以保證政府可保護其他人民的權利。

3.自由意志 (free will)——自由意志是一個心理的事實，一種個人的特質、規範，控制著人的行為。

(1)人的自由意志是自由的 (the will was free)。人類的自由意志除了飛上天或在水上行走外，沒有任何限制。

(2)雖然神與魔鬼影響著我們自由意志，但人類的自然本能，例如：驅力與欲望 (impulses)、或生下來的本能 (instinct) 也影響個人自由意志。各學者對此提出不同的論點：

i. 孟德斯鳩發現，社會來自四種的驅力與欲望，包括：追求和平、飢餓、性和社會，即人類共同生活的期待。

ii. 盧梭強調人類對友情的期待，並認為這是社會形成的基礎。

iii. 霍布斯認為害怕是人類形成社會的主要原因，因此，雖然社會限制自由意志，但人類還是願意接受社會契約的約束。

iv. 伏爾泰強調自由意志有強或弱，或多或少的影響著人類行為。而自由意志是人類行為的動機與源頭，是不容懷疑的。

4.接受用「害怕」，特別是「害怕痛苦」來控制人的行為。

5.接受以懲罰作為制約的主要手段，藉以製造「害怕」。因害怕是影響人的自由意志的必需品，可用「害怕」來控制人的行為。

6.接受社會有權力來懲罰個人，並將這懲罰的權力完全轉交國家，由

國家執行，因此，國家可以擁有最大的實質權威。

7.接受使用某些刑法或者對某些禁止行為加以懲罰。隨著國家的發展與成長，封建時代主人的權力衰弱，懲罰由集中化的法律、法院以及警察替代之執行。

貝加利亞所處的年代，歐洲正發生啟蒙運動，政治上，人們欲脫離長久的封建制度與絕對的獨裁君主政權，追求人自己的基本權利；思想上，正進入一個以人類理性、自由意志為基礎的新思維，人們揚棄神為他們所做的種種安排，用自己的方式來解釋人與神的關係和人與政府的關係，這些思潮成就了貝加利亞的犯罪思想。再加上，當時人道精神興盛 (human dignity)，人民的重要性更甚於教會或國家，因此由：孟德斯鳩、伏爾泰、休謨 (Hume)、蒙田 (Montaigne)、孔多塞 (Condorcet) 等人士大力倡導的思想成為時代精神。

犯罪學者 Leon Radzinowicz 爵士 (1966) 對於古典學派當時發生的種種社會情境與思想情況有著深刻的描述，他說：

> 「第一個當代的刑罰思想[2]是在那一段人類可以回憶的轉變時代
> 中出現的，這是發生在十八世紀的歐洲，當時歐洲正是世界的中
> 心。先驅者是法國的哲學家，法國當時是歐洲的中心。負面來說，
> 那是對於過去許多刑事體系上的濫用的反彈，但是從正面來說，
> 那是人類新觀念的一部分，人與自己、人與社會產生新的看法，
> 而這樣的改變的衝擊是巨大的，對十九世紀及後來的律法與執法
> 有深遠影響。」

總而言之，古典學派犯罪學來自英國對社會情境的反省，也來自歐洲啟蒙哲學的影響，這個學派最主要的理論基礎源於他們對於人的信心，認為從人來看問題，也應從人來解決問題，且他們相信人的自由意志與人的

---

2 指古典學派犯罪學思想。

基本權利，這些思潮皆影響貝加利亞對犯罪與懲罰的看法，以下說明之。

第五節　貝加利亞的犯罪與懲罰

1764 年，貝加利亞的《犯罪與懲罰》是第一本對於刑罰學較為完整的論述。他以理性和自由意志，作為解決刑罰問題的思考，並提出刑罰改革的強烈訴求，除此之外，貝加利亞為反對死刑之論述最早的發聲學者。社會學者 Hermann Mannheim (1972) 認為貝加利亞的《犯罪與懲罰》是代表義大利米蘭啟蒙運動發展的最高點，反映出啟蒙時期的學者宣傳啟蒙之理念和嘗試改革社會的理想 (Mannheim, 1972)。

《犯罪與懲罰》一書共四十七章，含六大部分，包括：(1)犯罪的測量與懲罰；(2)懲罰的確定性，沒有特赦；(3)犯罪的本質與分類，以及相對的懲罰；(4)特定懲罰的考慮；(5)犯罪的調查程序，包括：秘密審判與酷刑；(6)犯罪預防。以下說明其論點：

一、犯罪的定義與測量

貝加利亞認為人類有自私本性，因此，任何人都會尋求自己的好處，而可能會因此犯罪。他說：「我們每一個人總是尋求為自己得到最大的好處，同時也設法使我們欠人家者越少越好。」也說：「如果可能，我們每一個人會希望契約只適用於別人，自己則不受約束。每個人都希望自己是世界的中心。」(Beccaria, 1764)。

他認為違反社會契約就是犯罪，但是，犯罪必須以法律定義之，不能由個人來決定法律，對此，貝加利亞強調犯罪測量的重要。他認為，犯罪的懲罰需要有犯罪測量的依據，且應以對國家傷害的嚴重性作為一個真實的測量，而不是以犯罪動機、人的身分與地位或宗教信仰作為標準。

二、論懲罰

貝加利亞強調懲罰是任何社會必要的,因為人類的自私本性會傷害他人。懲罰最基本目的在於讓犯罪者不再傷害他人,並能嚇阻社會上多數人不去傷害他人。懲罰不應該否定人類的自私性,但要能給人們一個動機、使人們能得到好處而不用犯法,意指懲罰必須具有預防犯罪的目的。懲罰要建立於犯罪嚇阻之概念下 (Beccaria, 1764)。

對此,貝加利亞提出特殊嚇阻與一般嚇阻的概念,前者針對個人,讓一個人不再有動機再次的犯罪;後者針對社會的多數人,讓民眾知道犯罪得不償失,就不會有動機去犯罪。貝加利亞如是說道:「懲罰的主要目的在於讓犯罪者不再做傷害他人的事情,並且嚇阻其他的人也不去傷害別人。」(Beccaria, 1995: 31) 另外,他也說:「懲罰除非讓民眾知道,否則無法嚇阻犯罪。」因此,貝加利亞認為所謂的有效懲罰,乃基於人們對於犯罪與懲罰關係的了解與認知。懲罰讓人們印象深刻者在於直接感受,經由反覆的懲罰,讓這樣的感受經常出現在人們心中,才可對抗強烈自我利益的誘惑。貝加利亞強調懲罰需和我們自私自利的熱情誘惑相等,這樣懲罰的感受才能經常存於我們的心中。因此,犯罪者的懲罰必須是公開的,才能在人們的心中留下深刻印象以持續作用,藉此,人們才足以對抗自我利益之誘惑,不敢去觸犯法律。

貝加利亞說,行為,而非意圖,決定犯罪者之懲罰。例如一個人本來只是想讓對方殘廢而已,但卻讓對方死亡,這時應該以謀殺罪來審判。

貝加利亞強調刑事司法體系應建立懲罰的量度機制。一個真正刑事司法理性的體系應以犯罪與懲罰的量度作為基礎,例如:分類第一級的重行犯、第二級的重行犯、第三級的重行犯等,依照犯行本身對於契約社會所做的傷害之嚴重性程度來分等級。

三、懲罰的比例原則

「如果犯罪對於社會的傷害與懲罰一致時，可以減少犯罪」(Beccaria, 1995: 19)。這是貝加利亞在他的《犯罪與懲罰》一書第六章開始時的論述，也是他對於犯罪與懲罰的重要論點。

貝加利亞說 (1764)：「我們應該建立犯罪與懲罰的固定比例。」(Therefore, there ought to be a fixed proportion between crimes and punishments.) 此概念強調，如果我們對犯罪所產生的罪惡或傷害有個懲罰的比例，這樣懲罰會有作用，犯罪會越來越少。如此，對於輕微犯罪，我們不能給予太嚴厲的懲罰；同理，對於嚴重犯罪，我們也不能以輕刑處理。

貝加利亞說：「自己的利益像是吸引力，有很大的力量，因此，只有給予相等程度的懲罰和干擾，才能使我們犯罪的誘因得到抑制。立法者就如同一位好的建築師，其工作是來對抗這種引力，避免造成太大的破壞力，並且讓這些力量成為對社會正面的貢獻，強化我們的建築物。」這是貝加利亞懲罰比例原則的論點，懲罰與犯罪必須相當，這是政府的工作，也是維持社會秩序必須的。

貝加利亞強調，懲罰不當分配將造成人們似是而非的心理，而如果兩個犯罪本質上不相同的犯罪，對社會的傷害也不等，但卻得到相同的懲罰，這時，人們應該會選擇對犯罪者更為有利的犯罪行為，可能會是更為嚴重的犯罪，這樣懲罰就沒有嚇阻作用了 (Beccaria, 1995: 21)。

相同道理，在比例原則之下，國家也不應對犯罪人的懲罰超過國家應該懲罰的權力。貝加利亞說，任何的懲罰如果超過維護社會契約需要者都是不公平的，也是一種權力的濫用 (Beccaria, 1995: 11)。

貝加利亞也說，比例原則是符合社會正義的。他說，社會契約有必要強迫人們放棄他們部分的自由，但是，沒有人願意放棄對超過其最小約束他自己的比例，這些最小的放棄自由的比例便構成了懲罰的權力，而超過了這個就沒有正義可言。

總之，對貝加利亞來說，懲罰應該和犯罪本質一致，不一致的懲罰將

會造成法律沒有正義可言,而且,不一致的懲罰也會帶來社會緊張,對社會秩序維護更是個威脅。

四、懲罰的確定性

貝加利亞認為,懲罰要讓大眾清楚知道犯罪必須受到懲罰。他說:「嚇阻犯罪最好的方法不是來自懲罰所帶來的殘酷,而是懲罰的確定性。因此,為了要使確定性懲罰有益處,懲罰需要鐵面無私。機警的法官給予確定性的懲罰,縱使程度並不嚴厲,但會給犯罪人留下深刻的印象,其效果比起給予犯罪人嚴厲的懲罰,但卻讓犯罪者為了逃避懲罰而設法犯罪,更佳。」(Beccaria, 1995: 69)

懲罰必須是快速的,其目的在於讓大眾可以容易地將懲罰與犯罪連接起來,讓犯罪事件與懲罰的時間距離很短,這樣犯罪人才能認知到觸犯法律時懲罰是必然的結果。

貝加利亞也提及,法律與懲罰必須是公開的,而且要讓社會大眾看得到,他也說,法律條文要印出來,這樣可以讓大眾親自接觸法律,同時提醒大眾遵守社會契約的必要性。他同時說,再輕微的犯罪都必須是公開的,要讓大家看見,這樣才能有效嚇阻犯罪。

五、論政府

人民犧牲個人一定比例的自由,這些自由的總和構成了國家主權。因此,國家主權是由人民所犧牲的自由經合法交換而來,並從此產生了政府,在這樣的契約原則之下,政府必須是法制化的,不能任意行事。

貝加利亞強調,人民想要自由越多越好,但是他們也同意放棄那些為了他們安全而必須付出的自由,所以,政府在保護他們安全的時候,只能夠侵犯那些必要的自由。至於必要的自由是多少呢?貝加利亞提出「最小的自由放棄比例」原則,強調由於政府的目的在於追求最多數人最大的快

樂，而人民只願意放棄追求共同利益必須犧牲的自由，這些犧牲的自由構成了懲罰的權力，因此權力超過了這些犧牲的自由，將沒有正義，而是權力的濫用。

六、論法律

貝加利亞強調法律必須視為政府的社會契約。他認為法律要由能代表人民的人，如：教會、立法者等理性的人製造。法律要公平地對待所有的成員，其懲罰規定也必須是平等的，不論地位和財富。

貝加利亞強調國家而非個人有懲罰的權力，因此，他反對讓法官擁有太多裁量權，因為法官會濫用他們的權力。應由法律而非法官決定懲罰，法律是固定的，法官只能運用法律，不能解釋法律，法官的角色僅是決定是否有罪，而非決定如何處罰，法官無法判定道德，只能判定破壞社會契約的情況。

七、反對死刑

貝加利亞認為死刑違反了人的自然權，因此，在社會契約原則下，無法立法成立。他說：「法律是每一個人願意捐出最少個人限制自由部分之集合體，我們任何人不會把自己的生命捐出來，令其他人能任意處置。」(Beccaria, 1764) 就貝加利亞來說，契約原本是由自然人隨自己意願讓渡出來給國家的，但生命權是不能讓渡的，所以死刑是不正當的。

貝加利亞也認為，死刑是國家對於人民的戰爭，貝加利亞說，國家執行死刑是太荒謬的，這行為同等於國家殺人，是一種謀殺罪。貝加利亞說，法律只能是公共意志的表達，在於懲罰犯罪和嚇阻民眾不要犯罪，但法律中死刑的刑罰，因本質上殘酷且不正常，是有違契約本質的。貝加利亞同時引用孟德斯鳩的論述，說：「每一個懲罰，如果不是必要的，這便是暴君」(Beccaria, 1764)。

對貝加利亞來說，死刑就是不公平，在多數情況下也是不必要，且他認為死刑並不是嚇阻犯罪最有效的方法。

八、反對拷打與秘密控告

貝加利亞反對拷打，他認為拷打是野蠻的、沒有用處、且錯誤的，將對無辜的人帶來無比的傷害 (Beccaria, 1764)。

貝加利亞關心犯罪調查的質與量的問題，他認為，調查是定罪的必要條件，所有的證據必須是公開的，且定罪時應該明確的指出違反何種道德規範。貝加利亞加以提醒，證據的價值要視證人所提供的證據而定，當證人與被告的關係越近，證據的可靠度就越低，證據的價值就越低。另外，越是嚴重的犯罪，證人的證據可信度也就越低，因為證人對於被告往往帶有複雜的心理，常使他們不願意講出真相。

貝加利亞指責秘密控告的作為，他認為秘密控告往往會成為暴君的保護傘，被告應有權挑戰他的法官或陪審員，尤其，如果被告的社會階級不同於他的受害人時,陪審團的成員應該有一半的人和他是相同社會階級的，他甚至建議用抽籤的方法來選擇陪審員。貝加利亞亦提及被告權利問題，他說，被告應該被允許擁有足夠的時間，對於不利於他的指控作準備。

九、支持放逐

貝加利亞支持放逐，他說不遵守法律、擾亂公共安全，尤其暴力犯罪的人，應該要予以放逐 (Beccaria, 1764)。貝加利亞說，放逐是一種社會死刑，人活著，但是社會身分則是已經死了。只是，貝加利亞主張，應該只進行地區性的放逐，而不是放逐到太遙遠的地方。

十、強調預防犯罪

預防犯罪要重於懲罰，貝加利亞在《犯罪與懲罰》的結尾說道：「很多時候，我們會發現，對很多的犯罪而言，預防會比打擊犯罪來得容易」(Beccaria, 1764)。對於犯罪預防，貝加利亞提出諸多建議，例如：強化教育、對於道德行為的表揚，讓更多人願意守法。他說：「另外一種預防犯罪的方法是對於道德行為的報償。目前，世界各國都沒有這樣的作法，但如果報償的行為由學術單位來進行，可以增加好的書籍之印製，擴大我們的認識，激發更多善良行為。」(Beccaria, 1764)

針對以教育作為犯罪預防的作法，貝加利亞謙虛表示：「建立好的教育系統是預防犯罪最好的方法，只是這是一個很大的計畫，超過了我自己的能力。教育的計畫和政府有密切關係，如果要我來宣布（來做），我會幫不上忙，只能由少數聰明的人來做。」(Beccaria, 1764)

貝加利亞以教育來減少犯罪發生的主張，至今仍是犯罪預防最重要的政策。

第六節 貝加利亞的影響

貝加利亞並沒有對人類為何發展犯罪行為提出新的解釋，而是採納當時的想法，尋求懲罰的合理化。他的貢獻在於早在啟蒙時期即討論犯罪問題，並呼籲刑事司法改革。他的論點簡單、明確、易懂，加上他在論述中所持的人道思想，使他的論點在人權觀念初抬頭的時代，很快地受到重視，對歐洲許多國家，甚至美國的刑法發展造成深遠的影響。

1766 年法文版出現時，哲學家伏爾泰替他作序、為他背書，造成歐洲高階法律人和法院諸多討論，也受到許多追求啟蒙思想的貴族和中產階級的認同，可見貝加利亞對當時歐洲各階層都產生了巨大的影響力。

1775 年發生美國革命，要求獨立脫歐，獨立宣言起草人湯瑪斯·傑佛遜 (Thomas Jefferson) 時任維吉尼亞州 (Commonwealth of Virginia) 代表，

於 1778 年被賦予州的刑法修訂任務。那時他曾引用貝加利亞廢除死刑的意見，主張以公共事務勞動力代替之，但是後來他廢除死刑的立法仍未成功。1796 年維吉尼亞州通過立法，仍允許死刑可適用於叛亂罪及殺人罪，至於死刑的替代方式，則吸取費城的經驗，以「奴隸及痛苦」為之，而非以勞動力替代，使維吉尼亞州開始建造監獄，而不是以受刑人來推動公共事務的建設。

犯罪學者 Elio Monachesi (1956) 敘述了貝加利亞對後世的影響，也表達對他的肯定。他說貝加利亞的思想成為後來刑法改革的力量，也為刑法改革鋪了一條路，影響深遠，長達兩個世紀。

第七節　邊沁的生平

傑瑞米・邊沁 (Jeremy Bentham) 是近代功利主義的代表人物，許多犯罪學者將他歸為犯罪學古典學派，是因為他有效地將功利主義運用到犯罪的懲罰和現代警察與監獄的改革之上。邊沁與貝加利亞都是啟蒙時代的人，兩人皆相信人的本性是享樂的，因而主張用懲罰來嚇阻犯罪，只是邊沁否定貝加利亞的社會契約理論，他強調以功利主義 (utilitarianism)，以多數人的利益來建立法律與社會秩序，以下介紹邊沁的生平：

1748 年，邊沁生於英國倫敦，是一位哲學家、經濟學家和法學家。邊沁是位神童，3 歲能讀懂英國歷史和嚴謹學術論著，5 歲時能拉小提琴，6 歲學會拉丁文與法文，他在 12 歲時即進入牛津大學皇后學院，主修法律。他的父親是一位著名的律師，對於他這位天才孩子，一直期待能和他一樣學習法律，將來有望成為英國首相。但邊沁未如其父親所預期，他遲遲未執業，他想成為一位法學批判學者，他專注於法律體系的改革，對法律與道德的原理提出他的論著 (Rosen, 2005)，其多數犯罪學理論寫於 1789 年出版的《道德與立法原理》(*Introduction to the Principles of Morals and Legislation*)。

邊沁是激進哲學會 (Philosophical Radicals) 的領導者，這個學會的成員

包括：James Mill 和他的兒子 John Stuart Mill。他們創立《威斯敏斯特回顧》(*Westminster Review*)，一份以激進立場宣揚啟蒙司法改革的理想的期刊，由邊沁擔任編輯 (Copleston, 1966)。

邊沁死於 1832 年，終生未娶。在世 84 年的邊沁比同時代的貝加利亞多活 30 幾年，再加上其於政治圈與學術界的活躍，使邊沁對於其時代和對後世的影響力更加深遠。死後，大家依照他的遺囑，將他的遺體穿上衣服，並以蠟製成他的頭 (原來的頭則在烘乾後做成木乃伊)，坐立在倫敦大學校園中。

第八節　邊沁的功利主義

在《道德與立法原理》，邊沁闡述了他如何以功利主義作為改革的基礎。他主張人類可運用功利主義作為道德是否正確的依據，如果某種的行為可以帶給許多人快樂，我們便可斷言這樣的行為是正確的。經由快樂與痛苦的道德數學公式計算，可以判斷某個行為是正確或錯誤，如果找到快樂與痛苦的規律，便可進行道德、政治以及法律活動的規劃與設計。

何謂功利主義，邊沁在《道德與立法原理》這本書的第一章如此定義：

> 「自然利用兩個主權的東西，痛苦與快樂 (pain and pleasure)，掌管我們人類。這兩者可以單獨指出我們該做什麼？以及我們決定要做什麼？行為的對與錯、因與果，都受到這兩者左右，他們主宰著我們所做、所說以及所想。」(Bentham, 1789: 1)

邊沁的功利主義強調，任何道德和制度皆要能帶給多數人快樂，這是所有的道德、是非的標準，也是檢視現存的社會制度是否有效的判定，甚至是衡量政府政策的基礎。

事實上，功利主義早在啟蒙初期就出現，1672 年英國哲學家 Richard Cumberland 出版《論自然法》(*De Legius Naturae*) 提出功利主義，他與邊

沁過分強調自我哲學有別，當 Cumberland 被問及：「何謂善？」(What is the foundation of rectitude?) 他答：「理性人類最大的好處謂之。」(The greatest good of the universe of rational beings.)，這是功利主義最早的版本。

另一位功利主義重要學者——法國哲學家 Claude Helvétius，他的哲學名著《論精神》(*Essays on the Mind, and Its Several Faculties*) 強調所有人類行為的動機都是自私的，甚至於非常道德的行為也是自私的，因為人類唯一的動機就是追求快樂、避免痛苦；他甚至主張，所有人類的行為，包括自我犧牲，都可以用此解釋。Helvétius 認為行為的道德性，應該依據他們對於社區的有用性來評估，如果一個行動能增加大家的快樂，而這樣所帶來的快樂能超過其他可以替代的方法，這行動便是對的，否則便是錯誤的。

邊沁的功利主義論點受英國蘇格蘭學者大衛・休謨 (David Hume) 直接啟發。1739 年，休謨寫《人性論》(*A Treatise of Human Nature*)，這是他功利主義思想最高峰的代表著作 (Copleston, 1966)。休謨說：「在決定道德時，公共利益是最為重要的考量因素，當有糾紛時，無論從哲學上或從日常的生活中考慮責任問題時，應由帶來人類最大利益的角度觀看。」學者也指出，邊沁是因為閱讀了休謨的《人性論》，才強烈感受到功利主義的說服力 (Driver, 2014)。

功利主義早於法國《百科全書》運動時期，有超過半個世紀之久的歷史，但這思想深深影響邊沁，並使邊沁以功利主義建構他的犯罪學論點。

第九節　邊沁的犯罪學論點

美國學者 Gilbert Geis (1955) 描述犯罪學先驅者邊沁時指出，邊沁的犯罪理論初現於他的著作《立法的理論》(*The Theory of Legislation*)，其中，邊沁較關心懲罰不正義的問題，強調嚇阻犯罪應該是懲罰唯一的目的 (Bentham, 1871)。至於造成個人犯罪原因的問題，邊沁並不太感興趣 (Geis, 1955)，因此著墨不多。

以下，介紹邊沁對於犯罪學的綜合論點：

一、犯罪動機

受到貝加利亞的影響，邊沁強調人性 (human nature) 的重要，他認為，人性受到快樂與痛苦兩個行為要素的影響。在《道德與立法的原理》一書中，他說道：「快樂與痛苦是行為的最高原則，支配著我們的行為、我們的關係、我們的想法。」(Bentham, 1789)。邊沁認為，人類追求的是最大的快樂與最小的痛苦，這是人類行為的原則也是行事的依據，人類用理性計算行為帶來的快樂與痛苦作為採取下一步行動的判斷標準。

邊沁談犯罪動機時，他說追求快樂是犯罪的源頭：「人因為愛財富，愛擁有很多東西，帶來犯罪動機。所以，一些人為追求自己的快樂帶來了犯罪動機，當經過理性的計算之後，發現犯罪帶來的快樂超過了痛苦，這些人的心理上就會強烈地產生挑戰法律的動機。」

對於為什麼人會犯罪的問題，邊沁從理性的角度思考，他認為人跟動物是一樣的，會計算一個犯罪行為帶來的好處，以及犯罪可能要付出的代價，如果犯罪帶來的痛苦或代價太大，超過了他的好處，他就不會去犯罪，他會認真地考慮遵守法律規定。所以，在邊沁的思想中，人類身上有一個理性系統，提供人們行為與懲罰的資訊，並作為是否犯罪的依據。

雖然追求快樂是犯罪的源頭，但是邊沁對於為何追求快樂原則的問題並不感興趣，他感到興趣的是行為嚇阻的問題。他認為行為沒有適度的嚇阻、帶來痛苦，人們就會去做犯罪的事情。對邊沁來說，犯罪的問題並不是人類行為的問題，而是情境的問題，如果行為本身帶來更大的懲罰，犯罪活動就不會出現；相反的，如果行為本身沒有帶來懲罰，犯罪活動便會出現。

依據邊沁的論點，人與人之間出現犯罪的差異，原因是每一個人對於犯罪帶來快樂與痛苦的評估是不一樣的，以殺人為例：在面對問題時，每一個人對於殺人帶來的快樂與痛苦的評估是不一樣的；不殺人者，是因為他們在面對問題時，找到不必承擔殺人帶來之懲罰的痛苦與困擾的方法，而殺人者，是因為面對問題時，找不到其他選擇解決。

二、社會控制

社會控制是監督或制裁犯罪行為的力量，邊沁不僅提及法律制裁的社會控制，也提及政治、道德、或宗教的社會控制。一個人因為偷了東西，必須遭到懲罰，而被法官判處監禁的徒刑，這是身體的制裁，也是一種政治的社會控制；如果他的犯罪行為造成鄰居的不高興，拒絕與他往來，這是道德的社會控制；如果他是一位基督教的信徒，害怕神的懲罰，這是一種宗教控制。

邊沁認為政治的社會控制制裁力較大，較具影響力，但是任何形式的政治制裁必須透過法律才有效，且此法律必須能獲得多數人的支持 (Geis, 1955: 165)。邊沁也認為，為了確保個人追求自己快樂的同時能和社會最佳利益一致，制裁應以立法建立之。

邊沁的社會控制是建立在功利主義的思考上，他認為如果社會上沒有社會控制，大家只會設法從沒有控制的犯罪行為得到好處。依據這論點，沒有控制表示行為本身沒有痛苦，且帶給個人快樂。

三、犯罪懲罰與嚇阻

邊沁對嚇阻與懲罰的論述較為完整，首先他強調懲罰本身是一種罪惡 (evil)，但是懲罰這樣的罪惡是社會上必要的，乃在於避免更大的罪惡，而帶給社會更多傷害與痛苦。

邊沁運用他的功利主義探討犯罪行為的定義與司法懲罰，他認為一個犯罪行為帶來了痛苦、不快樂，就是罪惡，是構成犯罪的必要條件，否則就不是犯罪。所以邊沁的犯罪測量不同於貝加利亞，邊沁是以行為本身的罪惡程度和帶給他人或社會痛苦的程度判定；貝加利亞則是依據破壞社會契約的程度和懲罰的程度。因此，邊沁堅決反對所謂的想像犯罪 (imaginary offenses)，這是一種沒有帶來任何人真正痛苦的犯罪，只是因為偏見、宗教或道德的因素無法被接受，例如：某人在網路上表示他很不喜

歡某棟大樓，想要摧毀它。

邊沁認為，利益原則使人們趨向於追求利益及快樂，並防止傷害與痛苦的發生，利益可能存在於社會大眾，也可能存在於個人之中。邊沁將整個社會看作一個虛擬的有機體，由許多獨立的個體所組成，所謂的社會公共利益，即為其構成份子全體利益的總和；所謂個人利益是指就其本身而言，能夠增加、提升其整體利益、快樂，並減少、避免整體痛苦、損害的發生。

邊沁也認為，人們藉由利益原則的衡量，判斷犯罪所得到的利益、與刑罰所帶來的痛苦，評量兩者間的利害關係來決定是否要犯罪；相同道理，刑罰也會需要一個計算機制，讓給予犯罪行為人的痛苦，能抵銷其於犯罪行為所得到的快樂；也就是說，刑罰上的懲罰與犯罪間，需維持一定合理的比例，且懲罰的價值應高過犯罪所得。

邊沁強調犯罪預防的重要，他說法律的懲罰在於避免一個犯罪的發生，這當中的重要性遠超過對犯罪者報復。懲罰有許多的方式，但是懲罰的目的是要避免當事人再度犯罪，並使社會上多數的人不敢嘗試觸犯相同的犯罪行為。

對於貝加利亞反對死刑，邊沁並不反對，但他反對過多的死刑，他認為死刑在許多地方太過於嚴厲。當時的英國有偏好死刑的傾向，而使得實行死刑的罪刑逐漸增加，高達 200 種。他認為很多死刑沒有必要，他舉例說道：如果強姦與殺人都是死刑的話，強姦犯一定會把受害人殺死，理由是強姦與殺人結果都是死刑，會得到相同懲罰。因此邊沁強調死刑的執行要謹慎，如果一個社會或其立法者要維持死刑，則應考量死刑帶來的效果。死刑的懲罰只有足以對社會大眾造成情感上的傷害與震驚，才有其必要。

然而，邊沁對於死刑的看法在他晚年的時候有了很大的轉變，他不僅同意廢除死刑，還認為任何犯罪行為都不應被處死刑，沒有例外 (Bedau, 1983: 1036)。

加州大學爾灣分校 (University of California, Irvine) 教授 Gilbert Geis (1955: 171) 在評估邊沁時，引用了英國法社會學家 Henry Sumner Maine 的

說法：「我不知道有任何的一條法律的改革，在邊沁的時代裡受到他的影響。」或許，邊沁在犯罪學理論或法律思想上不太具有影響力，但他的功利主義使現代警察出現，也對監獄的改革提供貢獻，這些是後人有目共睹的，以下介紹之。

第十節　邊沁與現代警察的出現

現代警察始於英國，時間是 1829 年，當時的內政部長 Robert Peel 推動專業警察，提出《1829 倫敦都會警察法》(The Metropolitan Police Act 1829)，並獲得通過，因此被犯罪學者稱為現代警察之父 (Cole, 1979: 151)。只是在更早之前，邊沁以及一些法學家，就已呼籲建立中央集權的警察制度，以保護社區居民生命與財產安全。

一、1285 年《溫徹斯特法》

在工業革命之前，英國治安尚佳，當時的社會依據《溫徹斯特法》(Statute of Winchester) 來維持社會秩序，這是英國國會於 1285 年通過的法律，要求所有的人在巡守員的命令下，要背負打擊犯罪的義務。那時英國倫敦分為 24 個區域，每一個區域由一位高級市政官員監督，6 位巡守員保護，此外城門在晚上會關起來，酒吧晚間也不提供服務。

到了十八世紀，英國發生工業革命，帶來大量商業活動，國家人口成長一倍，從 1700 年的 520 萬到 1831 年的 1,200 萬人，其中又以倫敦、伯明罕兩大都市湧進最多人口，都市變得複雜，犯罪也跟著增加，且許多從農村移民到都市的人，他們買不起昂貴的房子，便住到城外，很多成為治安顧慮人口 (Wrigley & Schofield, 1981)。

當時倫敦巡守員的工作內容只有兩個：一個是帶著黯淡的油燈，在夜晚時，定時喊出夜晚的時間與天氣狀況；另一個是公告犯罪的人。只是，由於巡守員平日沒有謹慎保守公務機密，導致他們的行蹤容易被人掌握，

再加上他們夜晚經常醉酒，犯罪者只要懂得避開他們，就可以消遙法外。歷史學者 Reith (1943: 206) 指出，傳統的巡守員維護治安的功能，在工業革命之後完全破產，這樣的情況從英國倫敦蔓延到其他工業城市，最後遍及整個國家。

Reith (1943: 207) 指出，英國警察歷史上有一個人值得一提，他是 Henry Fielding。1748 年，Fielding 擔任倫敦行政長官，他致力於建立專業巡守員，以預防犯罪、維護治安。任職期間，他曾出版一本手冊《晚近搶奪增加的原因探討》(*An Enquiry into the Causes of the Late Increase of Robbers*)，在於提醒人民，很多的犯罪都已經變得具有組織和有系統了。另外，他主張犯罪的原因

圖 3–5 Henry Fielding

是懶惰、無動於衷，以及貪腐的司法，Fielding 鼓舞人民行使權力，以去除這種懶散的狀況。

為了解決民眾對於犯罪的蒙昧無知，Fielding 又出版《柯芬園》(*The Covent Garden*)，直至 1752 年，每周出版兩個版本，旨在告知民眾犯罪的原因以及介紹有名的搶劫罪犯。Fielding 在 47 歲時就過世，後由他的弟弟 John Fielding 在 1754 年接下他哥哥行政長官的位子。後來的 25 年間，John 都致力於完成其兄之遺志：出版犯罪預防的書、建立當地犯罪人資料，明確敘述那些犯罪的人，把這些人的名字和照片公告在家戶門口或公共場所，例如教會、旅館等，要大家共同維護治安。

二、Colquhoun《論都會的警察》

英國警察有了較明顯結構性的改變，主要發生在十八世紀末期到十九世紀初期。這期間邊沁與 Patrick Colquhoun 共同計畫要改變倫敦都會區的警察系統。

1795 年，Colquhoun 出版《論都會的警察》(*A Treatise on the Police of*

the Metropolis)，這是第一次對於警察實際作法有系統的研究，研究指出警
力不足的問題，當時的守衛、巡守員只有不到 70 位，他們要來保護 8,000
條都會區的街道、巷道和 16 萬間房子，顯然是不夠的。Colquhoun 宣稱英
國的警察應該是個新的科學 (new science)，其功能不是在於執行懲罰這類
的司法權力，而是在於預防與犯罪調查，是為了文明社會秩序和內部法律
規範的建立。

Colquhoun 提出有薪警察的建議，他認為，倫敦都會區的每一個地理
區都需要專業的警察，並由五位督察 (commissioners) 監督管理。
Colquhoun (1795) 建議的警察系統要有下列三項功能，⑴中央警察委員會
應蒐集犯罪者資料；⑵應登錄犯罪的人及團體，且進行資訊的更新、管理；
⑶要有出版物，作為道德教育、犯罪預防之用。

Colquhoun 的警察科學主要受邊沁功利主義的影響，邊沁強調警察的
犯罪調查與犯罪預防工作，符合功利主義，可以保護人民的生命、財產，
帶來多數人最大的快樂。

三、1800 年《泰晤士河警察法》

英國國會於 1800 年通過《泰晤士河警察法》(*Thames River Police Act
of 1800*) 這是邊沁和 Colquhoun 兩人努力的結晶，整合了兩人各自對於警
察的觀點。《泰晤士河警察法》具體化許多功利主義的原理，該法在於建立
河邊警察，藉以更有效率的保護河邊所有的財產。更為重要者，該法強調，
我們需要一個有活力的警察，指派專人可以在任何時間來看顧整條河，不
讓他們暴露在危險之下。

《泰晤士河警察法》通過時，邊沁自豪的說：「這法案是必要的，
Colquhoun 發現了統計事實，我則提供法律條文。我寫法律，認真地寫，
在程序法上有關執行以及法的作用，我都勇敢地寫，這是過去所沒有的。
我謙卑的要求，希望一個受教育的紳士，拿到法案時，不要去改它，讓它
成為法律。」

在《泰晤士河警察法》通過之後，再到 1829 年《倫敦都會警察法》出現期間，法案共修改六次，每一次修改都擴大了警察權力，把警察權擴大到倫敦其他地方。1811 年，Richard Ford 擔任弓街 (Bow Street) 官員，當時有 60 位騎在馬上的警察，稱為「弓街跑馬者」(Bow Street runners)，他們在倫敦 20 英里的主要街道上巡邏。1821 年，弓街除了有騎馬的巡邏警察外，也開始引進徒步巡邏的警察。

弓街的巡邏警察成為英國第一個制服警察，他們成立白天的巡邏單位來控制強盜與搶奪犯罪。他們穿戴藍色外套和褲子、黑色的帽子、Wellington 的馬靴和深紅的背心，使他們得到了「知更鳥」(Robin Redbreast) 的雅號，顯然，倫敦警察很受民眾歡迎。到 1828 年，在倫敦有薪巡邏警察共有 450 人。

1822 到 1830 年間，邊沁寫了他一生最後的重要著作《憲法法典》(*Constitutional Code*)，其中，他主張需要一個中央政府控制的預防性警力。

四、1829 年《倫敦都會警察法》

對現代警察有貢獻的人還有 Edwin Chadwick，他是邊沁的朋友。1828 年，在一場由內政部部長 Sir Robert Peel 主持的會議中，Chadwick 強調邊沁功利主義思想，並建議英國需要一個中央的預防性警察。Chadwick 同時認為，警察最主要的工作是預防犯罪，理由是：預防性警察可以在犯罪進行中立刻地出現、制止，並避免犯罪惡化，警察的犯罪預防比懲罰帶來的嚇阻作用更為有效。

Chadwick 犯罪預防的理念影響了 Peel，後來由 Peel 向國會提出立法，並得通過，即為 1829 年的《倫敦都會警察法》，這是現代警察法的濫觴，也開啟了現代警察新紀元。

Peel 把犯罪預防視為警察真正的任務，這是過去歷史未曾有的，而今天，犯罪預防仍是警察主要的任務，毫無疑問的，Peel 對現代警察的出現功不可沒 (Reith, 1943)。

1829 年，Charles Rowan 被指派擔任第一位倫敦警察局局長，他是一位軍人，為軍方部隊旅長 (Army Colonel)。當時的倫敦警察由 17 個分局組成，每一個分局有 165 位警察人員，每一個分局有一個督導負責，督導之下有一位視察員，每一位視察員也需要管轄 16 位巡官，而每一位巡官則要管 9 位警察 (constables)，被民眾稱為巴比 (Bobbies)，這也是內政部部長 Peel 的別號。

警察法是依據邊沁功利主義建立的，Peel 建制的警察最重要的特色是講究效率、一致性的工作方式，以及使治安工作成為警察的責任。到了十八世紀末期，英國和美國都可以看到 24 小時全時間服務的警察，他們負責看管社區居民的生命與財產安全。

第十一節　邊沁與監獄改革

法國哲學家米歇爾・傅柯 (Michel Foucault)，1975 年出版《規訓與懲罰》(*Discipline and Punishment*) 提及邊沁的圓形監獄主義 (Panopticism)，重新燃起大家對邊沁的興趣。傅柯是法國哲學家，專於分析古代懲罰系統到當代的變遷，並指出，過去殘酷的懲罰在今日轉換成為無形的監控，而這轉變並非出於人道考量，而是為了有權力者得行政治控制的目的。他引用邊沁圓形監獄的概念並指出，今天人們用更多、更細膩的方式監視著犯罪人，在監獄中，受刑人完全被監控，並且反覆的被強化自己是犯罪的人、不正常的人，還要做各種矯正工作、懺悔自我省察，以確立犯罪者意識。圓形監獄是對受刑人特別的設計，讓他們隨時受到觀察，但是受刑人自己卻不知道他們是否被觀察，傅柯稱這是一個不等注視 (unequal gaze) 的概念，這種不等注視可造成受刑人內化自我規訓，也是受刑人身體順服 (docile bodies) 必要的方式與過程 (Foucault, 1975)。

邊沁是英國十九世紀初期監獄改革力量之一，雖然如此，他的圓形監獄理念還是沒能夠在英國得到實現，致使他的影響力被打了折扣。不過，邊沁提出的監獄改革理念，仍影響 1779 年《英國監獄法》(*The*

Penitentiary Act of 1779 in England) (Semple, 1993)。邊沁於 1778 年出版的有關監獄改革書《*勤奮勞動力法案的看法*》(*A View of the Hard Labour Bill*)，他在這本書支持二個改革方案：⑴單獨監禁 (solitary confinement)；⑵監獄的勞動力。

單獨監禁是英國當時貴格教會 (Quaker) 主流思想，有助於受刑人矯正。邊沁強調受刑人要分級分類，並依不同嚴重性程度給予管理，目的在於提升效率，也符合功利主義；另外，他還主張監獄受刑人必須從事生產以節省國家開銷，他也提到監獄需要一個健康的環境，才能產生效果。對於，監獄的改革，他認為應該致力於嚇阻犯罪，而不在於懲罰，乃因嚇阻犯罪才能帶給最多數人最大的快樂，符合功利主義。

邊沁後來提出圓形監獄的改革理想，其設計如下：一個圓弧形的建築 (circular building)，受刑人的舍房是監獄建築主體，而獄卒的位置在建築物中間。這設計目的在於使受刑人總是在獄卒的視線之下，或者讓受刑人認為他們是被監視著的。

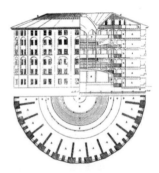

圖 3-6 邊沁的圓形監獄

圓形監獄的建築物設計完全符合功利主義，高效率的監獄管理能確保受刑人在獄中的行為受到管制，並使受刑人建立誠實態度和培養勤奮精神。除此之外，圓形監獄可以確保監獄管理的指揮系統，而且可減輕政府公共財務的負擔。

圓形監獄提出時等於否定邊沁自己在 1778 年的改革理想，例如：邊沁主張單獨監禁，但這顯然是沒辦法的事情，因為了符合功利主義減少成本，邊沁建議的圓形監獄每一個舍房要關四個人。圓形監獄也否定了邊沁提出受刑人需在監獄勞動的主張。邊沁原先認為受刑人在監獄低頭沒事是不好的，會促使犯罪，就算不勞動，也可用其他方法讓受刑人變得忙碌，例如讓受刑人受教。邊沁認為教育非常重要，是監獄改革必須做的事，因為他認為文盲也是導致犯罪的原因，此外他也同意用宗教來改變受刑人。

邊沁還提到其他監獄的改革，例如：一個健康的監獄環境，需讓受刑

人洗澡，給他們比較乾淨的衣服穿，飲食上，簡單即可但分量要足夠。邊沁也提到受刑人維護紀律的重要性，他反對使用鐵器對待受刑人，他認為這屬虐待，他認為對受刑人紀律的懲罰應回歸到功利主義，依據他們在監獄違規的嚴重性程度給予不同程度的懲罰。

　　有關監獄管理的問題，邊沁提出契約管理的概念，他建議把監獄的管理交給契約商，契約商要負責監獄成敗。一個監獄經理人，要能命令受刑人工作，並從受刑人所得中賺取他自己部分收益。如果受刑人在監獄中死亡，經理人要負擔部分責任，需繳錢給政府，作為一種罰款的概念，此舉可使經理人認真監督監獄受刑人。

　　1811 年邊沁圓形監獄的構想被政府拒絕，他的計畫沒有獲得政府採用，使得邊沁的圓形監獄無法實現，直到他過世，英國都沒蓋過圓形監獄。

　　美國學者 Gilbert Geis (1955: 168) 對於邊沁監獄的改革做了公正的評價，圓形監獄在那個時代是一個極為新穎的概念，因為當時多以罰款、送犯罪人到很遙遠的地方、或銬上頸手枷使一個人行動不便為犯人主要的處理和懲罰的方法，而邊沁勇於嘗試改變這種傳統刑事司法體系，如此變革性的努力，值得我們銘記。

　　幸運的，邊沁圓形監獄構想後來在美國實現。一位年輕建築師 John Haviland，參與監獄設計之競標，因而蓋了賓州東部監獄 (Eastern State Penitentiary)。賓州東部監獄位於費城，因為蓋在櫻

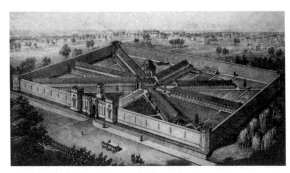

圖 3-7 圓形監獄：賓州東部監獄

桃山上，又稱為櫻桃山監獄 (Cherry Hill Prison)。東部監獄於 1829 年啟用，監獄建築物為圓弧形，有一個可以監視所有舍房的中央管理中心，符合邊沁圓形監獄理念 (Foucault, 1975)。

　　1925 年，美國伊利諾州蓋了斯泰特維爾監獄 (Stateville Prison)，鄰近

芝加哥城，也是依據邊沁圓形監獄理念建造。1920 年代，古巴也蓋了 Presidio Modelo 監獄，之後，法國、荷蘭、日本陸續建有邊沁的圓形監獄建築。

臺灣嘉義市的嘉義獄政博物館，其前身是嘉義監獄，蓋於 1919 年，1922 年啟用，建築設計理念亦來自邊沁圓形監獄。它共有三個長廊舍房，分別為智、仁、勇，中間為管理中心，也是監獄的心臟，從管理中心可以監視所有的受刑人。

圖 3-8 圓形監獄的嘉義監獄，現為嘉義獄政博物館

一、賓州監獄管理模式

除了邊沁圓形監獄的建築構想影響到美國的監獄建築外，其監獄管理方式亦成為早期美國監獄改革的一環。1790 年，美國蓋了一座現代化的監獄，由費城貴格教會 (Quaker) 所興建，地點位於沃納街 (Walnut Street) 上，所以又稱為沃納街監獄 (Walnut Street Jail)。沃納街監獄受刑人必須要單獨居住，在獨立的舍房中，他們安靜的讀經、禱告、改革他們的心。貴格教會後來在費城又蓋了賓州東部監獄。

讀經、禱告、單獨監禁，是貴格教會無聲 (silence) 的核心價值，在於從安靜中學習，進而改變自己 (Birkel, 2004)，賓州東部監獄由貴格教會所建，自然也強調單獨監禁。受刑人之間禁止交往、講話，多數時間他們必須自我反省、禱告。受刑人只被允許在獨居的舍房裡做一些手工工作，如果要離開舍房到外面走動，需依規定戴著面罩，這種監獄管理方式叫做賓州模式，受刑人每天多數時間待在舍房，能夠到戶外活動的時間非常少。

二、奧本監獄管理模式

賓州單獨監禁的模式沒過多久就被淘汰，由奧本模式 (Auburn Model) 取代，這是紐約監獄管理的模式。賓州模式與奧本模式最大的差別在於奧本模式不要求受刑人一直要待在房間，受刑人只有在晚上的時候獨居。白天，他們需一起出

圖 3-9 奧本監獄模式，受刑人手臂被鎖上，在監獄內進行移動

來工作、生產，只是當時還是禁止受刑人講話。奧本模式允許受刑人互動，所以被稱為聚集的模式 (congregate model)，和賓州單獨監禁模式不同。

貴格教會以獨居懺悔的監獄運作模式會被摒棄，主要原因是因工業革命後受刑人人口越來越多，監獄空間有限，使得獨居管理方式越來越困難。另外，獨居往往造成受刑人行為上或是心理上出現問題，此外監獄房舍空間太小，使受刑人沒辦法在舍房置放工作所需機器設備，而限制生產量。

邊沁強調受刑人工作、受刑人彼此之間互動和以教育作為改革重點的監獄改革在美國是成功的，得到許多支持，也成為今天監獄的主流思想。社會學者 Barusch (2015) 說，奧本模式的建築雖不是圓形監獄結構，但管理上卻來自邊沁的理論，受刑人工作、互動、教育……這些監獄管理作法皆有不錯的成效，勝過貴格教會的賓州模式，使得奧本監獄模式為後來許多監獄效法。很顯然地，邊沁對當時以及今日監獄改革富有貢獻。

第十二節　結　論

十八世紀的古典學派犯罪學理論，有四個主要的論點：(1)個人的自由意志；(2)人是享樂的，有追求最大快樂、避免最大痛苦的本能。同時，人

也是非常理性的，能計算行為所帶來的好處和必須付出的代價；⑶懲罰是嚇阻犯罪必要的手段；⑷懲罰的快速性及確定性，才有嚇阻犯罪之效用。

古典學派犯罪學相信人的基本權利，這樣的思想是源於文藝復興和啟蒙時期，但在當時，這種思想是難被接受的，尤其，當時的人可說完全沒有基本人權，他們不僅要面對非常殘酷的刑罰與處罰，且許多的懲罰非常不公平、沒有一定標準。古典學派學者因為看不到社會的公平與正義，也看不到被告的刑事司法人權，他們才決定向舊時代挑戰、要求改革，尤其針對刑罰及懲罰方面的改革。

貝加利亞強調比例原則的刑罰，以及刑事司法體系需要一個犯罪真實的測量作為懲罰依據。除此之外，快速審理與懲罰以及死刑廢除等主張，直至今日，仍在刑事司法變革與發展中扮演重要角色。邊沁的功利主義哲學似乎不是很特別，來自當時的時代思想，但他把功利主義運用到專業化警察、監獄管理和犯罪懲罰，使他因此聲名遠播，因為這些是之前沒有人討論過的。從本章可以看到貝加利亞與邊沁對犯罪學與刑事司法改革的特殊貢獻。

犯罪學在古典學派之後，將進入實證學派，但這並不表示要與古典學派切割、否定古典學派的觀點，甚至於否定它的貢獻。事實上，實證學派犯罪學的許多觀點來自古典學派，它是古典學派的延續，兩者主要的差別是歷史的，因為人類進入工業革命時代，可以用更科學、更精確的方法來求知和了解這世界，這樣的歷史轉變也影響到犯罪學後來的發展。

學習重點提示 ◈

1. 犯罪學古典學派重要學者有：霍布斯、貝加利亞以及邊沁等三位，他們的理論主要出現在霍布斯的《利維坦》(*Leviathan*)、貝加利亞的《*犯罪與懲罰*》(*On Crimes and Punishments*)，以及邊沁的功利主義 (utilitarianism)，請簡要敘述他們的學說。

2. 請說明貝加利亞的時代思潮，以及這些思潮對於古典學派犯罪學的影響。

3. 貝加利亞的犯罪學思想代表米蘭啟蒙運動發展的最高點，他也是反對死刑當代論述中的第一位。他的《*犯罪與懲罰*》這本書是刑罰學的第一本較為完整的論述，他強烈地提出刑罰改革，也提出用理性、自由意志原理來解決刑罰的問題，試說明貝加利亞的犯罪學思想。

4. 請說明犯罪學古典學派理論在犯罪預防上可行的策略運用。

5. 請說明邊沁功利主義的思想對當代法律，警察與監獄之影響。回答時，請說明功利主義的哲學內涵，並請說明邊沁如何用功利主義觀點建構當代法律、警察功能，以及建構現代化監獄？

6. 你自己如何看人性呢？犯罪學家的論點有哪些？你接受他們的論點嗎？

參考書目

Barusch, A. (2015). *Empowerment Series: Foundations of Social Policy: Social Justice in Human Perspective*. Boston: Cengage Learning.

Beccaria, C. (1764). *On Crimes and Punishments* (Edward Ingraham, Translated). Published by Philip H. Nicklin: A. Walker, in 1819. Retrieved from http://www.constitution.org/cb/crim_pun45.htm

Beccaria, C. (1995). *On Crimes and Punishment and Other Writings* (ed. by Bellamy, Richard in 1995). Cambridge, UK: Cambridge University Press.

Bedau, H. (1983). Bentham's utilitarian critique of the death penalty. *Journal of Criminal Law and Criminology*, 74 (3), 1033–1065.

Bennett, M. (2012). "Medieval torture: a brief history and common methods," A with Honors Projects. 71. http://spark.parkland.edu/ah/71

Bentham, J. (1789). *Introduction to the Principles of Morals and Legislation*.

Bentham, J. (1871). *Theory of Legislation*. London: Trubner & Co.

Birkel, M. (2004). *Silence and Witness: The Quaker Tradition*. Maryknoll, NY: Orbis Books.

Cole, G. (1979). *The American System of Criminal Justice*. North Scituate, Massachusetts: Duxbury Press.

Colquhoun, P. (1795). *A Treatise on the Police of the Metropolis*. London: H. Fry, Finsbury.

Copleston, F. (1966). *A History of Philosophy, volume 8: Bentham to Russell*. London: Search Press.

Cumberland, R. (1672). *On Natural Laws*.

Driver, J. (2014). "History of utilitarianism," *Stanford Encyclopedia of Philosophy*. Center for the Study of Language and Information: Stanford University.

Foucault, M. (1975). *Discipline and Punishment*. New York: Pantheon Books.

Geis, G. (1955). Pioneers in Criminology VII—Jeremy Bentham (1748–1832). *The Journal of Criminal Law, Criminology, and Police Science*, 46 (2), 159–171.

Helvétius, C. A. (1759). *Essays on the Mind, and Its Several Faculties*, London.

Hobbes, T. (1651). *Leviathan*. Oxford University Press.

Hume, D. (1739). *A Treatise of Human Nature*. London: Printed for John Noon, at the White Hart, near Mercer's chapel, in Cheapfide.

Ignatieff, M. (1978). *A Just Measure of Pain: The Penitentiary in the Industrial Revolution, 1750–1850*. London: Macmillan.

Lamprecht, S. (1940). Hobbes and Hobbism. *The American Political Science Review,* 34 (1), 31–53.

Lea, H. C. (1973). *Torture*. Philadelphia: University of Pennsylvania Press.

Mannheim, H. (1972). *Pioneers in Criminology*. Patterson Smith.

Monachesi, E. (1956). Pioneers in Criminology IX—Cesare Beccaria (1738–1794). *Journal of Criminal Law, Criminology and Police Science*, 46 (4), 439.

Radzinowicz, L. (1966). *Crime and Justice*. New York: Basic.

Reith, C. (1943). Preventive principle of police. *Journal of Criminal Law and Criminology*, 34 (3), 206–209.

Ribeiro, R. J. (2011). Men of feminine courage: Thomas Hobbes and life as a right. *Hobbes Studies*, 24 (1), 44–61.

Rosen, F. (2005). *The Collected Works of Jeremy Bentham: An Introduction to the Principles of Morals and Legislation*. Oxford: Clarendon Press.

Rozemond, N. (2010). Beccaria's dream on criminal and nodal governance, *Governing Security under the rule of Law*, edited by J. Blad, M. Hildebrandt, N. Rozemond, M. Schuilenburg, and Van Calster, The Hague, Eleven International Publishing, 37–51.

Semple, J. (1993). *Bentham's Prison: A Study of the Panopticon Penitentiary*. Oxford University Press.

Vold, G. (1958). *Theoretical Criminology*. New York: Oxford University.

Wrigley, E. A. & Schofield, R. (1981). *The Population History of England, 1541–1871, A Reconstruction*. Cambridge University Press.

圖片來源

圖 3–1：Thomas Hobbes/Public domain

圖 3–2：The frontispiece of the book Leviathan by Thomas Hobbes; engraving by Abraham Bosse/Public domain

圖 3–3：Cesare Lombroso/Public domain

圖 3–4：Frontpage of the original Italian edition Dei delitti e delle pene/Public domain

圖 3–5：Henry Fielding/Public Domain

圖 3–6：Elevation, section and plan of Jeremy Bentham's Panopticon penitentiary, drawn by Willey Reveley, 1791/Public domain

圖 3–7：The State Penitentiary for the Eastern District of Pennsylvania, Lithograph by P.S: Duval and Co., 1855. Mike Graham from Portland, USA/Flickr, CC BY 2.0

圖 3–8：筆者提供

圖 3–9：Lockstep in the Auburn Prison/Public domain

第四章

實證生物學派犯罪學

第一節　實證哲學

古典犯罪學強調人類理性、自由意志、享樂主義、功利主義……等，到十九世紀，這些思想逐漸被揚棄，不再盛行於學術界，實證學派便興起於此時，反映出當時人類思想的革命。實證學派強調用客觀的、經驗與實驗的科學方法探討人類，是一種新的知識探討方式。

當時的社會思想強調人類的經驗法則、眼見為真的精神，認為任何理論在提出之前，應經過謹慎的思索，並經過檢驗。另外，價值中立 (value free, value neutrality) 也是當時重要的觀念，強調科學家應以客觀的證據陳述事實，不得受自己的喜好、偏見、情感影響。

1859 年查爾斯・達爾文 (Charles Darwin) 出版的《物種原始》(*On the Origin of Species*) 是行為科學實證探討的起點。1831 年達爾文受邀獵犬號 (Beagle) 船長之邀出海航行，他利用這個機會蒐集研究資料，在繞行世界一圈之後，寫下《物種原始》這本書。書中強調，人類與其他動物是相關聯的，而非是處在兩個完全不同的世界，人類與其他動物的差異只於進化程度上，而不是兩個完全不同的種類。這樣的思想與學術氛圍影響義大利醫生 Cesare Lombroso 的理論發展，促成早期生物學面相學、顱相學 (phrenology) 的犯罪行為解釋，使得犯罪生物學派得以在歐洲與美國出現和推展。

除達爾文外，兩位著名的早期實證學派學者奧古斯特・孔德 (Auguste Comte) 與赫伯特・史賓賽 (Herbert Spencer)，他們的思想對犯罪學生物學派也產生深遠影響。1798 年於法國出生的孔德，致力於創造自然主義 (naturalistic) 的社會學，1830 年出版《實證哲學》(*A General View of Positivism*) 嘗試解釋人類過去，並預測未來。對他來說，社會學除要建立一個能夠解釋人類社會時空變化的法則，即社會靜態 (social statics) 與動態 (social dynamics) 概念，也要試圖解釋任何歷史階段社會穩定的原因，和促成社會發展的社會動態力量。

　　史賓賽生於 1820 年的英國，比孔德晚了約 20 年。1857 年他發表《進步：其規律與原因》(*Progress: Its Law and Causes*) 詮釋演化論的精神，強調人類合作與社區生活是社會進化的動力 (Spencer, 1857)。只是他寫這論文時，達爾文《物種原始》的聲名已遍及歐洲，他認知到演化的貢獻必歸於達爾文，所以在 1858 年，他開始草擬一本普遍的演化理論大綱，定名為《綜合哲學》(*System of Synthetic Philosophy*)，遺憾的是，史賓賽在進化論的貢獻還是在達爾文之後。

　　史賓賽與孔德兩個人的差異為何呢？下面是史賓賽自己寫給孔德信徒 Geprge Lewes 的說明 (Carneiro, 1967)：

　　「孔德的專業目標是什麼？是來解釋人類觀念的進步。我的目標
　　是什麼？是來解釋外面世界的進步。孔德要來說明人類思想的必
　　要性、真實性以及起源，我提供的則是人類事實的必要性、真實
　　性以及起源。孔德解釋了我們知識的源頭，我解釋的是現象的源
　　頭，一個是主觀的，另一個則是客觀的。」

　　史賓賽強調，他的進化論在於解釋外在世界的進步，這裡外在世界指人的心理之外的世界，也就是我們生活的世界，是現實的、活生生的。史賓賽也說明社會現實世界變遷的必要性，他的社會學在於解釋自然現象的變化，如何從簡單的社會進化為複雜的社會，再從複雜的社會進化為更加複雜的社會。史賓賽說他的論點是客觀的，至於孔德，他僅是在解釋人類觀念的進步和說明人類思想與社會變遷的必要性，是主觀的。

　　在這樣的社會變遷之下，實證學派象徵著人類對於自己的看法有了改變，可視其為人類思想與智慧革命的時代，而在這段歷史變遷中，方法學抬頭，走向客觀，科學探討和解釋成為新的學術取向。

　　實證學派最為重要的思想是什麼呢？下列幾個重點：

　　1.宇宙間存在秩序。實證學派強調社會總是功能的、有秩序的運作，這種運作的秩序與自然界的秩序是相似的，社會科學家可以根據現象的原

理原則找到這樣的秩序。

2.知識勝過無知。實證學派強調知識的重要和知識的價值。

3.因果關係確實存在，我們可在現實的世界中找答案，因此，實證學派強調「行為決定論」。決定論 (Determinism) 強調任何現象都有其先前的導因，現象不可能獨立的發生。例如西方十九世紀與二十世紀的救小孩運動 (child savor)，此現象的出現源於當時發生的都市化，人們離開鄉下到工廠工作，才發現到小孩脆弱、無知，必須給予他們更多的照顧。這是救小孩運動的時代背景，如果沒有工業化、都市化，就不會出現這個現象。

4.實證學派強調科學研究的重要性，為了敘述這些關係，有必要蒐集經驗事實資料，稱為科學至上主義 (scientism)，只有用科學方法得到者才是知識，其他都不是。

犯罪學在實證學派學術氛圍下出現，它有下列幾個基本論點 (Vito & Holmes, 1994)：

1.拒絕懲罰，用矯治代替。

2.拒絕自由意志，並用科學決定論代替。

3.拒絕刑法的研究，須研究犯罪個人，尤其是他們的醫療心理及社會特性。

犯罪學實證學派有三個主要理論：首先是生物學的決定論，強調所有行為的基礎來自人的身體；其次是心理學決定論，強調人的心理決定人類所有的行為；第三則是社會學的決定論，強調社會不平等而造成的犯罪，這是後來出現的理論，此章先談生物學派。

第二節　生物決定論

犯罪學者實證學派以 Cesare Lombroso 最有名，他是義大利人，出生於 1835 年，晚了史賓賽約 15 年。Lombroso 的時代，進化論思想正處在萌芽階段，已經有一些學術討論，其中，兩位先驅者對 Lombroso 的理論有所影響，一位是瑞士相貌學者 Johann Kaspar Lavater，另一位是德國神經學

家 Franz Joseph Gall，分別提出相面術及顱相學的概念。

上述兩位學者所提出的概念可以追溯到十八世紀末期，相面術的概念由 Lavater 提出，他從 1775 年開始共寫了四冊《身體相面術》(*Physiognomical Fragments*)，他提到：有鬍子的女人、沒有鬍子的男人、看來可疑的人和擁有不尋常的身體的特質的人，例如：紋身、扁臉、眼睛轉來轉去、頸部很小、鼻子相當大等都是犯罪嫌疑犯。另外，機智的眼神 (shifty eyes)、小的下巴 (weak chins) 或大的鼻子 (arrogant noses)，也被認為是犯罪嫌疑犯。

顱相學的概念在 1791 年由 Gall 提出，他相信，腦的每個部位都與人的社會性功能有關，他進一步指出，腦有 26 個部位，都有其對應功能。這樣的觀念後來被 Johann Spurzheim 發揚光大，將腦的功能增加到 35 種。

Gall 與 Spurzheim 都強調，腦控制友誼、破壞、慈善、貪心等的功能，他們認為每一個腦負責三個區塊的功能，分別為：

1. 活動 (activity) 或者較為低階的功能。

2. 道德情感 (moral sentiments)。

3. 智慧 (intellectual faculties)。

遺憾的，上述相面術與顱相學的論點後來被醫學界證明是錯誤的，特別是腦的每一個部位所控制的行為。

回到 Lombroso，他被視為犯罪學實證學派開始的人物，也因此被尊為犯罪學之父。Lombroso 提出的重要犯罪學理論是「生來犯罪」(born criminal)，他的理論是生物學的，認為犯罪者為「祖型重現」(atavism)，意思是這些人退化到人類進化的前階段、原始人的階段。Lombroso 的理論很快地被他的學生 Enrico Ferri 發揚光大，其實證學派犯罪學影響到美國，影響美國學者 William Sheldon 嘗試建立人類體型與行為的關係的研究理論。十九世紀末期到二十世紀初期，Lombroso 的犯罪學理論蔚為時代主流思潮，2004 年美國《犯罪學期刊》(*Criminology*) 還有專文討論他，他的研究得到學術界廣泛重視。近期這樣的論點似乎正在復古，尤其生物醫學日趨發達，蒐集了更多生物資訊，其與犯罪問題之間的關係也有了更多討論。

以下介紹 Lombroso 的生平與理論。

第三節　Lombroso 的生平與理論

一、生　平

Cesare Lombroso 生於義大利維羅納 (Verona)，被稱為當代犯罪學之父 (father of modern criminology) (Mannheim, 1972: 232)。他早先接受醫學教育，於 1852 年進入帕維亞 (Pavia) 醫學院讀書，1858 年完成學業後，選擇精神醫學的專長，並對人類學、犯罪學感到興趣。1863 年他開始在帕維亞大學 (University of Pavia) 任教，同時進行犯罪研究。1874 年，他晉升為教授後，便前往位於義大利西北部的德蘭大學 (University of Turin) 任教，主要講授醫學法律。

他最為重要著作《犯罪人》(*Criminal Man*) 寫於 1876 年，時年 36 歲，其靈感與資料來自於他的研究對象——Giuseppe Villella，他是於 1871 年與 Lombroso 見面的受刑人。Villella 是一位惡名昭彰的小偷、縱火犯，當時 Lombroso 是位診療精神病患的醫生，他想從 Villella 身上找到犯罪問題的答案。此後，他開始對犯罪與犯罪人的問題感到興趣，持續研究義大利監獄的受刑人，並比較精神病者、犯罪者，以及正常人的差異 (Lombroso Ferrero, 1972)。

Villella 過世後，Lombroso 對這一位受刑人進行解剖和驗屍 (postmortem)，發現他的頭顱背後有凹陷，與猿猴有相同特徵。於是，他做了個結論：一些人生下來便具有犯罪傾向，乃是他們身體退化到原始人的緣故。

Lombroso 得到這個科學結論時，非常興奮。1911 年，他的女兒 Gina 在 Lombroso 過世後第二年幫他完成最後一本著作，在該書前言，Gina 敘述當年解剖 Villella 的頭顱、得到研究發現的那一刻對她父親的意義：

「那不只是個想法，而是一個上帝的啟示，當我看到頭顱的那一

刻，那一瞬間對我來說，好像在大平原上，突然出現火焰熊熊的
天空。犯罪人的問題就是祖型重現的問題，原始人或者低等動物
在我們時代裡再現。他們具有下列的特性，超大的顎、高的頰骨、
大的眉弓 (superciliary arches)、手掌單獨的線條、特別大的眼窩、
對於痛苦沒有感覺、眼力特別敏銳、刺青、懶惰、放蕩、無法拒
絕罪惡，他們不只有消滅受害人生命的欲望，也想要毀傷屍體、
食肉、喝飲其血。」

　　Lombroso 後來把「祖型重現」(atavism) 的發現寫在《犯罪人》一書
上，並提出犯罪人返祖現象。因為是生物性的解釋，也有學者稱之為「生
來犯罪理論」。

　　至於 Lombroso 這個人，英國小說家 Diana Bretherick (2014; 2015) 寫了
兩本有關 Lombroso 的小說——《魔鬼城市》(City of Devils)、《魔鬼的女
兒》(The Devil's Daughters)。書中對 Lombroso 的描述為：Lombroso 性格
很好，經常到各地演講，與人互動，並對許多問題做出評論。Bretherick
(2014; 2015) 這樣描述 Lombroso 的一天：他在打字機前面寫作、校對文
字，之後，他往返出版商，也到圖書館和他自己的實驗室，他不停的在這
幾個地方移動，充滿著旺盛的活力，到了晚上也沒閒著，他會安排與朋友
見面、聽歌劇或釣魚。

　　Bretherick (2014; 2015) 也說，Lombroso 對犯罪、犯罪人、犯罪動機以
及犯罪者的文化特性等有著高度興趣，在這背景下，他收集很多受刑人的
文物以及藝術創作品，他也擁有許多死刑者的頭顱和身體骨架等。1892
年，Lombroso 開了一間博物館展現這些文物，在 Lombroso 過世後，博物
館於 1914 年關門。直到過了約一個世紀，Lombroso 博物館才在 2010 年，
於他長期任教所在地德蘭 (Turin) 重新開幕，其中最主要的展出物是 1909
年 Lombroso 過世時他所捐出的自己的頭顱。

二、祖型重現

前面提及，Lombroso 因為研究受刑人 Villella 的頭顱，而發現祖型重現的犯罪解釋。根據他的發現，犯罪是一個祖型重現現象，來自於人類病態的原因，例如，傾斜的前額、大小不等的耳朵、面孔不對稱，並且會展現在各種疾病上，例如：歇斯底里、酗酒、身體癱瘓、精神失常等，但以癲癇病最多。

Lombroso (1895) 為了支持他祖型重現的論點，便以人類學研究方法對受刑人進行身體部位測量，共計測量 5,907 位受刑人。後來，他還對 383 位死亡受刑人驗屍。最後得到以下結論：這些受刑人中，有 58.2% 有眉弓 (superciliary arches)、44.6% 有智齒不正常現象、32.5% 頭顱縮小、28.9% 骨性結合、28% 退縮的額頭、28.9% 骨肥厚、23.1% 扁平頭顱、22% 有沃姆氏骨、18.4% 骨縫簡單、16.6% 枕骨突出、16% 枕骨凹等現象 (Lombroso, 1895)。

義大利醫師 Mazzarello (2011) 曾詳細敘述 Lombroso 祖型重現有關身體與道德方面的特質，包括：大的且突出頰骨 (zygomata)、笨重的下顎骨、頭顱容量小、突出的眉弓、銳利視力、皮膚黝黑、猶如猴子的壺柄狀耳朵、對疼痛無任何感覺、紋身、道德麻木、完全不會感到後悔、缺乏遠見、過度懶惰，有時好像很有勇氣但卻怯懦。這些人普遍放蕩、熱愛性的滿足，且會想要殺人、殘忍對待受害人、撕肉、喝血等。

Lombroso 學術生涯一直在找出犯罪人的身體特徵和不正常的特性 (anomalies)，在《犯罪人》出版之後，他仍持續修正他自己的論點。他的書從第一版的 272 頁，到第五版時，已經增加到 1,900 頁，並以三大冊印刷，直到 1909 年過世前，他仍持續修正他的理論 (Jones, 1986: 92)。

1911 年他的女兒幫他出版《犯罪，其原因與療治》，應是他對犯罪原因的最終看法。Lombroso 列出 129 種因素，包括：天氣、季節（尤其是太熱的天氣）、疾病、死亡率、種族、移民、頭髮顏色、吉普賽人、擁擠的人口、人口密度、媒體、都市生活、酗酒、貧窮、政治不安定、毒品、文盲、

經濟情況、稅收、就業、存款、宗教、非婚生子女、孤兒、父母的精神狀況、父母是不是犯罪者、懶惰、戰爭、腐敗政府等 (Lombroso, 1911)。Lombroso 在提出祖型重現後，又增加許多犯罪因素，有疾病的、地理的、教育的、經濟的、宗教的等社會性因素，可看出實證研究的發現一直影響他理論的立場。

Lombroso 在 1911 年最後著作中作了下面的敘述，可為他一生從事犯罪研究的結論：

「每一個犯罪皆由諸多特殊原因造成，且這些原因經常糾纏在一起，因此，我們必須遵守思想與演講（指科學研究的精神）的規則，分別探討個別原因。犯罪原因的複雜性是人類現象的規則，我們不可能只看單一的原因。」(Lombroso, 1895)

探討犯罪者身體不正常的特徵中，Lombroso 有一個論點值得提出。他強調犯罪人紋身 (tattoo) 也是一個原始人的特徵，表示犯罪人仍舊生活在野蠻階段，這樣的推論顯然和他發展身體痛苦測量的研究方法有關，他設計了測量犯罪人承受痛苦的量度方式，並實際對犯罪人測量，他發現，犯罪人比一般人對於身體上痛苦的承受不敏感，且表現得毫不畏懼，是原始人特性的展現。顯然，犯罪人喜歡紋身，表示他們不怕加諸在他們身體上的痛苦，而這些人對於受害人遭受的痛苦與傷害也是無動於衷，對於社會道德更是完全不在意。

三、犯罪分類

Lombroso 在犯罪學理論之上再提出犯罪分類的問題，他分為四大類，包括：生來犯罪 (born criminal)、激情犯罪 (criminal by passion)、精神失常 (insane criminal)，以及偶發犯罪 (occasional criminal)，說明如下：

1. 生來犯罪

這是 Lombroso 最重要的理論，犯罪人乃生理上退化到早期的進化階段，他們腦部結構較為原始，行為亦是。生來犯罪者約占 1/3 犯罪人口 (Mannheim, 1972: 268)。

2. 激情犯罪

Lombroso 強調一個正常的人可能因為激情或在特殊情況下犯罪。激情犯罪者凶猛、魯莽的犯罪行為是突然的，主要是由生氣或政治熱情造成。另外，愛情、榮譽捍衛等往往也會帶來激情，進而發生暴力。Lombroso 觀察到女性觸犯激情犯罪者較多，且通常是年輕人，其不正常的身體特徵數量似乎較少。Lombroso 認為激情犯罪者的矯正機會大。

3. 精神失常

精神失常者在身體退化的特徵上和生來犯罪者相當接近，都有大耳朵、前額凹凸、下頜大、凶猛的眼神、上唇特別小等特徵。

4. 偶發犯罪

偶發犯罪又分為四類：偽犯罪 (pseudo criminal)、有犯罪傾向者 (criminoid)、習慣性犯罪的人 (habitual)、癲癇狀的人 (epileptoid)。

偽犯罪者，如：自我防衛的攻擊、藉偷竊以維持家人生活。有犯罪傾向者指那些受到犯罪誘惑、退化 (degeneracy) 的犯罪、受到「祖型重現」之生來犯罪者的誘惑而犯罪，通常他們的犯罪行為已持續一段時間。另外，一些律師或者銀行從業人，他們除了有一個罪惡的心外，因為他所處的領域有機會犯罪，使他們從正常人變成犯罪人，但他們犯罪密度較低。習慣性犯罪的人，在他們早年時就進行犯罪活動，可能是經由耳濡目染、犯罪家族、組織犯罪，而成為習慣性犯罪的人。習慣性犯罪的人的數量甚多，這些人生下來時並沒有犯罪的傾向，但是隨著環境的影響，他們脫離了正

常生活，墮落到原始人罪惡世界。至於癲癇症的人，他們可能是潛在的犯罪人，已累積很長時間，但後來爆發了。

義大利生物學派已走入歷史，相信今日也很少人會同意犯罪來自祖型重現，但因 Lombroso 處在一個進化論盛行的時代，他的想法不可避免的會與當時多數人想法一樣，這是可以理解的，唯其貢獻在於他運用了實證科學研究方法，開啟了實證學派犯罪學的發展。而從後來美國芝加哥學派犯罪學，或者犯罪學迷亂理論的內涵來看，我們都看到學者們運用進化觀點解釋犯罪，尤其強調犯罪與人類社會適應息息相關，犯罪為社會適應退化的現象。另外，近來有很多基因研究，證實生物因素和犯罪的關係，尤其，暴力犯罪和腦方面疾病有關。總之，生物學對後來，以及今日的犯罪學發展還是很有貢獻。

筆者以 Mazzarello (2011) 對 Lombroso 的評價，來說明他在犯罪學的地位：

「Lombroso 留給我們很多東西，第一，他在十九世紀末期，持續的研究與出版，讓我們看到學者的形象。第二，他生物決定論的主張對人類學進化論思想有影響，尤其他的理論來自科學研究，強調以事實資料、觀察、測量作為建構理論的基礎，同時，他發現腦的結構與功能和犯罪有關的問題，這樣的論點是今日心理病態學、神經病理學的基礎。最後，他是第一個用科學方法探討犯罪問題的人，因為這樣，他是犯罪學、以及犯罪人類學之父。」
(Mazzarello, 2011: 111)

第四節　Garofalo 與 Ferri 的犯罪觀

一、義大利犯罪學三聖

從 1876 年 Lombroso 寫《犯罪人》到 1909 年過世，這三十多年間，

他致力於建立生物學派犯罪學，並和他的兩個學生：法學家 Raffaele Garofalo (1851–1934) 與社會學家 Enrico Ferri (1856–1929)，成為義大利犯罪學派主要人物，有學者稱他們為義大利犯罪學三聖 (holy trinity) (Gibson, 2002; Walsh, 2003)。

Raffaele Garofalo，1851 年生於義大利那不勒斯，比 Lombroso 年輕 17 歲，是義大利貴族。他受教於 Lombroso，後來在他出生地那不勒斯大學 (University of Naples) 任教，並擔任若干區域上訴法院法官，之後還擔任義大利參議員，可說，他擁有學術、司法行政及議會的豐富經歷，這些經歷更讓他可以將研究發現運用於立法、法律執行或行政 (Allen, 1955)。

1880 年，Garofalo 在 28 歲時寫了《懲罰的實證標準》(*Concerning a Positive Criterion of Punishment*)，之後，他將這本書發展成為《犯罪學》，並於 1885 年出版。6 年後，《犯罪學》再版，1905 年 Garofalo 自己將這本書翻譯成法文；1914 年，西北大學法學院 (Northwestern University School of Law) 教授 Robert Millarg 將《犯罪學》翻成英文。這本書的盛行，使 Garofalo 擁有崇高學術聲望 (Allen, 1955)。

除了《犯罪學》外，Garofalo 還有其他相關論著：1882 年《計畫不足之犯罪意圖》(*Criminal Attempt by Insufficient Means*)、1882 年《審判與監禁的真實方法》(*The True Manner of Trial and Sentence*)、1887 年《犯罪被害人的保護》(*Indemnification of Crime Victims*)，以及 1909 年《對犯罪戰爭的國際責任》(*Concerning International Solidarity in the War Against Crime*)……等。

Enrico Ferri 於 1856 年生於義大利倫巴底 (Lombardia)，他比 Garofalo 小 4 歲。1877 年，Ferri 出版博士論文《自由意志的否定》(*The Denial of Free Will*) 以及《可歸因的理論》(*The Theory of Imputability*)。他把論文送給 Lombroso，希望成為他的學生，但 Lombroso 認為他的論文不夠實證，並沒接受。Ferri 後來到法國留學，蒐集統計資料和學習德文，才終於獲得 Lombroso 首肯，願意指導他犯罪學。其後，Ferri 在 Lombroso 任教的杜林大學取得博士學位。Ferri 在學術上的傑出表現，成為 Lombroso 最優秀的

學生，兩人也建立了良好的友誼。犯罪學的討論上，Lombroso 主要探討犯罪人的生物因素，而 Ferri 則探討社會、經濟對犯罪行為的影響。

1890 年 Ferri 升等為比薩大學 (University of Pisa) 的犯罪學正教授，只可惜，不久後他因社會主義的立場遭到學校開除，但也因此，Ferri 到下議院工作。這期間，他曾選上國會議員，並加入社會主義政黨，除此，他還擔任過社會主義報紙編輯。Ferri 有兩本重要著作：1884 年《殺人》(The Homicide) 和 1884 年《犯罪社會學》(Criminal Sociology)。

Garofalo 與 Ferri 皆經歷過第一次世界大戰，Ferri 死於 1929 年，Garofalo 死於 1934 年。由於他們都處在獨裁者墨索里尼 (Mussolini) 的法西斯時代，加上 Ferri 後來特別支持墨索里尼政權，使生物學派犯罪學曾被後人批評為法西斯主義理論，也使實證生物學派犯罪學染上種族偏見的色彩。

二、Garofalo 的犯罪觀

1. 自然犯罪

Garofalo 提出自然犯罪 (natural crime) 的概念來解釋犯罪，是源自於 Lombroso 的犯罪理論系統，從實證科學及行為面來看犯罪問題，非常不同於古典學派貝加利亞純以法律定義。Garofalo 強調，犯罪的定義應該建立於人性的基礎上，違反了人性的兩個基本利他情感：正直與同情，便構成了犯罪。Garofalo 指出，正直與同情是世界的標準，對所有人都是相同的，而犯罪邪惡的本質例如：謀殺罪，正違反這標準，Garofalo 稱這樣的犯罪為自然犯罪，等同刑法上應譴責之法定犯罪 (mala in se)。Garofalo 的自然犯罪觀將犯罪人與犯罪兩者結合而非分開，不只看犯罪人的犯罪行為本質，還要看犯罪人的身體、心理以及區域環境原因等，他稱為外來因素 (external factors)，尤其利他情感的發展 (Allen, 1955)。

2.適應法則

Garofalo 的適應法則 (law of adaption) 論點乃依循達爾文進化論，但他強調的物競天擇是社會性的。犯罪人缺少社會適應的能力，其犯罪行為可能肇因於永久的心理異常、利他情感的不足、道德的不正常 (moral anomaly)、懶惰、無所事事……等，致使他們無法適應社會生活。依據學者之見解，這些犯罪人是所謂的不適者 (unfitness)，缺乏社會適應能力的人 (Allen, 1955)。

3.除去犯罪者

Garofalo 強調，為了社會的安全，除去犯罪者 (elimination) 是可以的。從社會中除去犯罪者的方法可以是死刑、遭送到外國、或者監禁，但如果認為犯罪者將來不會再犯罪的可能性高，我們可以壓制，強迫他們賠償給受害人，甚至於對國家的賠償，這時就不必從社會中除去。

Garofalo 對於沒有社會適應能力的人，他主張部分去除或者長時間監禁；對於那些缺少利他情感的人，他們通常在很特別情況下犯罪，且不太可能再度犯罪，因此 Garofalo 主張這類人必須強迫賠償。

4.社會防衛

這是 Garofalo 在犯罪學上重要的貢獻，他最早提出社會防衛 (social defense)。社會防衛指，刑罰之目的在於讓犯罪人不再犯罪，比起對於犯罪人改革或矯正，讓犯罪人改善更顯重要，因此，Garofalo 認為學者付出的努力是要用來決定該給予犯罪人哪些監禁方式，讓他們不敢再嘗試犯罪，而不是在決定他們犯罪行為對社會造成傷害的量，很顯然，Garofalo 在這方面並不贊成貝加利亞懲罰的概念。他舉例說明：偷一千元和偷一萬元，兩者的懲罰需要有差異嗎？他的答案是：不知道，但不能用傷害的程度來決定懲罰。他認為，站在社會防衛的立場，更為重要的是要找出哪一位小偷有較大的犯罪嗜好、利己程度和帶給社會的危險性，這才是刑罰需關注

的事。

建立在社會防衛的概念上，Garofalo 認為法官要以犯罪人犯罪動機的強烈程度、再度犯罪的可能性，或者對社會帶來威脅的程度等，作為審判的標準，而這論點和古典犯罪學者貝加利亞犯罪與懲罰固定比例是不同的，也代表義大利實證學派和古典犯罪學派在犯罪與懲罰的看法上，分道揚鑣。

5.懲罰理性系統

建立在社會防衛的基礎上，Garofalo (1914; 1968) 提出懲罰理性系統 (rational system of punishment)，目的在於決定懲罰方式。其核心思想是：懲罰應該要與犯罪者未來對社會的危險性成某種的比例，以成就社會防衛。他以殘暴的性犯罪 (lascivious criminals) 為例，這類的犯罪者多數是退化者 (degenerates)，但他們並不一定有精神疾病，如果沒有清楚精神疾病的性犯罪，最好的懲罰方式是遣送到海外監獄，讓他們在殖民地生活，至於釋放的時間則要以他們的生活習性、年齡或家庭作考量。至於精神疾病者，為了防衛社會的目的，必須永遠監禁於庇護所 (asylum) (Garofalo, 1914; 1968: 399)。

Garofalo 的懲罰理論顯然不同於貝加利亞的犯罪嚴重性刑罰比例觀，也不同於邊沁的功利原則懲罰觀。他認為的懲罰之目的在於捍衛社會，而非犯罪之嚇阻。

6.犯罪分類

Garofalo 的犯罪分類可分四類：(1)極端的犯罪份子 (extreme criminals)；(2)衝動犯罪份子 (impulsive criminals)；(3)專業犯罪份子 (professional malefactors)；(4)某地特別的本土犯罪份子 (endemic criminals)。

(1)極端的犯罪份子：Garofalo 認為這種人完全缺乏道德感，他們不顧將來、暴力、沒有任何的情感，對於這類人，死亡是最好的懲罰，而且最好是快速、確定的執行。如果很少對這類犯罪者執行死刑，會喪失嚇阻犯罪的作用。

⑵衝動犯罪份子：這類別的犯罪者因為酗酒或精神失常，導致情緒喪失、無法控制自己而犯罪，Garofalo 主張要監禁他們。

⑶專業犯罪份子：這類犯罪者法律是無法預防的，因為這些犯罪者很會算計、知道風險，他們不易被逮捕。Garofalo 認為，刑法對於專業犯罪者應該給予長期監禁，或者把這類犯罪者遣送到另外一個國家。

⑷本土犯罪份子：這是指特定地區、特定族群的犯罪行為，例如：盜木、偷水果、偷動物等，是某地方特有的犯罪活動。Garofalo 認為，制裁這些人最好的方法就是修訂法律，達到控制犯罪的目的，他也認為，監禁或遣送到國外是很好的方法，但過於嚴厲的懲罰卻會引起反作用。

三、Ferri 的犯罪觀

對於犯罪原因 Ferri (1905) 在《犯罪社會學》第二章犯罪資料中指出：

> 「人類行為是否誠實或不誠實、社會或反社會……都是人身體與
> 心理的產物，也是人身處的環境與社會氛圍帶來的產物，這些人
> 類學或犯罪個人的因素、環境的因素，以及社會的因素吸引了我
> 的注意。」

Ferri 認為犯罪的分類無法解釋犯罪原因，他從研究 1824 到 1878 年之間法國犯罪問題，指出三個造成犯罪發生的因素：⑴人類學的原因：年齡、種族、性別、身體異樣、心理異樣；⑵地球的原因：氣候、土地的肥沃；⑶社會的原因：社會經濟地位、宗教、人口密度、政府型態。

Charles A. Ellwood 為 1917 年美國版《犯罪社會學》寫前言，他對 Ferri 提出的犯罪原因作這樣敘述：

> 「Ferri 使用了統計來分析，Ferri 相信社會、經濟、政治因素是犯
> 罪的重要因素，其他的因素有：⑴身體的因素（族群、氣候、地

理位置、季節影響、溫度等）；⑵人類學的因素（年齡、性別、身體器官功能、心理情境等）；⑶社會學的因素（人口密度、風俗習慣、宗教、政府組織、經濟與工業情境等）。」(Ferri, 1905)

總結來說，Ferri 發現，犯罪是地球上許多因素結合的產物。對於 Ferri 來說，影響其理論有三方面：⑴他的老師 Lombroso：強調身體因素的重要性；⑵他自己：身為一位社會主義學派學者，他自然會認為人類社會生活情境和經濟因素更為重要；⑶統計學者 Quetelet：從 Ferri 的統計分析中，使他確信，犯罪和地球因素有密切關係，例如：氣候、季節變化。

依據這些因素，Ferri 發展了五個類型犯罪：精神失常 (insane)、生來犯罪 (born criminal)、偶爾犯罪 (occasional)、激情犯罪 (criminal by passion) 和習慣性的犯罪人 (habitual criminal)。

1. 犯罪分類

Ferri 在寫《殺人與自殺》(*The Homicide-Suicide*) 時，第一次給犯罪的人進行分類，分有四類：精神失常、生來犯罪、偶然性犯罪和衝動性犯罪。他在《犯罪社會學》這本書增加了習慣性的犯罪人，共五類。

2. 社會防衛

和 Garofalo 一樣，Ferri 強調社會防衛的重要，也是懲罰主要的目的。Ferri 反對古典犯罪學派的理想主義，他主張，懲罰的目的如果是要嚇阻犯罪或是矯治犯罪，他認為不應該是朝向理想主義所主張的方向。Ferri 是一位社會達爾文主義學者，他認為真正的犯罪人是那些社會適應能力差的人，而在適者生存的原則下，他主張讓這些人離開這世界，他認為這是捍衛這社會所必須要做的事情。

簡單的說，Ferri 認為防衛社會、使社會秩序得到維護，這是懲罰最重要的目的，至於如何懲罰犯罪人、如何處理危害社會的人，Ferri 提出除去犯罪者的主張，要讓那些被放棄的人不再威脅這個社會，才能讓大家可以

得到平靜的生活。然而對於一些偶發性的犯罪者，Ferri 主張社會改革，透過犯罪矯正就可以做好預防，他不認為他們會威脅到整個社會的安全。這裡，Ferri 強調犯罪預防的概念，他同時提出增加街燈、控制武器、提供社會福利等之作法來減少犯罪。

3.犯罪懲罰

除了主張讓犯罪人離開這世界，Ferri 亦提出不定刑期概念，他認為，有關受刑人刑期時間的問題，不應該由法官決定，而要看受刑人的人類學和心理學的情況決定。Ferri 反對體罰的懲罰方式，他說，雖然體罰可以產生犯罪嚇阻之效果，但卻很容易出現權力濫用的問題，且體罰也是違反人道主義的精神。除此之外，Ferri 還提出犯罪人賠償的概念，他認為賠償在於表示犯罪人對受害當事人的責任。另外，賠償幫助受害人，具有國家社會防禦的功能；據此，Ferri 認為犯罪人應該賠償個別受害者，同時，犯罪人也要接受國家給予之罰款。

4.其他社會主義政策

Ferri 提出自由貿易、廢除獨占、設立公共銀行、棄嬰之家以及公共娛樂等政策。Ferri 也強調政府要蓋房子給窮人，要給他們各種福利；他同時也強調控制生育的重要，尤其是那些犯罪階層的人。政治上來說，Ferri 算是一位社會主義者，但後來他卻成為一位法西斯主義者，主張犯罪或者有偏差行為的人，權威政權應該給予這些人嚴厲社會控制。

義大利犯罪學派在 1922 年之後喪失了學術地位，有兩個原因：

第一，Ferri 後來因為支持獨裁者墨索里尼，並為墨索里尼提出 1921 年 Ferri 版本的義大利刑法，不過這法案隔年遭義大利國會拒絕，認為和貝加利亞的觀點不一致，也不符合義大利社會文化。總之，1922 年後，義大利實證學派犯罪學的影響力日漸式微，逐漸喪失其學術舞臺 (Mannhein, 1972)。

第二，引用來自英國歷史學者 David Jones (1986) 的解釋：約在義大利

實證學派出現前，生物學的發展已經威脅到義大利犯罪學派的論點。1866年，孟德爾 (Mendel) 植物的配種出現，生物學的概念越來越普遍、研究也越來越多，並發現進化不是唯一的現象。孟德爾以及 Karl Correns、Hugo De Vries 和 Erich Tschermak 三位遺傳學家，他們在 1900 年出版雜交、混血兒的實驗成果。隔一年，De Vries 出版了《突變理論》(*The Mutation Theory*)，第二版在 1903 年出版。依據 De Vries 自然突變理論，任何的生物都是一個獨立特性的萬花筒，他們不是進化，而是因突變而出現新的種類，和進化無關；另外，當配種發生時，父母傳遞給他們子孫有好的特性和壞的特性，因此，幾乎所有的生物都是某種程度的退化現象，有一些更是比其他的生物還祖型重現。總之，這些生物學上的發展使義大利犯罪學派的理論得不到支持，使之很快地走入歷史。

第五節　體格、雙胞胎與犯罪

一、體型研究

犯罪學經常被討論到的體型理論 (somatotype theory)，其中有兩個重要的學者：Ernst Kretschmer 與 William Sheldon。Kretschmer 是德國人，任教於杜賓根大學 (University of Tübingen)，擔任精神病學教授，他的研究資料來自其醫學工作。Sheldon 是一位心理學家，生於 1898 年，在芝加哥大學取得了心理學博士學位，後來留在母校任教，最後在哈佛大學任教。

Kretschmer 曾經分析超過 4,000 位的犯罪人，發現三個類型的體型：
  1. 高瘦型的人 (leptosome or asthenic; tall and thin)。
  2. 運動型的人 (athletic; well developed muscles)。
  3. 矮胖型的人 (pyknic; short and fat)。

他發現運動型的人有高比例的暴力，而高瘦的人是竊盜與詐欺。至於矮胖的人，以詐欺為主，但也偶爾有暴力行為。

Sheldon 認為人類體型可以分為三類：(1)瘦弱型 (ectomorphic)、(2)鬥士型 (mesomorphic) 以及(3)肥圓型 (endomorphic)。

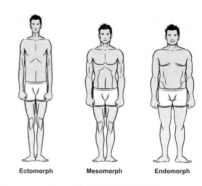

圖 4-1 Sheldon 的人類體型分類

1. 瘦弱型 (Ectomorphs)：通常較有約束力，能抑制邪念，也有很清楚的自我意識，同時，這類型的人害羞、害怕人群。

2. 鬥士型 (Mesomorphs)：尋找激烈的運動，喜冒險，對於痛苦與攻擊反應冷淡，與別人的關係較無情感。

3. 肥胖型 (Endomorphs)：喜愛舒適、食物、情感、容易與人相處。

為了對每一個人進行體型的評估，Sheldon 給每一個人每一個體型七點量尺 (7-point scale)，例如：某甲為 1-7-1，表示他是單純的鬥士型體格。Sheldon 實際比較 400 位在家裡矯治的男性，他收集每個人的家庭背景，並監控了 8 年，最後，他發現 60% 的不良少年是鬥士型體格的 (mesomorphs)，30% 是肥胖型的 (endomorphs)。

他的理論認為：體型與行為有強烈關係，他發現：不良少年通常為鬥士型 (mesomorphic, muscular) 的體型，因此他認為，鬥士型的小孩長大後，會變成不良少年，甚至成為成人犯。

二、雙胞胎與領養研究

生物上有兩種雙胞胎：單一合子的 (monozygotic)（單一的卵與精子的結合）、雙接合子的 (Dizygotic)（不同的卵與精子的結合）。Johannes Lange (1929) 發現，單一合子的雙胞胎，兩人都犯罪的比例高達 77%，比雙接合子的高。

Mednick、Gabrielli 與 Hutchings (1984) 進行領養行為研究，他們研究 4,000 位丹麥男孩，嘗試了解遺傳與養育行為差異比較。發現指出，生物因

素比環境因素更能影響行為，基因因素將導致人有反社會行為的傾向。他們發現：⑴養父母與生父母均有犯罪者小孩的犯罪率最高，達 24.5%；⑵生父母犯罪，養父母沒有，小孩犯罪的比率也高；⑶養父母犯罪者的小孩犯罪率最低，14.7%。

實證生物學派還有其他的研究，例如：XYY 染色體併發症 (syndrome) 與犯罪之間的關係。通常，XYY 的人犯罪比例比一般的人高。另外，XYY 的人比一般的人具有攻擊性、暴力，且 XYY 的人有較多的財產犯罪行為。

也有學者指出，IQ 與犯罪有關，研究發現青少年在智商分數低者，較傾向於偏差行為。Hirschi 與 Hindelang (1977) 的研究指出，IQ 可以作為不良少年的指標，這因素與階級和族群因素一樣重要。但是，IQ 對不良少年行為並未產生直接的影響，而是 IQ 低會導致學校表現不佳，進而影響他們同儕團體活動，而成為不良少年。可以說，IQ 影響學校成績，再影響他們的社會關係，進而產生和不良少年的關係。

學者 Turner (2008) 和身體社會學 (sociology of body) 學者 Low、Jacqueline 與 Malacrida、Claudia (2008) 等都對近代生物學派犯罪學發展有貢獻。Turner (2008) 強調，人的身體相當脆弱，很容易因為身體傷殘、年紀或疾病因素受影響，遭受隔離或邊陲化，直接影響到自我和信念。另外，Turner 也受到傅柯影響，強調政治、權力與身體的互動，擁有權力者設法規訓我們的身體，並讓我們接受被期待者的自我價值。例如：臺灣政府透過學校教育體系，禁止販售含糖飲料，目的在於控制學生身體以及學生的自我，並認為這樣做可確保學生的快樂與未來。

Low 與 Malacrida (2016) 的《身體社會學》(*Sociology of the Body*) 指出，人類身體有很多層面意義，為一社會學現象，身體影響人類行為，同時亦受到環境的影響。身體被人們用各種方式使用，例如：紋身、選美、表演等，來代表某種特定的社會建構意義，並於人與人往來過程中呈現，決定了社會關係。身體同時受到擁有權力者管理、對待、控制。總之，身體是實質的社會事實，非單純之生物學現象，放在社會學領域裡可更了解身體之社會學價值與意義。

　　除身體社會學研究外，美國賓州大學 (University of Pennsylvania) 教授 Adarin Raine 多年來嘗試復興生物學派犯罪學，他於 2013 年寫了《暴力的解剖學：犯罪的生物學根》(*The Anatomy of Violence: The Biological Roots of Crime*)，嘗試從犯罪學之父 Lombroso 的學術資產中找到對今日生物犯罪學的貢獻，他回到 Lombroso 所信奉的祖型重現，從犯罪人身上找到犯罪的原因，而不是從古典學派學者所信奉的，從犯罪行為本身來尋找犯罪原因。

　　Raine 在社會學主導的犯罪學年代中，不斷從事犯罪生物學研究長達 35 年，他特別強調腦部結構退化到原始人是導致暴力之主因，他也強調精神疾病的人暴力、殘忍具有強烈攻擊性人格，且沒有同情心，更為重要的，這些人腦部結構功能有缺陷，他因而做了一個結論：暴力犯罪者有基因的問題。

　　Raine (2002: 39) 在另一篇論文〈犯罪的生物學基礎〉(The biological basis of crime) 特別說明他主張暴力犯罪有生物學基礎的三個原因：(1)領養的研究指出，沒有犯罪的家庭領養了父母犯罪的小孩，小孩將來長大而成為犯罪者的比例非常的高；(2)雙胞胎的研究指出，同卵雙胞胎因為有完全相同的基因，長大後在犯罪行為上或在暴力行為上表現都相當一致，而異卵雙胞胎有一半的基因是相同的，他們長大後在犯罪行為上的差異性較大；(3)同卵雙胞胎的小孩，雖在不同的家庭中長大，甚至於在極不相同的成長環境中長大，但後來發現他們的反社會人格是相同的。

　　上面雙胞胎與領養的研究，使得 Raine 相信犯罪者攻擊行為本身絕對有基因的基礎。後來 Raine 進一步以腦部影像的比較來證明，暴力犯罪者在大腦的前半部——額葉 (frontal lobe) 的結構與功能是有缺陷的，和正常人不一樣；另外，在靠近耳朵旁邊的顳骨 (temporal bone)，也是有結構與功能的缺陷。因此，Raine 斷言，腦部區塊和暴力絕對有關。

　　當代多位學者共同強調 (Fishbein, 1990; Brennan & Mednick, 1993; Walters, 1992)，基因、生理心理學或內分泌學的研究指出，在反社會行為中，生物因素仍然扮演著重要的角色，他們強調犯罪學者在探討犯罪行為

發展時，應該納入生物學的因素，從多元學術方向來增進我們對犯罪行為
的認識、預測，甚至於管理。

第六節　結　論

　　生物學派犯罪學開始了實證學派犯罪學發展，當代犯罪學之父
Lombroso 功不可沒，他是先驅者。十九世紀時，他的觀念與想法受到廣泛
的重視，影響著歐洲與美國，尤其，他的祖型重現理論，強調犯罪是一種
生物退化的現象與結果，犯罪的人乃是因為他們在生理上退化到較早先的
進化階段，這樣觀點讓後來許多犯罪學者開始重視一些較為暴力、野蠻、
精神有異狀或有長期犯罪習性的人之問題。雖然他的犯罪學受到諸多批評，
尤其從今日嚴謹方法論以及理論建構觀點來看，其理論過於粗淺，導致今
日很少人能接受，然而，不可否認的，Lombroso 為近代實證學派奠定了良
好的基礎，促成後來心理學派、社會學派及近來基因與犯罪研究之興起。

　　這一章同時討論實證生物學派的幾位重要學者，包括兩位 Lombroso
的學生：Garofalo 與 Ferri 以及體型理論的 Sheldon 與 Kretschmer，另外，
一些學者比較雙胞胎或染色體異常如何影響人類犯罪行為的差異，也於本
章討論之。

　　本章同時討論雙胞胎與領養研究，皆在於強調生物因素在犯罪行為上
的重要性。章節之最後討論近代生物犯罪學的兩個發展，一個是身體社會
學，探討身體和社會環境互動的關係；另外一個則是 Raine 的犯罪生物學，
強調暴力犯罪與腦部結構功能失常有密不可分的關係。

　　關於 Lombroso 學說，學界也有不同的批評見解，美國學者 Lindesmith
與 Levin (1937) 曾寫〈犯罪學 Lombroso 學派是個神話〉(The Lombrosian
myth in criminology) 刊登在知名的《美國社會學期刊》(*American Journal
of Sociology*)。他們質疑 Lombroso 作為一位科學犯罪學研究的創始者是不
正確的，他們指出，Lombroso 使用人類學的資料蒐集方法、統計分析方法
以及分析區位與犯罪的關係，那個時代的科學家已廣泛使用，並不是由

Lombroso 開始的。另外，他們批評，Lombroso 對犯罪學理論發展並沒有貢獻，甚至於是讓犯罪學退步，Lindesmith 與 Levin 並用 Lombroso 自己的概念，退化來形容之。他們並認為，犯罪學轉移到社會達爾文的觀點來解釋犯罪才是正確的方向，才是對犯罪學發展帶來影響的新的里程碑，包括犯罪學於歐洲的發展，以及美國芝加哥大學社會學系的犯罪研究。上述將會在本書後面幾章探討。

學習重點提示 ◈

1. Lombroso 被譽為實證學派犯罪學之父，為近代實證學派鋪下良好的基礎，也促成後來心理學派、社會學派及更多犯罪學研究的興起。請用 Lombroso 的犯罪生物學解釋，說明人的身體特質與犯罪之間的關係。也請說明 Lombroso 他所處時代的進化論思想與科學哲學思想。

2. 對於實證生物學派的犯罪學，你對於他們的論點有何批評？請說明之。

3. 請說明義大利犯罪學家 Garofalo 與 Ferri 的犯罪學觀。

參考書目

Brennan, P. A. & Mednick, S. A. (1993), Genetic perspectives on crime. *Acta Psychiatrica Scandinavica*, 87: 19–26.

Bretherick, D. (2014). *City of Devils (Lombroso #1)*. Pegasus Books.

Bretherick, D. (2015). *The Devil's Daughters (Lombroso #2)*. Orion Books.

Carneiro, R. (1967). *The Evolution of Society: Selections from Herbert Spencer's Principles of Sociology* (ed.). Chicago: University of Chicago Press.

Comte, A. (1988). *Introduction to Positive Philosophy*. Indianapolis: Hackett Publishing Company.

Darwin, C. (1859). *On the Origin of Species: By Means of Natural Selection*. London: John Murray, Albemarle Street.

Ferri, E. (1905). *Criminal Sociology*. Boston: Little, Brown and Company, published in 1917 and translated by Joseph Kelly and others.

Fishbein, D. H. (1990), Biological perspectives in Criminology. *Criminology*, 28, 27–72.

Francis A. (1955). Pioneers in Criminology IV－Raffaele Garofalo (1852–1934). *Journal of Criminal Law & Criminology*, 45 (4), 373–390.

Garofalo, R. (1914; 1968). *Criminology*. Translated by Robert Millar, Boston: Little, Brown and Company.

Gibson, M. (2002). *Born to Crime: Cesare Lombroso and the Origins of Biological Criminology*. Santa Barbara, CA: Praeger Press.

Lange, J. (1929). *Crime as Destiny: A Study of Criminal Twins*. London: Allen & Unwin.

Jones, D. (1986). *History of Criminology: A Philosophical Perspective*. Santa Barbara, CA:

Greenwood Press.

Lindesmith, A. & Levin, Y. (1937). The Lombrosian myth in criminology. *American Journal of Sociology*, 42 (5), 653–671.

Lombroso, C. (1895). *The Female Offender*. NY: D. Appleton & Company.

Lombroso, C. (1911). *Crime, Its Causes and Remedies*, translated by Henry Horton. Boston: Little, Brown & Co.

Lombroso Ferrero, G. (1972). *Criminal Man: According to the Classification of Cesare Lombroso*. Montclair, NJ: Patterson Smith.

Malacrida, C. & Low, J. (2008). *Sociology of the Body: A Reader*. UK: Oxford University Press.

Malacrida, C. & Low, J. (2016). *Sociology of the Body: A Reader*. UK: Oxford University Press.

Mannheim, H. (1972). *Pioneers in Criminology* (2nd ed.). Montclair, NJ: Patterson Smith.

Mazzarello, P. (2011). Cesare Lombroso: an anthropologist between evolution and degeneration. *Functional Neurology*, 26 (2), 97.

Mednick, S. A., Gabrielli, W. F. & Hutchings, B. (1984). Genetic influences in criminal convictions: evidence from an adoption cohort. *Science*, 224 (4651), 891–894.

Raine, A. (2002). The biological basis of crime, *Crime: Public Policies for Crime Control*, edited by J. Wilson & J. Petersilia, Oakland, California: ICS Press, 43–74.

Raine, A. (2013). *The Anatomy of Violence: The Biological Roots of Crime*. New York: Vintage Books.

Spencer, H. (1857). Progess: its law and causes. *The Westminster Review*, 67, 445–447, 451, 454–456, 464–465.

Turner, B. (2008). *Body and Society*. Explorations in Social Theory. London: Sage (third revised edition).

Vito, G. & Holmes, R. (1994). *Criminology*. Belmont, California: Wadsworth Publishing.

Walsh, A. (2003). Review of born to crime: Cesare Lombroso and the origins of biological criminology. *Human Nature Review*, 3, 1–11.

Walters, G. D. (1992). A meta-analysis of the gene-crime relationship. *Criminology*, 30, 595–614.

圖片來源

圖 4–1：comparison of body types. Granito diaz/Wikipedia, CC BY-SA 4.0

第五章

涂爾幹與迷亂理論

第一節　理論背景

早期犯罪學古典學派、實證學派的學者，往往強調個人與犯罪之間的關係，他們以個人作為分析單位，強調個人的因素導致了犯罪，個人要為他的犯罪行為負起法律與道德責任。據此，早期學者在探討犯罪原因時，皆從個人自由意志和理性決定的角度，或者從缺陷個人基因和個人心理的角度了解。而有關犯罪預防的策略則強調以「治亂世用重典」的原則來處理：把犯罪人監禁起來，讓他們不再有任何犯罪的機會；或者讓他們受到懲罰，使他們因害怕而不敢再犯罪。

在早期學者中，對於偏差行為或犯罪行為的解釋，能脫離早期實證學派以及古典學派理論傳統者，應屬馬克思與涂爾幹兩位。馬克思的衝突理論雖然很少談到犯罪與偏差行為，但他除提及資本社會與犯罪的關聯外，也提及犯罪在強化資本社會階級分工中所扮演的角色，這些都屬於社會結構性因素，他們是社會表層各種特性的源頭，其中自然包括犯罪問題。十九世紀末期的社會學家涂爾幹也強調結構對於犯罪事實的影響，他提出的理論，犯罪學者稱之為迷亂理論 (anomie theory)。涂爾幹認為，社會事實來自社會自身，因此，古典學派、生物學或心理學的解釋皆與犯罪事實無關，也就是說，無法用它們來清楚說明犯罪原因。作為一位社會學者，涂爾幹把他的研究重心放在社會情境，強調社會團體結構的解組如何影響犯罪的發生，因此對涂爾幹來說，犯罪不再被認為是一種個人行為的結果，犯罪被視為是一個階級、一種角色與地位、一種社會結構的問題。

簡單的說，犯罪學在涂爾幹以後，探討的重心逐漸脫離以個人作為分析的單位，而進入了強調社會制度和社會結構的解釋，用的是巨觀的分析。

涂爾幹的觀點是社會學分析犯罪問題的先驅者，是犯罪社會學的入門理論，當今許多犯罪學理論有關社會秩序的思考或偏差行為何以發生的解釋，都受到涂爾幹的影響，據此，我認為所有想了解犯罪學的讀者，都必須認識這位偉大的社會學家。

第二節　涂爾幹的生平

　　1858 年，涂爾幹出生於法國東北部地區，13 歲時接受傳統猶太教洗禮，希望將來繼承父志，成為一位拉比（猶太人的傳教士），只是後來他對宗教信仰並不感興趣，甚至成為哲學上所謂的不可知論學者 (agnostic)，對於神是否存在的問題，他並沒有答案；然而，涂爾幹家族的宗教背景仍深深影響他後來對於社會秩序、社會事實、犯罪，甚至對宗教的看法。

圖 5-1 涂爾幹

　　涂爾幹於 1879 年進入巴黎高等師範學院 (Ecole normale suprieure)，是一所培養老師的學校，畢業後擔任中學老師。1885 到 1886 年間，他到巴黎研究社會科學，並到德國學習實驗心理學。1887 年，涂爾幹 29 歲時，受法國教育部聘為波爾多大學 (Université de Bordeaux) 社會科學教授，並在法國首度開設社會學。

　　1892 年，涂爾幹取得巴黎大學 (Université de Paris) 社會學博士，是法國第一張社會學博士文憑，他的博士論文為《社會分工論》(*The Division of Labor in Society*)，在此書中，他區分兩種類型的社會：一個是古代的，一個是現代的。古代社會的分工比較原始，屬機械式的團結社會 (mechanic solidarity)，同質性高、有較高共識、社會分工較低；現代社會，屬有機體式的團結社會 (organic solidarity)，社會異質性較大、有高度的分工 (Durkheim, 2014)。另外，涂爾幹在他的論文也提出他在犯罪學最重要的概念：「迷亂」：指一種沒有法律與規範的情況，是一種不正常的型態 (abnormal forms)。1895 年，他在《社會學方法論》(*The Rules of Sociological Method*) 提出社會事實學說，另外，他還提出一個非常重要的犯罪學概念：犯罪是

圖 5-2 涂爾幹在《社會學方法論》提出社會事實學說

正常的，且是不可避免的 (Durkheim, 1895, 2013)。1897 年他寫《自殺論》(*Suicide*)，再度強化社會分工偏差形式——迷亂，並提出自殺類型分析。

1902 年，涂爾幹加入法國最高學府巴黎大學。第一次世界大戰期間，涂爾幹的兒子死於前線，他因悲傷過度於 1917 年過世於巴黎，得年僅 59 歲。

第三節　涂爾幹的犯罪學理論

涂爾幹強調社會情境本身是犯罪問題的來源，尤其社會團體結構上的解組因素，導致社會失序；他並認為，生物學或心理學的因素皆非社會事實，他說這些無法清楚說明犯罪原因。以下介紹其方法論重點——社會事實，並說明其犯罪學論點：社會秩序觀、犯罪功能論、迷亂論和自殺論等。

一、社會事實

涂爾幹 (1895/2013) 在《社會學方法論》強調，社會學最基本的目的就是發現結構社會事實，所以社會學就是社會事實研究的科學，社會事實是社會學的全部，他如此定義社會事實：

> 「社會事實是任何行為的方式，不管固定與否 (fixed or not)[1]，能對個人產生一種外在的制約者 (external constraint)，或在一特定社會裡，它對所有的人具有制約力，且自己存在，獨立於個人表露的特質 (individual manifestation)。」(Durkheim , 1895/2013: 27)

社會事實具有特定的社會普遍性，它存在於我們社會，舉筆者自己為例：我是一位大學教授，必須進教室、講課、考試、改作業及給學生成績，

---

1 例如：房子是固定的，政治組織是不固定的。

我完成我應該做的事情，這是法律的規定，也是作為一位老師的習慣，對我來說，不管我喜歡或不喜歡我的工作，也不是我自己有辦法可以控制的，許多我生命以外 (external to my life) 的力量約束著我，這就是一種社會事實。

涂爾幹說，社會事實為一種事物，一種真實存在的東西，社會規範、社會價值、法律、社會制度等，皆為社會事實，這些是活生生的東西，左右著我們的生活作息，也影響我們的價值觀以及與人互動的方式。涂爾幹也說，這些社會事實無法用生理學或心理學來分析，社會事實也不會受到人類個人意志的影響，涂爾幹認為，一個社會事實最重要的特質是它從根本就不可能因為個人意志之運用就會有所變化 (Durkheim, 1895/2013)。

涂爾幹提出發現社會事實的方法：首先，我們可以從控制於個人身上的權力找出社會事實，例如：法律、犯罪懲罰；其次，社會團體裡很普遍化存在的事物，例如：團體的信仰、道德、價值和集體生活模式，舉凡對人有影響力者，皆為社會事實。

涂爾幹也強調社會事實彼此之間的關係，他說，社會事實不可能單獨存在，社會事實的功能不會只有自己[2]，社會事實與其他的社會事實彼此互動，相互關聯；而同時，社會事實的本質與功能也被外在的事物和其他結構性的壓力所影響著。如此，社會事實相互影響，這也在於促使整體社會功能運作。

涂爾幹特別對團體與社會結構感興趣，他認為這些因素左右一個社會事實；而涂爾幹對於一個人的特質，例如：他是不是會犯罪、他個人的心理特質等並不感興趣。他感到興趣的是一個團體或者一個社會對一個人的影響，因此，他強調的是較大的社會現象，一個社會的結構現象對社會行為的影響，例如：涂爾幹的《自殺論》中，他曾比較不同社會，不同宗教團體在犯罪率（它也屬於一個社會事實）的差異，透過對於這種實證的資料分析和比較，涂爾幹看到了社會情境與結構性因素如何解釋社會事實。

2　例如：宗教的社會事實不是單純只有宗教的目的。

二、人性與社會秩序觀

學者 Taylor、Walton 和 Young 等三人，在 1973 年寫了《新犯罪學》(*The New Criminology*)，以二元論 (dualistic view) 來說明涂爾幹的人性觀，一個是人的軀體 (body)：人生物本能的需要性；另一個是靈魂 (soul)：社會的需要。涂爾幹曾赴德國學習實驗心理學，他看到人類生物性的重要，它是人類行為的重心，隨時想取得世界上很多東西，以滿足身體的需要。涂爾幹 (1897, 1951: 248) 在《自殺論》這樣表示：「一個人有了一些東西，他還會要更多，因為他所要到而滿足的只會刺激更多的需求，而非滿足了需求。」這是涂爾幹人性二元論的一端，強調人類的生物性，是本能的、自我的，也是自私功利的。靈魂為人性二元論的另一端，是社會的情境、社會的道德情感，對涂爾幹來說，這些都屬社會事實，它影響著人、約束著人。集體情感的靈魂是人類社會生活的基礎，人必須受制於它的規範，才能正常與功能的參與社會。涂爾幹認為軀體與靈魂，一個是個人的，另一個是集體的，兩者相互對立、衝突，所以兩者必須不斷對話，並用人類理性處理，來決定人類最終的行為。

至於社會秩序如何維護的問題？ Taylor、Walton 以及 Young 等 (1973) 這樣詮釋涂爾幹的觀點：如果社會只是個人的、順其自然的，以及即刻需求的發展，則人性的兩個東西，指軀體與靈魂，就不會出現衝突；但事實上，社會有自己的特性，其構成條件不在於我們人類個人本質，也不受人性影響。Taylor、Walton 以及 Young 進而強調，涂爾幹的社會秩序獨立於個人，但更優先於個人，必須由我們眾多個人長期付出代價與犧牲才能成就。

在社會秩序的解釋中，涂爾幹強調社會分工、社會整合、社會凝聚力和社會規範的明確性，他認為一個社會秩序的維護要仰賴社會的集體情感與社會規範。涂爾幹也強調，集體情感必須是多數民眾自己願意接受的生活方式或法律秩序，據此，可以看出，涂爾幹的社會秩序觀帶有濃厚的社會契約論色彩，強調的是一種道德社區 (moral community)，大家在共同情

感之下，使文化、社會制度以及規範人類生活的力量彼此相互整合，以成就社會秩序。

涂爾幹肯定社會分工與整合的功能性與必要性是社會秩序的基礎，也是使人類有信心、強壯、更願意建立共同情感的力量；而當社會生活鬆綁、人們不能滿足現狀，或者，當人們不被社會規範限制、偏離了社會規範時，道德社區必將弱化，社會整合日趨困難，社會病態問題增加，將衝擊社會秩序。

涂爾幹在法國社會長大，他看到法國大革命的混亂及人民自由的問題，因此他的社會秩序理論很明顯的充滿著辯證論 (dialectical) 的觀點，個人與社會的對立，人類本能的驅力與社會規範的對立，尤其當個人過度膨漲個人欲望，致使維持社會秩序的力量減弱甚或消失時，社會將出現迷亂，問題也會接踵而至。而對涂爾幹來說，人類社會只有回到社會事實，建立一個分工與整合的社會，才有秩序可言。

三、犯罪功能論

涂爾幹對犯罪學的貢獻是他提出的犯罪功能論點，這是他 1895 年寫《社會學方法論》時提出的：

> 「沒有一個社會不必面對犯罪的問題，犯罪的形式改變，每一個地方的犯罪特性不一樣，但是每個地方，且是經常的，總是會有一些人的行為帶給他們自己刑罰的抑制。」(Durkheim, 2013: 60)
> 「首先，犯罪是正常的，因為任何的社會沒有犯罪的存在是完全不可能的。」(Durkheim, 2013: 61)
> 「如此，犯罪是必要的，它在我們所有的社會生活範圍之內，而且是有用途的，因為社會生活中的犯罪是道德與法律正常運作時不可或缺者。」(Durkheim, 2013: 63)

　　涂爾幹對犯罪的看法不同於霍布斯、貝加利亞和邊沁等古典學派學者：主張犯罪是罪惡的、傷害社會契約，帶給人類害怕與痛苦；相反的，涂爾幹認為，犯罪在我們社會中有其角色和功能，不應該被認為是罪惡的。

　　涂爾幹從社會秩序、社會分工、社會凝聚力來檢視犯罪的必要性。他說，假想在一個聖人的社會裡，如修道院，在這樣情況下犯小錯，可能對一般人來說可原諒，但在聖人的社會卻無法容忍的，因為聖人社會對於小小錯誤和對一般犯罪的意識是一樣的，而這時如果有審判或懲罰的機制，小錯則很容易會被定義為犯罪行為，會和一般犯罪一樣受到同等對待，但卻和社會上多數人的犯罪認知不相同，將帶給社會困擾。

　　依據這論點，我們社會如果大家都是聖人，這時只要有人犯錯，就會受到嚴厲的懲罰，很殘酷且不公平。另外，就事實面來說，我們社會顯然對犯罪意識存有差異，我們每一個人生長的環境並不相同，我們對犯罪的態度也不相同，因此，社會必須能在這些差異中找出大家可以接受的懲罰機制，才能分別是非、對錯，這樣社會才有可能運作，以維持秩序。所以，犯罪雖然帶來罪惡問題或是令人遺憾的道德問題，但犯罪確保社會健康的運作，犯罪帶來凝聚力，如果沒有犯罪，社會就會出現迷亂，變得毫無秩序可言。

　　犯罪的另外一個功能是它促成了社會變遷。犯罪往往引發社會不安，讓人們擔心生命與財產的安全，這時人會去思考，更正確的說，會去反省：「我們的社會出了什麼問題？」、「我們的社會結構是不是有問題？是否健全？」。人們對於犯罪所帶來的擔心與恐懼，導致了他們必須面臨結構重整與調整的問題，在這樣的背景下，犯罪將造成社會的變遷。無疑的，犯罪衝擊社會解組，而社會解組是社會重新組合必備的條件，因此，一個社會要有所改變，有所進步，犯罪是不可或缺的要件。

　　犯罪在資本市場上也有許多功能，歷史學者 Jones (1986) 曾引用馬克思的話，說明犯罪的功能：

　　「一位哲學家生產思想；一位詩人生產詩篇；傳道人佈道、教授

寫書；犯罪人則製造犯罪，而如果我們再更為深入的看犯罪與社
會生產的關係，我們就會減少很多偏見。犯罪不只生產犯罪，也
生產刑法。有了刑法，大學教授就可以講授，而這同時，教授將
他的講授概要轉換成市場上的商品。……再者，犯罪人更製造了
整個警察以及刑事司法體系：警察、法官、陪審員、監獄官等等，
這些構成了不同的產業，出現更多部門的社會分工，發展出不同
的工作內涵，並創造新的需求來滿足他們的需要。而拷打本身則
是最聰明的設計，造就了許多有名的工具和工匠。」(Marx, 1986:
320)

馬克思說，犯罪是資本市場不可或缺的，它是刑事司法體系的源頭，
製造了警察、檢察官、法官、監獄官，以及各種犯罪矯治人員等職業。同
時，犯罪也支持了犯罪學的教授和學者們，讓他們可以講授犯罪學，做犯
罪學的研究，寫犯罪學的書。

犯罪次文化學者 Albert Cohen，於 1993 年在亞利桑那州鳳凰城舉辦的
美國犯罪學年會中，獲頒蘇哲蘭獎，他公開宣讀一首詩，大大讚揚涂爾幹
的犯罪功能論：

「涂爾幹學富五車，他說了許多關於犯罪的，多數他曾說的話後
來寫成了書，他 1910 年的思想，今天由我們學富五車的人來讀，
這之後，我們當中的許多人也會繼續寫許多關於涂爾幹的生命和
思想的書，而我也確信有一天你也會寫一本，也許兩本書，你所
寫有關涂爾幹的書，絕對會廣受歡迎。涂爾幹開啟了一個時代的
新觀點，犯罪，以及不得體的舉止，對社會是有用的，因為如果
我們都守法，我們就沒有理由懲罰人了，如果這樣，我們社會的
道德情感會支離破碎。斷頭臺的使用和絞刑官拿起絞索，這些擦
亮且定義了一些脆弱且搖晃不定的是非對錯，然而那是好的，因
為當大家結合在一起對別人丟石頭時，我們也建立了兄弟的情感。

一些學者也說犯罪以及犯罪人創造有用的工作，還提供不錯的收入，看看我們的警察，他們很少讓人討厭或感到累贅。讓我增加另外一個我們從犯罪人身上所收割的恩典，我便很快結束講話。如果沒有犯罪、沒有走私、沒有妓女、沒有惡棍，就沒有犯罪學期刊、論文、著作、演講、研討會、犯罪研究報告、緩刑官、受刑人、法院……最重要的，犯罪帶來了美國犯罪學會議的召開。我寫下最後詩句：我們大家為犯罪人與犯罪舉杯敬酒！」(Cohen, 1993)

涂爾幹是早期學者中明確提及犯罪功能論的人，對一個社會而言，犯罪是健康的，犯罪可以強化社會凝聚力，維持社會的集體情感。如果社會沒有犯罪，這社會將無法建立共識或創制法律與社會規範，則這個社會在外力的衝擊下會容易分崩離析。

四、迷亂理論

涂爾幹的迷亂指的是社會情境的迷亂，或者是一種「沒有規範的狀態」(a state of normlessness)、「沒有法律的狀態」(a state of lawlessness)，也可以說，迷亂是指「社會規範的破產」(breakdown of social norms)、社會的道德意識 (moral consciousness of societies) 對人們的活動失去了約束力量。涂爾幹認為，當社會上出現了迷亂，例如：突然的社會變遷、巨大社會事件，這時，傳統的社會規範就不再能約束人們的行為，其結果便是迷亂與犯罪的出現。

涂爾幹 (1892/2014) 在《社會分工》中指出，正常的社會分工可以產生凝聚力，而不正常的社會分工則會造成迷亂，因此，對涂爾幹而言，迷亂是一種不正常的狀態，是指在整合型的分工中，出現了法律與規範控制力消失的情境，也會帶來犯罪問題。

涂爾幹也在《社會分工》中區分古代社會與現代社會的型態與變遷，

是從機械的社會 (mechanical society) 發展到有機的社會 (organic society)，而社會分工則是從同質性到異質性。他說，當任何社會越來越走向有機社會時，異質性會越來越高，人類也將會出現疏離感，而這正是迷亂情境形成的要件，也是自殺的最佳情境。

涂爾幹 (1892/2014) 曾經批評社會契約理論，他認為社會契約與社會事實脫節，社會契約的觀點沒辦法為自己辯護 (defend)，這是因為社會契約乃基於人類的理性，人們相互放棄對別人的某種權利，以得到和平，但涂爾幹告訴我們，社會秩序不是來自理性的人，社會秩序來自於社會分工、社會集體生活，我們人類生活在強迫性的社會分工之中，我們有社會規範，並受規範約束，我們不能隨心所欲，而當我們破壞了社會分工，這時社會規範便無法約束人們行為，迷亂的情境隨之出現。

涂爾幹在《自殺論》一書中指出，分工的社會必需要能夠在「個人的欲望」以及「滿足欲望的機會」兩者之間取得一個平衡點，也就是說，社會生活在於平衡欲望以及達成欲望的機會。涂爾幹認為，人類的欲望永遠不能滿足，因此，如果不加以限制，這種欲望會持續增加，並永無止境的發展。據此，涂爾幹主張，除非這些欲望壓抑到某一個水準，使人們可以滿足之，否則人類一定會出現混亂的情境。

涂爾幹也說，雖然人類欲望必須加以控制，但也因為人類不能控制自己的欲望，因此，外來的規範力量必須建立，而這種限制的力量也必須是社會的，尤其社會中的法律，在於限制人們行為的範圍，人們也是依賴法律來限制他們的欲望，並使他們欲望所實現的能被廣大的社會所接受。簡單的說，人們必須藉由社會規範，藉由法律以及懲罰來限制那永無止境的欲望。

涂爾幹強調，大多數情況之下，社會規範的限制是十分清楚的，大多數人也能遵守規範，但是當社會發生動盪，尤其經濟發生危機時，人們便處在一個混亂的情況，這時，社會對於人類行為的種種限制就會變得模糊，產生迷亂，而社會的迷亂若增加，不舒服與失望感會增加，這時病態的現象也會隨之增加，例如：自殺。

五、迷亂與自殺

自殺是一個人刻意的行為，在自己的意願下，結束自己的生命。自殺也是一種溝通方式、一種符號，試圖傳達一些信息，像是炸彈自殺的人，他們可能想使社會動盪不安；可能想表達對於政府政策的不滿；可能想表達對特定人事物的不滿或抗議。有的自殺可能想控制他人或要換取某種的利益；有的則可能是為了逃避內心深處的罪惡感及無價值感。

對於自殺的解釋，很多人認為是一種人類生理、心理、家庭、社會關係、精神、文化等各種因素混雜而產生的社會行為。但涂爾幹則說，自殺是社會事實，必須以其他的社會事實解釋之，且特別強調自殺源於迷亂的社會情境。

涂爾幹在《自殺論》中強調自殺與社會迷亂情境有密不可分的關係，且與集體生活的道德約束有關。涂爾幹指出，自殺與社會分工程度成反比的關係，社會越分工、社會整合程度高，自殺率越低；反之，社會迷亂、分工的功能喪失、社會整合程度低，自殺率越高。涂爾幹以實際統計數據顯示社會迷亂與自殺率變化的關係，他發現男生自殺率高於女生；老年人高於年輕人；離婚者高於未離婚者；沒有小孩者高於有小孩者。另外，他還發現，基督教自殺率高於天主教與猶太教，例：基督教為多數的丹麥地區，其自殺率高於天主教的義大利。

簡言之，自殺雖然是個人的行為，其實是受到整體社會情境、社會整合程度的影響所導致。建立在迷亂理論的基礎之上，涂爾幹提出四個類型的自殺，它們都與迷亂情境的本質有關。

1.利他式自殺

當一個人存在的基礎超過了他個人的生命價值之時，便會出現利他式自殺 (altruistic suicide)。社會凝聚力非常高，團體也有很強整合力量，在這樣情況下，選擇自殺的人，我們稱為利他式自殺。利他式自殺者視自殺為一個人的責任，他們為了團體的存續而自殺。第二次世界大戰時，日本軍

人為國家犧牲的自殺，也是利他式自殺的例子；1989 年，鄭南榕勇敢自焚，說道：「國民黨不能逮捕到我，只能夠抓到我的屍體。」這種利他在於表達追求言論自由之理念；臺灣 65 歲以上老人自殺率最高，尤其是生病者，很多是利他式自殺，在於不拖累家庭其他成員。

2. 自我式自殺

當一個人不再有生存的基礎時，而出現的自殺。這類型的自殺源於社會缺少對個人的壓力，以及個人看不到生存的意義時。

自我式自殺 (egoistic suicide) 者否定自己，認為自己沒有價值，沒有再活下去的理由，雖然個人對社會或團體的情感並沒有那麼弱，但自己否定自己，不願意融入這社會，因而選擇自殺。像是：母親因病過世，留下的唯一女兒十分寂寞，隨之自殺；年輕人相約集體自殺；2014 年中天電視主播史哲維因憂鬱症自殺等都是自我自殺的例子。

3. 迷亂式自殺

迷亂式自殺 (anomic suicide) 指一個人的活動缺乏規範，他的行為沒有受到太多約束而自殺。當社會的影響逐漸消失時，社會的力量控制不了我們的欲望，這類型的自殺便發生了，例如：社會經濟大蕭條、股票市場崩盤之後，經濟支持力消失導致家庭功能喪失，便以自殺方式結束自己生命；2016 年發生臺鐵自殺爆炸案，事後發現林姓犯罪人因為罹患癌症、厭世、沒有朋友，便想到在鐵路車廂內爆炸輕生；臺灣在 2000 年 921 大地震之後，自殺數字直線攀升，2006 年更達到最高峰 4,406 人（見表 5-1）。災民在喪失親人及面對經濟壓力的雙重打擊下，對人生與未來極度失望，便結束生命。此外經商失敗或破產自殺者，也屬迷亂式自殺。

表 5-1　921 大地震前後自殺人數表

年份（西元）	自殺人數	每十萬人口的自殺率
2009	4,063	14.7
2008	4,182	15.2
2007	3,933	14.7
2006	4,406	16.8
2005	4,282	16.6
2004	3,468	13.6
2003	3,195	12.8
2002	3,053	12.5
2001	2,781	11.7
2000（921 大地震）	2,471	10.7
1999	2,281	10.0

4. 宿命式自殺

　　宿命式自殺 (fatalistic suicide) 與馬克思的異化 (alienation) 觀念有關。我們社會有太多的規範，卻沒有足夠的整合力量，人們沒有能力或意願來解決他們過多的規範壓力，便選擇自殺。2017 年作家林奕含的自殺就屬於宿命自殺類型，她在感情上受到傷害，但她的四周又充滿許多的規範，讓她走不出來，致使她放棄和家人以及這社會整合的勇氣；2008 年寶來投信老闆白文正因被媒體指控以金錢換取交通大學榮譽博士學位，受到政治與社會的批判，不堪壓力跳海而亡；2006 年武陵高中優秀生周孟君選擇在自己父親遭母親殺害的那天結束自己的生命。這些人都承受壓力，而傳統道德信仰又逼得他們沒有活下去的勇氣，讓他們喘不過氣、最終選擇了自殺。

　　涂爾幹指出，自殺有混和型者：自我迷亂、利他迷亂、自我利他等，

結合兩種社會情境的因素導致自殺。

Whitney Pope 就讀加州大學柏克萊分校 (University of California, Berkeley) 時，潛心研究涂爾幹《自殺論》，並寫了博士論文《涂爾幹的自殺：古典論文再分析》(*Durkheim's "Suicide": A Classic Analyzed*) (Pope, 1976)。Pope 從涂爾幹自殺的理論中找到兩個社會情境元素，一個是社會規則的程度 (social regulations)，另外一個則是社會整合的程度 (social integrations)。社會規則是使個人達成社會目標一致的力量，例如：考試制度是一種社會規則、教育也是一種社會規則，而迷亂則反映出個人與社會規則不一致的情境。社會整合則是社會克服個人差異的力量，如果社會有強烈的共同情感、凝聚力大，通常社會整合程度高，個人和社會連結的意願就高；但如果社會複雜又不平等，自我會特別明顯，個人與團體的連結就會轉弱，社會整合程度也就低。

Pope 說涂爾幹的四個自殺類型落於這兩個元素的兩個極端，社會整合程度低者（指自己和社會的連結對一個人已無任何意義）是自我式自殺；整合程度高者（指自己和社會團體的連結對一個人具有高度的意義），則為利他式自殺。另外，社會規則程度低者（指規則對人的約束無任何意義可言），為迷亂式自殺；規則程度高者（指規則對人具有高度的約束力）則是宿命式自殺，以下圖表示之。

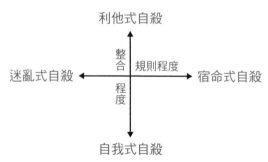

圖 5-3 Pope (1976) 社會整合程度、社會規則程度與自殺類型分析

涂爾幹的自殺論探討人類社會規範期待、社會分工、結構整合程度與自殺問題，甚至於偏差問題等彼此之間的互動與關聯。當社會對於人類生

活的種種壓力與限制鬆綁時，將帶來迷亂，對人類行為造成影響。涂爾幹對於歐洲社會自殺率的分析對犯罪學理論貢獻極大，他的理論被廣泛用來分析偏差行為，包括：酗酒、藥物濫用、暴力犯罪和青少年犯罪等。

第四節　Merton 的迷亂理論

另一位迷亂理論重要社會學者是美國的 Robert King Merton，Merton 也使用迷亂一詞表示社會無規範狀況。

Merton 是二十世紀具有影響力的社會學者之一，1910 年生於美國賓州，原名叫 Meyer R. Schkolnick，父母是東歐移民，猶太人，曾經開小雜貨店以維生，後來在一次火災中家庭陷入經濟困境，但他們仍堅持支持給小孩好的教育。2003 年 2 月過世，享年 92 歲 (Calhoun, 2003)。

Merton 使用 Meyer Schkolnick 的名字共 14 年。

圖 5-4 Robert King Merton

他在學生時代以 Robert Merlin 為藝名進行魔術表演賺錢，Robert Merton 是改名而來的，在於更為美國化 (Americanization)，他用新的名字展開他的大學生活和後來的學術生涯。

Merton 於 1931 年進入哈佛大學並取得碩士與博士學位。畢業後 Merton 曾在哈佛大學 (Harvard University) 及杜蘭大學 (Tulane University) 任教，最後於 1941 年加入紐約常春藤名校哥倫比亞大學 (Columbia University) 社會學系，並於 1947 年升等正教授，此後便在此校從事研究與教學工作，長達五十年之久。1938 年，Merton 在哈佛大學任教期間，寫了犯罪學重要的論文〈社會結構與迷亂〉(Social structure and anomie)，隔年，他便前往位於紐奧爾良 (New Orleans) 的杜蘭大學，待了三年短暫時間。

Merton 最著名的理論是社會結構與迷亂，他的觀點是功能論的，對於社會秩序維持的基本假設與涂爾幹相同，只是，Merton 雖同意犯罪是正常的，卻沒談及犯罪與社會整合和犯罪對於社會變遷的作用；Merton 強調社

會結構，尤其是美國自身社會結構的問題，如何帶給人們生活壓力，他認為人們經常在追求成功、財富與工作機會上出現問題，成為造成犯罪發生的原因。

Cullen 與 Messner (2007) 兩位學者，曾以口述歷史的方式回顧 Merton 的迷亂理論，他們表示，Merton 幼時生活於貧民區的社會解組經驗，讓他看到迷亂與社會結構的關係。《紐約時報》專欄作家 Morton Hunt (1961) 也表示，Merton 小時候在費城南邊貧民區長大的經驗激發他社會結構與迷亂的想法，Hunt 認為更為重要影響者應是當時美國社會正在發生的變遷。在二十世紀初期，美國出現大量移民，成為許多人追尋成功的天堂，只可惜，這樣的機會並不是人人相等，有人成功也有人失敗，更為不幸者，美國在第一次世界大戰後進入大蕭條年代，不久，又進入第二次世界大戰，可見，Merton 在寫〈社會結構與迷亂〉時，美國正處於一個極度不穩定的年代，許多人生活困難，他們想要成功，但卻苦無合法的突破管道。在這時代背景下，Merton 的論點很快被接受且受到肯定。

Hunt (1961) 表示，Merton 因讀了涂爾幹的著作後，受其影響，給予自己一項學術任務：「找出影響迷亂的因素。」Merton 區分出兩個重要的社會元素：其一為他所謂的「文化結構」(cultural structure)，指任何社會有一些由該社會定義的，值得每個人去努力的目標 (goals)；另一則為「制度化的方法」(institutional means)，指成就那些文化目標的方法，此指用合法的方法達到目標。

依據 Merton 的說法，由於文化上強調以合法方法取得成功，但社會結構本身卻具有缺陷無法為人們滿足，因此一些社會成員如：貧窮者或少數族群，因為以合法的方式達到成功相當不易，使目標和方法出現差異，產生迷亂情境，成為後來導致犯罪的先決條件。在毫無選擇之下，這些人必須以自己所能想到的方式達成目標來適應迷亂，而這些方式往往是偏差的。

Merton 的理論重點摘要如下：

　1.多數社會成員社會化了共同接受的價值觀。

　2.共同價值觀教我們兩件事：一為文化目標，一為社會手段。

3.如果目標與手段不等，就很容易產生迷亂情境；這是從事犯罪活動的必備條件。

4.在一個失序的社會中，達成目標的機會人人不同，且通常並不平等。

5.達成文化目標自然會對個人產生壓力，社會中的成員就必須思考以各種方法解決，稱之為調適方式。

Merton 共提出五種個人適應方式，其中遵從型是唯一正常的，這種人並未經歷迷亂情境，其他的則都是偏差或是犯罪的，都是個人適應迷亂的方式。五種適應類型如下：

1.遵從型 (conformist)

他們的行為合乎社會期望，也為社會所接受。這種人憑藉努力、教育和延遲滿足等合法的方法達到成功。

2.創新型 (innovation)

這類人拒斥合法方法，他們以社會所不容的方法尋求快速的成功，來克服自己面臨的生活壓力。偷竊或經濟犯罪都屬於創新型的方法，卻為法律所不容。

3.儀式型 (ritualism)

這類人拒絕承認目標，把注意力放在手段上。他們把工作當成鐵飯碗，墨守成規、不肯改變，工作本身成了個人唯一的目標，這類人對公司生產方面的貢獻可說極其有限。

4.退縮型 (retreats)

這類人不承認目標也不承認手段，他們用「退出」來解決自己的挫折感。一些對公司不滿者，會選用這種適應方式。他們離開公司，把自己關起來，自怨自艾，成為無法為社會所用之人。

5.叛逆型 (rebellion)

這類人反對文化目標，也反對合法的手段，他們希望社會能夠徹底的改革，所以需要利用革命的方法。如果革命能成功，他們的文化以及手段就會被合法化；但如果失敗，他們的理想被否定，行為自然會成為犯罪。

下表 5-2 說明五種適應類型與文化目標、制度化合法方法的關係。

表 5-2　Merton 的五種適應類型

適應類型	文化目標	制度化合法方法
遵從型	接受	接受
創新型	接受	拒絕
儀式型	拒絕	接受
退縮型	拒絕	拒絕
叛逆型	拒絕（由新的替代）	拒絕（由新的替代）

Merton 的迷亂論屬涂爾幹社會事實取向，迷亂來自社會情境，是社會結構不建全、機會結構不足的產物，迫使一些人在沒有太多選擇下從事非法活動，迷亂非個人心理情境。Merton 在〈社會結構與迷亂〉中即確定他社會學的核心概念，他說 (Merton, 1938: 672)：「我們的目標是要找出一些的社會結構。社會中對於某些人施加一定程度的壓力 (exert a definite pressure)，而使他們從事不遵從的行為，而非遵從的行為。」

Merton 的理論受到俄亥俄大學 (Ohio University) Alex Thio (1975) 教授之批評，他說美國社會成功價值並不是普遍、全面的，他批評 Merton 過度強調低階家庭小孩和高階者擁有一樣高的成就期望；他也批評，「低階小孩成功的期望與機會落差導致較高迷亂」這項論點充滿階級偏見，且沒有事實根據。

的確，學術界對成功美國夢的定義未能獲得實證資料的支持，研究發現，每一個人對自己的未來期望存在許多差異，例如：美國學者 Kao 與

Tienda (1998) 在探討少數族群教育抱負 (educational aspirations) 時指出，黑人與西班牙少年教育抱負較低，他們認為這和家庭社會經濟背景有關。此外，許多社會學家也指出階級與教育抱負有關，而教育抱負又影響教育的取得 (Sewell, et al.,1980; Teachman & Paasch, 1998)。臺灣學者謝小芩 (1998) 也曾利用臺灣社會變遷調查資料比較男女在教育期望上的差異，她發現，雖然男女教育程度的差異逐漸縮小，但民眾對男性教育期望仍明顯高於女性，且對兩性教育期望的差距也沒有縮小的趨勢。上面研究告訴我們，人生未來想追求的夢想並非人人都相等，往往受到個人或社會結構因素左右，如此，以美國夢作為犯罪學解釋變數似乎無實證基礎。

美國犯罪學者 Steven Messner 與 Richard Rosenfeld (2013) 寫了《犯罪與美國夢》(*Crime and the American Dream*)，也是在批評 Merton 美國夢的觀點，認為美國夢本身有很多黑暗面，過度強調競爭以及金錢上的成功，且貶低部分達到成功的方法，加上社會結構本身往往無法有效滿足美國夢的追求，使得犯罪與不幸事件自然興起。為了避免美國夢進一步傷害更多民眾，兩位學者建議回到涂爾幹的迷亂理論傳統，從美國夢的文化層面和制度層面，例如：家庭結構、教育制度等，重新找到強化社會凝聚力的力量才能建立穩定秩序[3]。

也有學者批評 Merton 的合法達到成功管道論點。Vito 與 Maahs (2017: 128) 指出，Merton 強調缺少合法管道是犯罪的原因，但這論點只能解釋強盜與偷竊等財產犯罪，社會上有很多成功的人，他們擁有許多可達到成功的管道，卻還是選擇犯罪，這是 Merton 的迷亂理論一個重大缺失。除此之

3　Messner 與 Rosenfeld 於 1994 年版的《犯罪與美國夢》提出制度化迷亂 (institutional anomie) 的概念。他的理論維持涂爾幹社會情境的重要性，強調社會情境系統不平衡帶來迷亂也是犯罪的原因。Messner 與 Rosenfeld 的理論探討權力與制度平衡的問題，特別是資本社會中市場經濟制度本身的問題，因為它擁有極大權力，控制市場運作，卻沒有足夠約束力量，而成為迷亂源頭。Messner 與 Rosenfeld 說美國資本社會具有這問題，資本主義大幅發展，卻沒有足夠的限制機制，當制度出現問題時，例如：大蕭條或股票市場崩盤，便帶來迷亂，將造成許多社會問題，這是他們所謂的制度化迷亂。

外，Vito 與 Maahs (2017: 128) 更批評迷亂與犯罪的關係。他們認為每一個人對於緊張的反應是不相同的，在相同壓力環境之下，有的人覺得無望因而犯罪，但也有人持續尋找機會，他們不會絕望、也沒有選擇犯罪。

Cloward 與 Ohlin (1960) 在《不良少年與機會》(*Delinquency and Opportunity: A Theory of Delinquent Gangs*) 中批評 Merton 的理論對成功機會的論點。他認為低階小孩的犯罪機會與次文化因素，在犯罪少年上扮演更為重要的角色。許多不良少年，因為與成年犯罪文化整合，在參與和互動的過程中接觸許多犯罪機會，當他們真正進入犯罪世界，不法機會讓他們發現工作上的滿足感，並成為其持續活躍於犯罪世界的動力。

美國社會學者 Donald Cressey 曾說，Merton 滑進了偏差行為的理論，而使其限制了他自己的理論，無法成為偏差次文化理論之源頭 (Sutherland & Cressey, 1974)。據此，Cressey 強調多數偏差行為是偏差次文化造成的，犯罪學應先到不良少年次文化尋找少年犯罪的原因。

Merton 受涂爾幹影響而研究美國犯罪問題，犯罪次文化學者 Albert Cohen 則受 Merton 影響而研究幫派不良少年問題 [4]。但 Cohen 也批評 Merton 的理論太過於強調功利性，只能解釋成人因追求成功挫敗的犯罪行為，無法解釋非公利的犯罪，尤其是青少年破壞性、否定性的偏差行為 (Cohen, 1955: 36)。其後，Cohen 也在他的〈偏差行為社會學：迷亂理論與超越〉(The sociology of the deviant act: anomie theory and beyond) 批評 Merton 的理論太過於原子彈式與個人 (atomic and individualistic)，原子彈式指挫折與反應的論點太過強大直接，他認為應該納入其他的行為機制 [5]，且個人偏差適應過程也非個人的，通常是和團體或參考團體成員互動的產

---

4 Sutherland 於 1935 年到印第安納大學社會學系任教，直到 1950 年過世。Merton 畢業於哈佛大學，也曾在哈佛大學任教。而 Cohen，1918 年出生於美國波士頓 (Boston)，1942 年取得印第安納大學社會學碩士學位，1948 年取得哈佛大學博士學位，因此 Sutherland 與 Merton 兩人，皆對 Cohen 的學術思想有所影響。

5 此指反應形成 (reaction formation)。

物 (Cohen, 1965: 6)。Cohen (1965: 8–9) 認為個人偏差適應是一個漸進發展的過程，而非間斷或跳躍式的。他尤其強調不良少年在追求文化成功的過程中會經歷身分挫折，而使他們在幫派中找到新的身分。

雖然有諸多批評，社會學者 Cole (2004) 還是肯定 Merton 的貢獻。他說，Merton 是全球知名社會學家，他的迷亂理論帶來了社會科學的能見度，也建立了社會學研究在科學領域的地位與典範。筆者則以為，Merton 的犯罪機會與美國夢帶給犯罪學新的視野，讓我們看到，資本社會塑造追求成功的普遍價值卻也帶給許多人生活壓力與困境，更帶來犯罪，可從中看到 Merton 人道主義思想的一面。

第五節　近代版的緊張理論

在 Merton 提出結構所引起的緊張導致偏差與犯罪後，Albert Cohen、Richard Cloward 與 Lloyd Ohlin 等，曾以 Merton 的理論作為基礎，相信人們追求成功的文化價值，發展出有關於青少年偏差行為的理論，犯罪學稱之為「犯罪次文化理論」，我們會在後面章節進行討論。在這之後，涂爾幹與 Merton 的迷亂理論寂靜了很長的時間，一直到了 1992 年，才有犯罪學者 Robert Agnew 再度肯定迷亂理論的價值。他提出「一般化緊張理論」(general strain theory)。論文發表於美國《犯罪學期刊》(*Criminology*)，由於他強調實證科學方法驗證迷亂論，補全涂爾幹與 Merton 缺少實證研究支持之問題，使他的論述受到犯罪學界的肯定與重視。

Agnew 1953 年生於紐澤西州大西洋城，長期任教於美國喬治亞州亞特蘭大城埃默里大學 (Emory University)，也曾擔任美國犯罪學會理事長，也是美國多個重要犯罪學期刊的主編，包括：美國《犯罪學期刊》(*Criminology*)、《犯罪與司法期刊》(*Journal of Crime and Justice*)、《犯罪與不良少年研究期刊》(*Journal of Research in Crime and Delinquency*)、《理論與哲學犯罪學期刊》(*Journal of Theoretical and Philosophical Criminology*)、《司法季刊》(*Justice Quarterly*)、《社會力》(*Social Forces*)、《理論犯罪學》

(*Theoretical Criminology*) 以及《少年與社會》(*Youth and Society*) 等。

Agnew (1992) 的理論不同於涂爾幹，也不同於 Merton。涂爾幹與 Merton 兩位古典社會學者都用巨觀的社會結構角度討論社會的迷亂如何影響犯罪的發生，Agnew 則跳脫這種思考，他看的是個人層面的迷亂，個人如何因為階級與生活經驗產生壓力與緊張，而造成犯罪。最為重要者，Agnew 的迷亂來自個人日常生活的經驗，尤其中產階級小孩的生活經驗，雖然他們擁有良好的成長環境，但很多時候，他們有他們的問題，不一定快樂。

Merton 是一位帶有人道主義色彩學者，他認為社會結構底層者，也就是低收入者，他們經歷的挫折與壓力最大，他們在社會文化目標與利用合法手段達成目標之間形成對立，無法找到一個平衡點。因此，他們經歷的是一種結構性的緊張與迷亂，這也是他們後來走向偏差與犯罪的原因。然而，Agnew 對於這樣的解釋並不表贊同，他強調各階層都有不良少年問題，巨觀結構緊張並不是犯罪的主因；據此，他認為犯罪學的迷亂應該是微觀的、個人的。因此，Agnew 將他的理論聚焦在社會上各個階層的人，並認為壓力和緊張與每個人每天的各項生活層面息息相關，可能是經濟生活、校園生活，更可能是家庭和社區生活。經歷壓力與緊張的人，才會造成之後可能的犯罪或偏差行為。

Agnew 是這個時代的社會科學家，他與今日多數學者一樣，受過嚴謹的社會科學研究法訓練，相信行為科學的變數可以測量，可以透過操作性定義之，任何科學不能測量與操作者，將喪失其理論效度。據此，Agnew 用兩種方法測量緊張：⑴主觀方法 (subjective approach)；⑵客觀方法 (objective approach)。主觀方法乃直接詢問：「你是否不喜歡你被對待的方式？」(Whether you dislike the way that you are being treated?)；客觀方法則為詢問個人對於各種引起緊張的來源，包括：朋友、家庭以及社區等的反應。

Agnew 嘗試將壓力與緊張進行分類，探討它們與少年偏差行為的關係。另外，他更引進中介因素「負面情感狀態」(negatively affective states)：指因個人負面或具破壞性的社會人際關係而產生的憤怒、挫折、不公及負面的情緒，係結構性因素所引起的一種心理狀態，會導致犯罪的發生。

Agnew 指出壓力與緊張發生的四種情況：

1. 未能達到正面評價的目標 (failure to achieve positively values stimuli)

這種壓力與 Merton 所強調的是一致的，因文化目標與文化手段間的差距所產生的緊張、壓力。舉例來說：當一個年輕人因缺少職業或教育資源，而無法達到社會上所期盼的財富或名聲時，緊張便出現。

2. 期望 (expectation) 和個人成就 (achievement) 間產生差距

指一個人由於他和別人比較，覺得在各方面均不如別人（例如：別人的成績比他好、比他富裕），這時壓力或緊張便產生。另外，個人的期望和實際的成就之間的差距，也會造成壓力與緊張的來源，例如：雖然自己進入大學就讀，但不能像其他朋友一樣進入名校就讀，而產生壓力與緊張。另外，感受到不公的對待也是壓力與緊張的原因，會造成個人的犯罪或偏差行為，可能會逃家、在外遊蕩或暴力攻擊他人。

3. 個人正面評價之刺激的消失 (the loss of positively valued stimuli)

失戀、親人死亡或重病、失業、心愛的人死亡或搬家、父母離異等都屬個人正面評價之刺激消失，會成為壓力的來源。Agnew 認為這會使青少年企圖尋求補償、報復或找回已失去的正面刺激，因而犯罪。

4. 負面刺激的出現 (the presentation of negative stimuli)

指一個人經歷虐待、疏忽、犯罪被害、體罰、家庭衝突、學校生活挫折及其他各種生活壓力的事件，這些對一個人來說，是痛苦、緊張和壓力的直接來源，Agnew 認為這是犯罪與偏差的導因。

至於 Agnew 提出的「負面情感狀態」有：憤怒、挫折、失望、憂慮、害怕等心理層面的情緒反應。犯罪學家 Larry Siegel 綜合 Agnew 一般化緊張理論畫了下列架構圖（圖 5-5）。

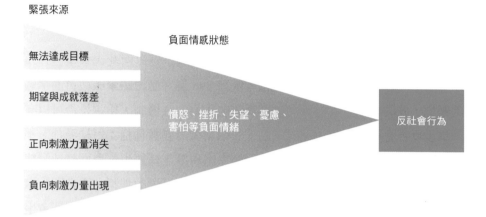

緊張來源

負面情感狀態

無法達成目標

期望與成就落差

憤怒、挫折、失望、憂慮、
害怕等負面情緒

反社會行為

正向刺激力量消失

負向刺激力量出現

圖 5-5 Agnew 一般化緊張理論架構圖 (Siegel, 2013)

　　根據 Agnew 的說法，緊張是可以測量的，有大小強度、期間長短，緊張因人而異，當緊張的經驗越多、強度越大，這時對於犯罪及偏差行為的影響就越大。Agnew 說，每一種緊張均可能增加個人的負面情緒，例如：憤怒、失望、挫折、恐懼、憂慮等，甚至增加一個人不公平的感受與認知，是使其後來犯罪、暴力攻擊、藥物濫用、中輟或成為不良少年的主因。

　　Agnew 的「一般化緊張理論」提出之後，得到許多學者的檢驗，並相繼提出理論修正意見，說明如下：

　　波士頓大學教授 Robert Aseltine 等人 (Aseltine, Gore & Gordon, 2000) 以 939 位高中學生為樣本，探討負面生活事件帶來生氣與焦慮，進而造成偏差行為。他們的研究部分支持 Agnew 的一般化緊張理論。研究發現，負面生活事件和家庭成員的衝突對於偏差行為有所作用，另外，這種緊張與衝突往往由生氣、焦慮等負面情緒影響到偏差行為，只是他們發現這種關係無法適用於非暴力行為（例如大麻的吸食行為）。

　　Raymond Paternoster 與 Paul Mazerolle (1994) 曾對 Agnew 的緊張論進行檢驗，嘗試找到理論的突破點，他們後來發現，緊張有三個清楚的來源，而非四個，包括：未能達到正面評價的目標、個人正面評價之刺激的消失、負面刺激的出現等；另外，他們也指出，緊張雖然是犯罪行為重要的影響

因素，具有直接作用，但緊張的影響也會透過低社會鍵[6]和偏差朋友，對犯罪產生間接的作用。

Lisa Broid (2001) 曾修訂 Agnew 的緊張理論，她以西北大學學生作為研究對象，採用非隨機的樣本，樣本數達 896 個。她檢驗緊張與負面情感的關係，同時也引進面對壓力的處理策略作為中介機制，檢視是否可以有效減少反社會行為。她的研究指出，三個緊張的變數包括：目標受挫、不公平成就感受和正面刺激消失與負面刺激出現等，都與生氣負面情感狀態有關。但並不是所有的關係都符合研究之預期，目標的挫折、阻塞與生氣成反比關係，這可能因為學生們認為目標太高，雖然被阻塞，但也不會生氣[7]。

加拿大學者 Stephen Baron (2004) 也曾檢驗 Agnew 的緊張理論，他以400 位無家可歸小孩為研究對象，他主動上前詢問，對願意接受訪問者進行訪問。研究發現：10 個類型的緊張都導致犯罪行為，因此，緊張是少年犯罪的主作用結果，但他也發現，青少年緊張的因素和情境變項：偏差朋友、偏差態度、自我效益 (self-efficacy)[8]、自尊，以及外在歸因[9]等交互作用才產生偏差行為。他的研究支持 Agnew 的緊張理論之六個緊張來源，包括：情感虐待、身體虐待、性虐待、暴力受害、相對剝奪、金錢不滿足等，這些確實導致了生氣，而生氣也是犯罪的重要指標。同時他也發現，偏差朋友和偏差態度也是犯罪的重要預測變項。

John Rodriguez 與 Scott Belshaw (2010) 嘗試探討 Agnew 的理論在族群解釋上的差異，他們發現，拉丁少年有較高的緊張，但是犯罪較少；美國白人也有緊張，但他們犯罪的傾向會比拉丁少年為高，據此，他們認為，

---

6 社會鍵的概念會在第十一章討論。

7 表示許多青少年沒有達成目標，但他們並不會生氣。

8 自我效益指自己有自信能完成自己的計畫。

9 外在歸因指自己覺得絕大多數發生在他身上的非自己個人的決定，是自己無法控制的產物。

Agnew 的理論較能適用於白人。對白人來說，對生命事件產生的緊張，帶來偏差行為的影響是大於拉丁少年的，因此，Agnew 的緊張理論似乎較能反映中產階級白人的青少年的問題本質。

Agnew 的緊張理論是微觀且具社會心理學的理論，特別針對不良少年偏差行為之解釋。Agnew 以當代的科學研究方法，強調緊張與負面感情狀態的變數可以測量、驗證，由於當代統計分析方法易於操作研究變數間關係，自然帶來諸多理論修正，以及有效確認緊張理論對於各種偏差行為的適用性。筆者也認為結構的緊張和不良少年確實有密切關聯，是少年問題的主要原因，但 Agnew 中介變數的負面情感狀態，對於偏差行為的影響則不會是絕對的；多數研究發現，偏差朋友才更是中介變數的重要角色。

筆者認為，評估 Agnew 的理論時，應回歸到涂爾幹的結構迷亂──社會結構不健全帶來適應上的壓力，才是犯罪重要的原因。筆者認同美國學者 Judith Blau 與 Peter Blau (1982) 的論著，他們曾分析 125 個美國大城市都會區犯罪與社會經濟統計狀況，並在《美國社會學回顧》(*American Sociological Review*) 上發表〈社會不平等的代價〉(The cost of inequality)。他們發現，都市暴力犯罪源於族群在社會經濟情況上的不平等，又以美國南方不平等情況較為嚴重，提高了暴力犯罪情況，這與黑人比例高有關，但更重要的原因是經濟上的不平等。社會底層充斥暴力與犯罪，似乎是貧窮文化的反映，但貧窮與不平等帶給人們壓力，這才是造成犯罪的主因。

第六節　結　論

這一章討論犯罪學迷亂理論和緊張理論的兩位重要學者涂爾幹與 Merton，他們的觀點是犯罪學結構論的基礎。他們強調人類社會適應的必要性，也強調社會共識、社會凝聚力的重要。涂爾幹的理論帶有猶太人強調人與族群連結的宗教色彩，主張道德情感是維護社會秩序的重要力量，但這種力量的削弱可能帶來迷亂；而 Merton 的理論則帶有強烈的人文關懷情操，關注資本社會中弱勢團體面對社會適應的壓力與迷亂，迫使他們以

偏差或犯罪的方法參與社會。

　　我們似乎從未挑戰涂爾幹與 Merton 對於維持社會秩序的基礎立場：「社會共識」、「集體情感」或「美國夢」的問題。社會學者通常都毫不保留的支持道德的必要性、成功的價值和教育的價值，並認為社會大眾對於這些問題的看法沒有太大不同，大家有相同的共識。然而，這樣的論點可能是錯的，社會的規範事實上可能並不存在，大家對問題的看法有這樣一致性的共識是很難的。可事實上，如果我們去看犯罪學的著作，犯罪的人與沒有犯罪的人對於社會規範的看法其實不盡相同，例如：Travis Hirschi 的控制理論就強調犯罪者與非犯罪者對信仰的認知就不相同。

　　不可否認的，人們對於社會規範的認知是不一樣的，犯罪的人與沒有犯罪的人有許多不相同的認知，然而，這樣並不是說涂爾幹的觀點是錯誤的；或許如同犯罪次文化理論學者 Albert Cohen 所說的，犯罪的人很早就社會化社會規範，與一般人沒有兩樣，但後來由於生活環境與生活條件的種種因素，他們沒有達到成功，而使他們再來否定社會規範的傳統[10]，造成他們最後的觀點有別於一般社會大眾。

　　因而，Agnew 給了迷亂論一個新的希望與方向，他從人的生活經驗（尤其是中產階級的小孩）中找到迷亂與緊張來源。他的論點是微觀的、個人的，讓迷亂理論重返學術舞臺。只是，許多「負面情感狀態」的個人生活經歷似乎都是小事情，常因人而異，欠缺對大社會結構不平等所帶來的問題之強烈批判，這是近代版迷亂理論的缺失，這樣的理論對社會的安定與社會秩序的建立會有多少幫助，需有所質疑，也因此，筆者建議還需回歸到涂爾幹的迷亂理論，從社會情境及制度面思考，創造更佳社會適應環境，找回社會凝聚力，建立秩序。

---

10 這是反應形成 (reaction formation) 的概念，為佛洛伊德學說中的一種「心理防衛機制」。

學習重點提示 ◆◇

1. 涂爾幹說犯罪是功能的，馬克思也說犯罪在資本市場也有很大的功能。請說明一下犯罪可以有哪些功能？

2. 想一想依據涂爾幹與 Merton 的理論，對於犯罪問題的解決有哪些可行的建議呢？Agnew 的緊張理論又可提供哪些政策的建議？對於 Agnew 提出的建議，你有什麼看法？

3. 請說明涂爾幹迷亂理論的時代背景，並從其迷亂論對於犯罪學理論的影響，例如：緊張理論和次文化理論，加以說明之。

4. 作家林奕含自殺受到社會各界關注與討論，大家卻把焦點放在這位補教老師身上。在臺灣，很少人會討論自殺問題，請就你所知道臺灣的自殺事件，利用筆者對涂爾幹自殺論的四種分類整理，說明你的了解與看法。

5. 請說明 Robert Merton 迷亂與犯罪的論點，並請說明他理論中偏差的適應模式。

6. Robert Agnew 提出犯罪一般化緊張理論 (a general theory of strain)，試問他和 Robert Merton 在方法學及理論內涵上有何差異？

7. 根據 Robert Agnew 的說法，緊張可以測量，且因人而異。當緊張的經驗多、強度大，對於犯罪及偏差行為的影響就愈大。請就這論點深入分析緊張如何帶來犯罪、暴力或攻擊行為。

參考書目

謝小芩 (1998)。性別與教育期望。婦女與兩性學刊，9，205-231。

Agnew, R. (1992). Foundation for a general strain theory of crime and delinquency. *Criminology*, 30 (1), 47-87.

Aseltine, R. H., Gore, S., & Gordon, J. (2000). Life stress, anger and anxiety, and delinquency: an empirical test of general strain theory. *Journal of Health and Social Behavior*, 41 (3), 256-275.

Baron, S. W. (2004). General strain, street youth and crime: a test of Agnew's revised theory. *Criminology*, 42, 457-483.

Blau, J. & Blau, P. (1982). The cost of inequality: metropolitan structure and violent crime. *American Sociological Review*, 47, 114–129.

Broidy, L. M. (2001). A test of general strain theory. *Criminology*, 39, 9–35.

Calhoun, C. (2003). Robert K. Merton remembered. *Footnotes*, 31 (3), 1 & 8.

Cloward, Richard (1959). Illegitimate mean, anomie, and deviant behavior. *American Sociological Review*, 24, 164–176.

Cloward, R. & Ohlin, L. (1960). *Delinquency and Opportunity: A Theory of Delinquent Gangs*. The Free Press.

Cohen, A. K. (1955). *Delinquent Boys: The Culture of the Gang*. Glencoe: Free Press.

Cohen, A. K. (1965). The sociology of the deviant act: anomie theory and beyond. *American Sociological Review*, 30, 5–15.

Cohen, A. K. (1993). *The Social Functions of Crime*, a poem presented by Albert K. Cohen as part of his Sutherland Address, at the 1993 American Society of Criminology meetings in Phoenix.

Cole, S. (2004). Merton's contribution to the sociology of science. *Social Studies of Science*, 34 (6), 829–844.

Cullen, F. & Messner, S. (2007). The making of criminology revisited: an oral history of Merton's anomie paradigm. *Theoretical Criminology*, 11 (1), 5–37.

Durkheim, É. (1892, 2014). *The Division of Labor in Society*, translated by W. D. Halls. New York: Free Press.

Durkheim, É. (1895, 2013). *The Rules of Sociological Method: And Selected Texts on Sociology and Its Method*, translated by W. D. Halls. New York: Free Press.

Durkheim, É. (1897, 1951). *Suicide: A Study in Sociology*, translated by John Spaulding & George Simpson. New York: Free Press.

Hunt, M. (1961). A biographical profile of Robert K. Merton. *The New Yorker*, 28, 39–63.

Jones, D. (1986). *History of Criminology: A Philosophical Perspective*. Santa Barbara, CA: Greenwood Press.

Kao, G. & Tienda, M. (1998). Educational aspirations of minority youth. *American Journal of Education*, 106 (3), 349–384.

Marx, K. (1986). *Karl Marx: A Reader*, edited by Jon Elster. New York: Cambridge University Press.

Merton, R. K. (1938). Social structure and anomie. *American Sociological Review*, 3, 672–682.

Messner, S. & Rosenfeld, R. (1994). *Crime and the American Dream*, fifth edition.

Belmont, CA: Wadsworth.

Messner, S. & Rosenfeld, R. (2013). *Crime and the American Dream*. Belmont, CA: Wadsworth.

Paternoster, R. & Mazerolle, P. (1994). General strain theory and delinquency: a replication and extension. *Journal of Research in Crime and Delinquency*, 31 (3), 235.

Pope, W. (1976). *Durkheim's "Suicide": A Classic Analyzed*. Chicago: University of Chicago Press.

Rodriguez, J. J. & Belshow, S. (2010). General strain theory: a comparative analysis of Latino and White youths. *Southwest Journal of Criminal Justice*, 7 (2), 138–159.

Siegel, L. (2013). *Criminology: Theories, Patterns, and Typologies*. Boston: Cengage Advantage.

Sutherland, E. & Cressey, D. (1974). *Criminology*, 9th ed. Philadelphia: Lippincott.

Taylor, I. R., Walton, P. & Young, J. (1973). *The New Criminology: For a Social Theory of Deviance*. Routledge & Kegan Paul plc.

Teachman, J. & Paasch, K. (1998). The family and educational aspirations. *Journal of Marriage and Family*, 60 (3), 704–714.

Thio, A. (1975). A critical look at Merton's anomie theory. *Pacific Sociological Review*, 18 (2), 139–158.

Vito, G. & Maahs, J. (2017). *Criminology: Theory, Research, and Policy*, fourth edition. Burlington, MA: Jones & Bartlett Learning.

William H. S., Robert M. H. & Wendy C. W. (1980). Sex, schooling, and occupational status. *American Journal of Sociology*, 86 (3), 551–583.

圖片來源

圖 5–1：Emile Durkheim/Public domain

圖 5–2：Cover of the French edition of The Rules of the Sociological Method, 1919/Public domain

圖 5–4：Robert K. Merton. Eric Koch/Nationaal Archief, CC BY-SA 3.0

第六章

芝加哥學派的社會解組

第一節　芝加哥學派

　　我們在前面一章討論涂爾幹的迷亂理論，一種巨觀的社會結構面之變遷與社會規範面破產和犯罪、偏差問題之間的關係。涂爾幹的迷亂觀點到了美國，來到芝加哥大學社會學系。那裡的學者把迷亂的概念與都會區內的犯罪問題連接起來，主張環境區位的解組是犯罪的原因，這論點被稱為社會解組理論 (social disorganization theory)。

　　社會解組理論是美國社會學探討犯罪問題最早的理論，許多犯罪學的教科書在討論社會學犯罪問題時，都從這理論開始。社會解組理論最初是以芝加哥大學社會學系為中心，理論觀點來自當時在社會學系任教的老師和他們的學生，被稱為芝加哥學派 (Chicago School)。由於社會解組探討的問題以都會區位內特有的人文社會現象為主，又當時探討的解組現象與特定區位有關，強調環境因素影響到犯罪問題的發生，因此，解組理論也被稱為社會區位學 (social ecology)，或人文區位學 (human ecology)。

　　芝加哥大學社會學系成立於十九世紀末期，1892 年，首任系主任是 Albion Small，這是美國第一個以社會學為名的學系，該學系的老師和學生，共同致力於當時的社會問題研究、建立基礎社會學理論。該系特有的科學創意與看法，以及老師們對社會學的熱情，對後來社會學和犯罪學的發展產生重大影響，故以學派稱之。

　　最初，芝加哥社會學系受到芝加哥大學 John Dewey 博士的影響，他強調知識在生活的實用哲學，可用於社會系對社會問題：階級、人口問題、偏差行為以及都市問題的解決與分析。此外，學者們在研究方法上亦受歐洲實證哲學傳統影響，採用民族誌 (ethnography) [1] 蒐集資料或量化統計分析。不論是理論觀點還是研究法，蔚為當時社會學主流，再加上，社會學

1　民族誌為人類學家與社會學家的研究方法，強調以實際觀察、訪問，和檢視檔案、文件，以及日常生活的紀錄等，來了解人類社會現象，多以特定團體或社會作為研究對象。

系學者經常參與社會改革，使得此學派在形成之初，即形成一定影響力。

早期芝加哥學派分為兩波，第一波由學系主任 Small (1892-1925)，以及他的同事 William Thomas (1985–1918)、Robert Park (1914–1933)、Ernest Burgess (1919–1957)、Louis Wirth (1926–1952)、Ellsworth Faris (1919–1936)（括弧內的年代為他們任職社會系的期間）等人領銜。Park 與 Burgess 在帶領該系時，他們於 1921 年合作寫了社會學教科書，《科學社會學簡介》(*Introduction to the Science of Sociology*)，這本書介紹社會學基本理論，並成為當時最受歡迎的教科書。此外，兩位在人文區位學上的研究與成就，也具相當影響力，因此，第一波也被稱為 Park 與 Burgess 的世紀 (Park & Burgess Era)[2]。

第二波芝加哥學派，發生在第二次世界大戰之後，重要學者有：Everett Hughes、Lloyd Warner、Herbert Blumer[3]、Clifford Shaw 與 Henry McKay[4] 等，他們專注於都市民族誌學以及解釋社會學 (interpretive sociology)，其中，解釋社會學乃強調人對於社會情境定義的問題，為符號互動學派理論，學者用田野觀察法探討社區與犯罪問題 (Short, 2002)。其後 William Ogburn[5]，Philip Hauser[6]，以及 Leo Goodman[7] 等人，都受過人口學、人文區位學的訓練，並引進最新的量化研究方法，把人口學研究帶到高峰，主導當時的社會學。

2　第一波芝加哥學派學者應該還要包括 George Mead，他於 1894 年與 Dewey 加入芝加哥大學，一直任教到 1931 年過世，他以建立符號互動論聞名。

3　Blumer 重要著作：《符號互動論：取向與方法》(*Symbolic Interactionism: Perspective and Method*) (1969)。

4　Shaw 與 McKay 未能完成博士學位，但之後又回到芝加哥大學的少年研究中心 (Institute of Juvenile Research) 工作，Shaw 還擔任主任 (Snodgrass, 1976)。

5　Ogburn 取得哥倫比亞大學博士學位後留在母校任教，1927 年加入芝加哥大學社會學系。他的學術資產為科技帶來社會變遷的論點，強調發明、累積、散佈以及調適等過程。

6　Hauser 創立芝加哥大學人口研究中心，並擔任中心主任長達 30 年。

7　Goodman 生於 1929 年，是一位統計學家，1950 年加入芝加哥大學，1987 年前往加州大學柏克萊分校。

芝加哥學派在 1960 到 1990 年間更為巔峰，人口學在 Philip Hauser 與 Donald Bogue[8]的主導下持續成長，民族誌學在 Morris Janowitz 與 Gerald Suttles 的努力下也很有成績。更重要的因素為，社會學系學者在芝加哥大學設立了「國家民意研究中心」(National Opinion Research Center)，而在上世紀 70 年代到 90 年代間，呈現許多研究報告與成果，並主導國家政策。其中許多位學者是當時各領域菁英，包括：研究教育社會學的 James Coleman、Gerry Suttles[9] 與 Morris Janowitz 的社區研究、William Julius Wilson[10]的族群研究、Robert Hauser 與 Douglas Massey 的人口學的研究、研究方法學的 Goodman、研究社會結構與組織的 Edward Laumann[11]等，這幾位學者對這學系及社會學領域，皆有了不起的貢獻。

芝加哥學派在第一波發展時，即關心都市犯罪問題，主要人物為 Park 與 Burgess；第二波學者 Shaw、McKay、Wirth[12]等人也在第一波學者所建的學術基礎上，持續研究犯罪與青少年犯罪問題。

第二節　理論出現的時代背景

社會解組理論的出現有三個時代背景：(1)都市化及其伴隨的社會問題；(2)歐洲知識的影響；(3)實用哲學的推力。

8　Bogue 於 1958 年加入芝加哥大學，1964 年創立《人口學期刊》並擔任首屆主編。2014 年過世，得年 96 歲，最後著作為：《論移民》(A Treatise on Migration) (2014)。

9　Suttles 的經典著作為《貧民區的社會秩序》(The Social Order of the Slum)。

10　Wilson 於 1972 年加入芝加哥大學社會學系，1996 年前往哈佛大學，目前仍是哈佛大學教授，有多個重要著作：《權力、種族主義與聲望》(Power Racism and Privilege)、《下降的種族影響》(The Declining Significance of Race)、《真正的弱勢》(The Truly Disadvantaged) 等。

11　Laumann 1938 年生，哈佛博士，1973 年加入芝加哥大學，現為該校國家民意研究中心 (National Opinion Research Center) 董事會成員，被認為是社會網路分析的先驅者。

12　Louis Wirth 是 Park 與 Burgess 的學生，芝加哥大學社會學系將他列為第一波學者，基於長幼有序之倫理，這裡和第二波學者並列。

一、都市化及其伴隨的社會問題

芝加哥的人口在 1840 年只有 4,470 人，在美國城市排名第 92，但 1860 年時人口快速增加，達 112,172 人，排名大幅躍進到第 9 位，主要原因是因大湖 (Great Lakes) 帶來方便的運輸，以及鐵路興建完成，使得芝加哥成為全美國交通樞紐。興建的商業中心，吸引大經銷商如 Montgomery 與 Ward Sears 等前來，也帶來人口移入。在 1890 年時，芝加哥人口已經超過一百萬，為 1,095,850 人，1950 年時為 3,620,962 人，足足成長三倍，成為中西部最大城市、全美排名第二大城。都市空間大幅擴張，使芝加哥在政治及經濟的影響力也越來越大。

芝加哥學者對芝加哥的城市變化感到興趣，1925 年 Park、Burgess、McKenzie 等三人寫了《城市》(*The City*) 提出區位學的探討，強調都市不只是個地理區，它更是一個文化、風俗、習慣、道德傳統的集合，人們在都市中將這些內涵傳遞和延續，因此，都市涉及的是人與環境互動的科學，都市是由組成都市的人參與都市生活所展現的過程與結果。

芝加哥大學社會學系教授關心到都市社會的生物現象，他們看到新移民移入，帶來他們自己的文化，也帶來社會的衝突與問題，甚至，這些新的移民完全的接替了原來居住在此的人，使這些學者開始思考都市區位特色與社會行為、社會問題之間的關聯。另外，教授們也看到大量人口湧向都市，有來自外國的移民和來自美國本土的移民，他們的來到使芝加哥快速走向多元化、異質化，而人口也不斷的流動，這使傳統生活型態發生變化，社會控制機制失去功能，更帶來貧窮、犯罪、心理問題等，特別是青少年犯罪問題。

社會解組理論的出現應歸功於芝加哥大學社會學系。1920 年代，芝加哥大學社會學系的一群教授，深入探討環境因素與高犯罪率的關係，他們試圖連結社區內的區位特性與社區犯罪問題。這項研究是美國犯罪學學術史上第一個大型的研究，他們採用大量的資料，對犯罪做實際的觀察，提出有系統的犯罪學解釋，其發現受到眾多社會學者的重視，也奠定了後來

的犯罪學研究基礎。

二、歐洲知識的影響

　　芝加哥學派主要受到歐洲四個學術思想的影響：英國博物學家達爾文的進化論、法國社會學家涂爾幹的社會分工與迷亂理論、德國社會學家 Georg Simmel (1950) 的團體大小與社會生活關係，和 Ferdinand Tönnies 的社區研究。

　　芝加哥學派學者深受達爾文適者生存進化論的影響，強調自然界的進化現象，如：競爭、適應、適者生存等原則也存在於都市。都市社會中出現工作與都市空間的競爭，都是都市重要特性，形成自然區，和自然世界是一樣的現象。另外，生物世界的共生現象也存在於都市，人類彼此合作、形成社區，以保護自身的生命與財產。學者也看到都市類似區位入侵、擴張進化的生物現象：都市地理區域逐漸擴大，入侵到其他地區，這樣的地理區擴張現象，稱為都市成長，原來簡單的社會可能變得複雜，或遭到消滅。

　　芝加哥社會學對社會秩序的看法也受到涂爾幹的影響。芝加哥社會學認為當社會內部有高度的凝聚力，將社會中的每個人與制度緊密的聯繫在一起，社會組織便會出現，社會秩序也才能存在。此外，社會規範是每個人都要努力達到的價值與目標，社會規範與對錯、是非等行為有關，更重要者，社會規範必須是一種大家都願意接受社會的共識。對於為何出現偏差問題的看法，芝加哥學派強調：當價值和規範的共識建立，而傳統的標準無法適確發揮作用時，社會便會衝突、解組，大量的偏差問題就會隨之出現。

　　簡單的說，當社會系統的平衡機制在社會變遷的過程中受到干擾，這時衝突與解組最容易發生，而一旦社會控制力量消失，偏差問題自然隨之而來。這些芝加哥社會學的解組理論都與涂爾幹的社會秩序觀、迷亂理論有關。

Simmel (1950) 的社會結合形式 (forms of sociation) 的概念影響著 Park，以及其學生 Hughes (1984) 和 Louis Wirth (1938)。他們重視人口增加對人際關係和互動方式帶來的影響，尤其都市化後，人口增加、集中、異質性增大，衝擊著人類的生活方式，使人與人距離縮小。而匿名性的出現，也使傳統社會控制力量消失，威脅社會秩序。芝加哥學派學者也受到 Simmel 的影響，探討空間的關係和空間分配，他們認為這和進化論的競爭有關，強調競爭的過程會反映在空間的使用方式上，使都市最重要的地方都為一些重要的機構控制。

Simmel (1950) 視社會為一種相互互動過程下構成的結果，社會學旨在研究這些互動的形式，在不同的歷史階段、不同的文化環境之下的持續發展、發生和改變。Simmel 提出的概念成為芝加哥學者研究社區居民互動方式的重要學術資產。

芝加哥社會學也受到德國社會學家 Tönnies 的影響。Park 遊學歐洲時看到 Tönnies 的社區研究，強調從互相幫助與信任的社區 (Gemeinschaft) 發展到以自我為中心的當代社會 (Gesellschaft)，他認為社會學研究需要新的方向，需用當代社會的概念來研究快速變遷的芝加哥，尤其都市人口集合、團體生活機制的新分工、及隨之而來的社會問題。

三、實用哲學的推力

歷史學者 David Jones (1986) 強調，芝加哥學派社會學受 Dewey 實用哲學的影響。從 1894 年到 1904 年間，Dewey 在芝加哥大學建立實用哲學團體，社會學家 Mead 是其成員之一，而 Mead 在社會學影響力極大，他的學生 Blumer、同事 Thomas、Park 等人，也受到他的影響，持續實用哲學的方向，他們探討人口學，都市貧窮問題，或者少年犯罪問題等，在於了解生活世界的問題，以明白如何面對以及適應人類生活的環境。

Dewey (1938) 在《經驗與教育》(*Experience and Education*) 一書的第二章中寫了〈需要一個經驗的理論〉(The need of a theory of experience)，

他強調，哲學在於處理人的問題，而人類必須透過生活經歷，不斷的與人溝通、才能學習、持續發展。

Dewey 也說，人與環境的互動經驗對人類行為有重大影響，經驗是人類學習的基礎。在此一實用哲學的理念下，芝加哥社會學家相信世界的知識必須從生活經驗世界中得知、了解；因此，他們決定走入都市環境、蒐集資料，並尋找區位規則，發展社會學理論。

第三節　重要學者與理論

下列介紹幾個代表芝加哥學派典型的學者，以及他們的理論：

一、Thomas 與 Znaniecki 的波蘭移民

Thomas 與 Znaniecki 重要著作為：《歐洲與美國的波蘭農民》(*The Polish Peasant in Europe and America*)，這本書有 5 大冊，寫於 1918 到 1920 年間。William Thomas 是第一波芝加哥學派學者，1863 年生於維吉尼亞州，他在 1895 到 1918 年間任教於芝加哥大學，後來到紐約大學及哈佛大學任教，是一位社會心理學家。Znaniecki 是波蘭人，生於 1882 年，於 1914 年受 Thomas 之邀加入芝加哥大學，在那裡和 Thomas 開始進行波蘭移民研究，完成寫作後，1920 年 Znaniecki 回到他的祖國，建立「波蘭社會學會」(Polish Sociological Institute)，以及出版《波蘭社會學評論》(*Polish Sociological Review*)，開啟波蘭社會學學術教育。

《歐洲與美國的波蘭農民》是最早的社會學移民研究，探討波蘭移民與美國文化的認同與衝突問題、移民的社會適應問題，以及移民對美國社會的影響。Thomas 與 Znaniecki (1918) 指出，當一個社會群體遭受到新的觀念和生活習慣的衝擊，卻不能有效的與主流社會秩序結合，這時社會解組便會發生。另外，他們也強調，社會解組最常見於社會快速變遷的時候，尤其當社會面臨到大量移民進入之際，在移民團體和這些被移民團體的社

會中，兩個團體之初級關係最易蒙受腐化。

Thomas 與 Znaniecki (1918) 把社會解組定義為：既存的社會標準無法有效控制個人的行為，亦即，社會標準對個人的行為的影響力減弱，而這種解組現象存在於波蘭移民中。他們從移民的日記或信件中發現，一些家庭移民後凝聚力減弱，影響了他們面對新環境適應的態度和其後的人格發展，尤其，當美國的慈善團體無法協助這些移民、社會的法律與道德規範又無法產生社會控制力時，就會開始形成問題。

Thomas 與 Znaniecki (1918) 也提到，新移民在新環境中，他們參與的團體和團體的組成份子，快速地變化；另外，他們對這世界的態度也經常的在改變，這使他們不易受到規範拘束，也不遵守那些被大眾認定的傳統標準，其結果減弱了維持社會秩序的機制，也帶來偏差與犯罪。

二、Park 的《城市》

Park 是芝加哥學派社會學的靈魂人物，1864 年出生於賓州東北部的 Harveyville。畢業於密西根大學 (University of Michigan) 後擔任記者。1899 年又繼續讀書，取得哈佛大學碩士學位，前往德國，於 1903 年獲得海德堡大學 (Heidelberg University) 博士學位。

就讀哈佛時期，Park 本對心理學與哲學感興趣，直到前往德國留學，在那裡受到著名社會學家 Georg Simmel 的影響，才開始接受社會學教育，並影響了他的一生。Park 在德國時又受到蘇聯社會學家 B. Kistiakowski 的影響，使他對當代社區與社會 (gesellschaft) 有興趣，認為可藉以描述美國都市社會的變化。這些經歷成為他後來在芝加哥大學社會系推動人文區位學的學術基礎。

在 1905 年到 1914 年間，Park 曾和黑人領袖 B. T. Washington 共事，推動黑白人的友誼與工作關係。其後，Park 加入芝加哥大學社會學系，並在那裡發展他的人文區位學研究。1933 年他退休，搬往田納西州 (Tennessee)，在費斯克大學 (Fisk University) 任教直到 1944 年 Park 逝世，

享年 79 歲。

Park 是芝加哥學派重要人物，以從事經驗研究及提出人文區位模式的社會學觀點聞名，他曾寫《社會學科學》(*Science of Sociology*) (1921)、與 Ernest W. Burgess 與 R. D. McKenzie 共同出版《城市》(*The City*) (1925)、還有《種族與文化》(*Race and Culture*) (1950)，以及《人類社區》(*Human Communities*) (1952)。

Park 在學術理論上有兩個貢獻：第一，他用兩種區位想像來解釋美國都市的成長：(1)都市的自然區 (natural areas within the city) 的形成；(2)都市內入侵、占據與替代的自然進化過程 (the process of invasion, dominance, and succession)：一個社區完全被另一個替代的過程。第二，為提出人文區位學的都市探討。以下說明之。

1936 年，Park (1936a) 在《美國社會學期刊》(*American Journal of Sociology*) 寫了〈人文區位學〉(Human ecology)，將共生鏈 (web of life) 的生物學概念運用於都市社會的探討。城市的環境也和自然界一樣，會出現達爾文進化論所強調的競爭、適應、適者生存原則之現象。

同為 1936 年，Park (1936b) 在《美國社會學回顧》(*American Sociological Review*) 著〈接替：一個區位學的概念〉(Succession, an ecological concept)。他以生物學接替的概念探討都市中的接替過程，指出人口的移動，從一個地方遷移到其他的地方，會帶動都市的成長，並形成自然區 (natural area) 的生物現象。對 Park 來說，自然區是指都市內一些特定的區域，有著自己所屬的人文特性，可能是特殊文化、經濟活動或族群特色[13]。

Park (1936a) 說，城市內自然區內也存有生物上的自然現象，包括：競爭 (competition)、入侵 (invasion)、支配 (dominance)，以及接替

---

[13] 例如臺北市信義區，101 大樓是臺北市的地標，公司林立，商業活動特別多，為許多知名百貨公司進駐，另外，此地房屋、土地特別昂貴等特有現象和景觀都屬於臺北市信義區這自然區的特色。

(succession) 等。Park 說，這樣的社會區位現象在都市十分明顯，我們可以看到某一文化或某一族群入侵到另外的一個文化或族群；我們也可以看到某一文化或者某一族群完全的取代了另外的一個文化或族群。簡單的說，人與動物一樣，在有限的資源下必須面對生存的競爭，其結果有輸有贏，贏的人取得都市裡較好的區域；輸的人則被淘汰，住到較偏遠的地方，甚至成為流浪漢。

Park (1936a) 也提出都市的區位共生現象 (symbiotic)，大家彼此合作、相互依賴，建立社區過著共同生活，來保護自己的生命與財產安全，並提高適者生存能力。這種共生現象，人類社會比自然界更為明顯，也是都市重要特色。

Park (1936a) 進一步強調都市人文區位學的探討，他說人類社會還是有不同於動物社會之處。他指出人類社會有兩個層次：生物的 (biotic) 和文化的 (cultural)，前者是共生的社會，建立在生存競爭；後者是文化社會，建立在溝通與共識。Park 強調人文區位學關心的都市社會秩序的問題，他認為社會秩序的建立一方面受到競爭的影響，但也受到文化、道德、習俗的影響。

在自然界，因為競爭的關係，影響了動物的人口；在人類社會，也是因為競爭的關係，影響人口問題，尤其是人口居住地理區、居住地點、職業變遷的問題，這些問題還涉及到分工與人口關係。除了生物層面，人類社會更受到文化、道德、習俗的限制。Park (1936a) 稱文化是一個超結構 (super structure)，文化本身是一個指導，並且控制社會各種制度、行為和人際關係等的工具，因此，人類社會的競爭是受到文化、道德、習俗等影響與限制的。

Park 的名言：「社會無處不是個控制的組織」(Society is everywhere a control organization)，也是 Park 論述社會秩序的基礎，對 Park 來說，人類社會不只是呈現於地理區位上，它更是經濟、政治、道德、政治、宗教，以及法律秩序的展示，每一個人也都受到這些層面的影響，而也是因為這些組織的功能，人類才得以互動、整合，且維持我們的生活正常運作，避

免人類的欲望無法控制，或者生活於過度的競爭，帶來衝突與傷害。

　　Park 也說，人文區位學在加入文化、道德、風俗、法律等因素後，就不同於生物以及動物的區位學，也使人類和自然界的關係不同於動物，人類社會的文化層面，以及其他社會層面的因素，更左右著人類行為、人類的區位分配，甚至於社會秩序，而這些都是人文區位學要探討者。

　　Park 的人文區位學也對社會變遷帶來社會解組的問題進行討論，其主要理論論點可見於《城市》。Park、Burgess 與 McKenzie (1925) 強調，當社會越來越走向異質化時，可以預見社會中初級團體的關係發生劇烈變化，原來親密的關係將變得緊張，並導致傳統社會控制機制的減弱，而這些的變遷則衝擊人們例行的日常生活方式，也和傳統道德與社會規範發生斷裂。

三、Burgess 的同心圓模式

　　Ernest Burgess，1886 年生於加拿大，為一個牧師的小孩，於 1908 年進入芝加哥大學攻讀社會學，並於 1913 年取得博士學位，年僅 27 歲，在教師群中，他年紀最小。他在芝加哥大學服務長達 36 年於 1952 年退休，期間擔任過美國社會學會理事長。

　　在《城市》這本書的第二章中，Burgess 寫了〈城市的成長〉(The growth of the city)，他提出區位學的同心圓模式 (concentric model)。這是一個都市發展的概念，城市發展、擴張有一種共同的現象，從中心點的城中區向外

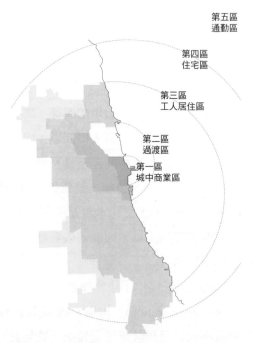

圖 6-1 Burgess 的同心圓模式，從最內圈到外為：城中商業區、過渡區、工人居住區、住宅、通勤區等

第五區
通勤區

第四區
住宅區

第三區
工人居住區

第二區
過渡區

第一區
城中商業區

擴展 (Park, Burgess & McKenzie, 1925: 36–37)。

Burgess 分析芝加哥城市的擴張過程，他找出五種區域，將每一區域稱為自然區。以下由內向外作介紹：

城中商業區 (central business district)：芝加哥城的環狀帶 (Loop)，為城中區、百貨公司、企業公司等的商業活動。

過渡區 (zone in transition)：包圍環狀帶，通常是城中區商業活動擴張的結果，有許多新移民，但居住環境惡化，有很多工廠和遺棄的建築物。第二區過渡區是犯罪活動最多，社會問題最為嚴重的地方。

工人居住區 (workingmen's homes zone)：離開了過渡區為第三區，主要居住者為工廠的工人和他們的家庭，多數住在出租房子或廉價公寓。

住宅區 (residential zone)：有庭院、車庫的小家庭，屬於高級居住區。

通勤區 (commuter zone)：位於郊區，需到城中區工作者，他們從此通勤上班。

每一個自然區皆有其特定的族群、收入、以及工商業的型態。Burgess (Park, Burgess & McKenzie, 1925) 進一步指出，一個自然區的居民在他們的社會經濟地位獲得了改善以後，會移民到較外一層的自然區，而新的居民則會取代他們，舉例來說：工人居住區的人原先是來自情境相當解組與惡化的過渡區，當他們的生活條件改善以後，他們會遷移至情況較好、物價地價較貴的地方。

和 Park 一樣，Burgess 也以生物現象來強調都市發展的過程，包括：入侵、占據、替代等，這些區位的過程持續進行，成就今日都市特色。他說，這種都市的擴張不只是地理區的變遷或商業活動的變遷，也帶來社會組織的變遷，甚至於居民人格與態度的變遷 (Park, Burgess & McKenzie, 1925: 37)。

四、Shaw 與 McKay 的社會解組理論

Clifford Shaw 與 Henry D. McKay 兩人在 1920 年代初於芝加哥大學社

會學系攻讀研究所。受到 Park 的影響,他們對都市問題有興趣,也試圖建構都市犯罪原因。他們特別提出社會解組理論 (social disorganization theory),為一個區位法則,強調都市區位內涵是威脅治安的主要原因。

在 Shaw 與 McKay 的著作《不良少年與都市區域》(*Juvenile Delinquency and Urban Areas*) (1942) 中,Shaw 與 McKay 運用了 Burgess 的同心圓模式概念來研究不良少年。他們檢驗了在 1900–1906 年、1917–1923 年、以及 1927–1933 年間,芝加哥都市的不良少年的逮捕率,這三個年代為高移民的年代,此時城中區人口快速移往郊區,新的移民的來到則取代了城中區原來的人口。Shaw 與 McKay 從中發現,不良少年的出現與所屬族群團體無關,而與他們所居住的環境有關,他們提出兩個主要發現:一、不良少年有集中在特定區的現象;二、不良少年的犯罪率隨著離開城中區逐漸的減少。兩個發現的摘要如下:

1.不良少年犯罪率最高的地區為過渡區,過渡區的社會情境促成偏差行為的出現。

2.穩定的社區有較低的不良少年犯罪率。

3.青少年犯罪率較高的社區,他們的社會價值與犯罪率低的社區不同。

4.低收入區有高的挫折感與被剝奪感。

5.社區的社會情境,例如:過度擁擠、社區環境惡化、外國移民、黑人集中,與青少年犯罪率有直接的關係。

6.低階地區缺少穩定的社會價值。

總而言之,Shaw 與 McKay 發現,青少年偏差或犯罪行為集中在都市的特定地區,另外,青少年偏差或犯罪行為與一個人所居住的區位環境特性有關,而居民的心理挫折與社會價值的不穩定等,都是問題的來源。

加州大學洛杉磯分校社會學教授 Jon Snodgrass (1976) 曾說 Shaw 與 McKay 在 1930 與 1940 年代對犯罪學思想有極大貢獻,他也說《不良少年與都市區域》這本書完整呈現區域解組與犯罪的關係,是本經典的芝加哥學派著作。Snodgrass (1976) 最後歸納出 Shaw 與 McKay 三個重要貢獻:⑴蒐集了不良少年的自傳;⑵研究不良少年的區域分布;⑶創立了「芝加哥

區域計畫」(Chicago Area Project)，這持續長達 30 年之久的不良少年犯罪
預防的計畫，這不僅是學術理論的實踐，還是一個對社會有所貢獻的善舉。

五、Faris 與 Dunham 的都會區心理失常

　　Faris 與 Dunham (1939) 是芝加哥學派學者，曾寫過《都會區的心理失
常：精神分裂與其他心理疾病的區位研究》(*Mental Disorders in Urban
Areas: An Ecological Study of Schizophrenia and Other Psychoses*)，該書主要
在探討都市地區社會變遷對社會秩序的影響。他們以 1920、1930 年代中芝
加哥各地區精神疾病醫院約 35,000 患者的居住地作為分析目標，將每個區
域作為分析單位，並測量該地區的社會解組程度，最後再以城市地圖呈現。
研究指出，城市中高度解組地區（主要集中於都市貧民區）比起有組織、
有系統的地區，偏差行為及心理疾病問題更為普遍。其中原因為，貧窮讓
這些居民無法正常參與社會，造成他們受到隔離，這使他們發展出一種特
有的人格特質，且多是犯罪與精神疾病的特質，而擴大了解組地區的偏差
行為種類與數量。

　　Faris 與 Dunham 是最早探討區域特性與心理疾病的學者。2002 年時，
三位學者嘗試檢驗 Faris 與 Dunham 的論點，但他們引進了個人層面的因
素，主要在比較區位結構特性與個人因素對於心理疾病的影響，他們的資
料來自國家心理健康機構 (National Institute of Mental Health) 的調查，採大
樣本（樣本數為 11,686 個）。經過統計分析，他們支持 Faris 與 Dunham 的
論點：區位的問題，例如：貧窮人口、族群異質性、居住移動等這些區位
結構特質，都影響到精神疾病、憂鬱，以及藥物濫用的問題；個人層面的
特性，例如：性別、年齡、族群、年收入等，則平均分散於各個區域，對
於精神疾病或心理疾病，並沒有出現作用。

　　社區區位劣勢、居住環境惡化、居住移動快、族群背景差異大……這
些都是暴力與心理疾病發生的原因。可知，社區鄰里的結構特性影響了人、
環境與人類生物因素的互動，也對人的生理和心理健康有所影響，進而造

成偏差與犯罪，這是值得重視的問題。

六、Bursik 與 Grasmick 的鄰里控制系統

美國犯罪學家 Bursik 與 Grasmick (1993) 也對社會解組理論的發展有所貢獻，其著作《鄰里社區與犯罪》(*Neighborhoods and Crime*)，提出社區社會控制的概念，於 1980 年代末期復燃的區位研究再度扮演關鍵角色。對於社區內與犯罪有關的重要特性，其論點也和哈佛大學教授 Sampson 一致，強調區位結構因素，包括貧窮、居住移動、異質性、破碎家庭等都是社區社會控制力因素，也關係著社區犯罪問題，其中，他們特別將社區社會控制力分為三大類：私人的、地方性的、公共的。以下說明之：

私人社會控制 (private control)：指家庭、親友、鄰里所建立，較為親密、初級 (primary) 的關係，關係中的成員相互支持、尊重程度，是私人社會控制的指標。而如果私人社會控制不佳，尤其在不同族群、背景、低收入、高失業率的環境之下，會造成居民彼此不信任，社會控制將無法產生力量。

地方性社會控制 (parochial control)：指社區居民透過地方互動的聯絡網，例如學校、教會、志工組織等，帶來的社會控制力。如果民眾採取更為積極的行動，例如參與社區巡守計畫，他們會和學校或教會建立關係，監督社區來來往往的人，並防阻不法份子滋事，這樣的努力將強化社區社會控制力。

公共社會控制 (public control)：指社區運用國家權力所建立的社會控制力。居民參與制度化的機構，如警察局、消防局、環保局等，帶來社區保護與服務的力量。

Bursik 與 Grasmick (1993) 的理論稱之為鄰里控制系統 (system of the neighborhood control theory)，除上述三個層面的社會控制力量外，他們引進正式及非正式的社會關係網路，並納入區位解組的因素，包括：社經地位、居住穩定性、族群異質性等。Bursik 與 Grasmick 認為區位解組影響關

係網路，而關係網路則影響社會控制之行使，也造成了區域犯罪率的差異。
鄰里控制系統理論如圖 6-2。

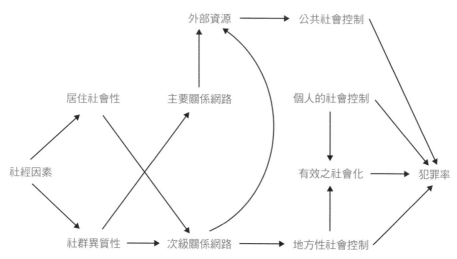

圖 6-2 Bursik 與 Grasmick (1993) 的鄰里控制系統理論

第四節　Sampson 的集體效益理論

　　晚近，美國哈佛大學社會系教授 Robert Sampson 提出集體效益理論
(collective efficacy theory)，他遵循芝加哥學派 Shaw 與 McKay (1942) 的理
論傳統，強調區位在暴力犯罪活
動上的重要角色，他和他的兩位
學術夥伴 Steven Raudenbush 和
Felton Earls 等，重回鄰里社區的
內涵尋找犯罪原因，使芝加哥社
會學古老的社會解組理論再度
回到學術舞臺。

　　Sampson 1956 年生於紐約
州，1983 年取得紐約州立大學

圖 6-3 哈佛大學社會學系教授 Robert Sampson
2008 年 1 月 10 日至臺北大學演講，會後和犯
罪學研究所師生合影

奧本分校 (State University of New York at Albany) 博士學位，於 1991 年進入芝加哥大學社會系任教。在那，受到芝加哥學派學術氛圍影響，以當代都市區位資料提出研究，再度肯定社會解組的理論傳統。

2003 年，Sampson 前往哈佛大學社會學系，並於 2005 年至 2012 年間擔任該系系主任。Sampson 是美國國家院士 (National Academy of Sciences)，曾任美國犯罪學會主席，2006 年獲得美國社會學會 Robert Park 獎、2011 年獲得犯罪學界最重要的學術獎 Stockholm Prize。Sampson 曾於 2008 年赴國立臺北大學犯罪學研究所，並發表兩篇學術演講：《芝加哥和斯德哥爾摩的暴力與社會秩序：比較觀點》(*The Social Order of Violence in Chicago and Stockholm: A Comparative Perspective*) 及《移民，種族與犯罪》(*Immigration, Race/Ethnic Diversity, and Crime*) (2012)，其最新的書籍著作為《偉大的美國都市：芝加哥及其鄰里社區持久之作用》(*Great American City: Chicago and the Enduring Neighborhood Effect*) (2012)。

Sampson、Steven Raudenbush 及 Felton Earls 等三人於 1997 年聯合於知名學術期刊《科學》(*Science*) 提出社區集體效益 (collective efficacy) 的概念，並以之解釋暴力犯罪行為。在這篇論文中，Sampson 等人結合了兩位古典學派犯罪學者的觀點：法國社會學家涂爾幹的迷亂理論、英國哲學家邊沁的功利原則，來建構他們的理論。受到涂爾幹的影響，嘗試從都市社會中尋找維繫社會秩序的力量。他們強調，社會凝聚帶來社會控制力，可減少犯罪；受到邊沁功利原則的影響，他們認為，追求公共利益的居民和具有強烈意願幫助自身社區生活的公民，可提升社會控制力，成就社會秩序 (Sampson, 1997)。

對 Sampson 等人來說，集體效益是社區社會控制的核心概念。社區的成員共同享有的價值觀和共同情感，社區成員也彼此相互信任，願意互助合作，一齊避免暴力與犯罪，在這樣的情況下，社會制度才得以適切地發揮作用，社會控制力也得以提高，以創造一個安全的社區環境。

除提出集體效益理論外，Sampson 等人也實際檢驗理論之效度；亦即：集體效益特性，包括：鄰里居民建立共同價值的能力與意願，以及維持一

個有效率的社會控制機制是否是造成鄰里犯罪活動差異的主要原因。他們使用的分析的資料為 1995 年芝加哥市 343 個區域 8,782 位居民的訪問，以社會凝聚力 (social cohesion) 及非正式社會控制 (informal social control) 兩個社會學概念建構集體效益測量。藉由訪問居民：「這附近的人是否都願意幫忙他們的鄰居？」評估社會凝聚力（指居民相互信任、緊密互動、分享共同價值）；非正式社會控制則以訪問居民是否會對某些情況，如：小孩逃學、小孩到處進行噴漆、小孩對成人不禮貌、有人在你家門口打架、鬧事造成地方圖書館、消防局關門等採取行動，來進行評估。

分析時，Sampson 等人 (1997) 納入弱勢集中 (concentrated disadvantage)、移民集中 (immigrant concentration) 以及居住的穩定性 (residential stability) 等區位特性變數（也是社會解組變數）。他們發現，最能預測暴力犯罪者為弱勢集中、移民集中、居住穩定性，以及非區位特性的前科變數，而在統計迴歸分析的模式中，集體效益則成為預測暴力犯罪最重要的因素的中介變數。

簡而言之，社區的凝聚力配合民眾對社區的信任感，足以讓集體效益作用，發揮社區社會控制力，降低暴力發生率，進而強化社會秩序。

1993 年，Sampson 的〈暴力犯罪的社區內涵〉(The community context of violent crime) 同樣強調社區層面的情境因素是暴力的主要來源，他用巨觀角度探討犯罪問題、社區結構以及文化，發現：低社會經濟地位、髒亂環境、經濟依賴人口多、空間擁擠、健康衛生不良、人口不穩定、個人的社會適應、家庭適應等都是高犯罪率地區的重要特性，也是導致暴力犯罪的原因 (Sampson, 1993)。

Sampson (2005) 還討論到社區層面幾個導致集體效益弱化社會控制的因素，包括：貧窮與剝奪、居民的移動、社區變遷、居住與人口密度、家庭結構問題等，會造成社區社會連結消失，使社區偏差次文化出現。他特別強調，區位結構解組、隔離的問題，勢必會造成文化解組現象，是幫派文化出現及延續的主要原因。Sampson 並表示，任何犯罪學理論除探討社區結構因素外，也必須了解社區社會控制功能消失的問題，特別是街頭幫

派少年，社區社會控制在他們早年成長過程中就已無法發揮功能，再加上同儕次文化的影響，使得許多幫派少年後來成為成人犯。

2006 年，Sampson 再度強調區位的重要，在〈集體效益理論：學習的功課，以及未來探討方向〉(Collective efficacy theory: lessons learned and directions for future inquiry) 一文中，Sampson 認為他所提出的集體效益理論在於修正 Shaw 與 McKay 的社會解組理論 (Sampson, 2006: 149)，他還提到，雖然當代社會走向全球化，人群之間更加的緊密，但鄰里社區仍一直和犯罪活動有關，他認為應該再回到鄰里社區，回到芝加哥學術傳統，尋找鄰里社區的區位特性。不僅要分析社區解組與犯罪的關係，更重要的是，要來回答「為何這關係存在？」。針對此問題的答案，他提出集體效益理論，他認為這是一個對社區產生社會控制過程的社會機制 (social mechanism)，也是暴力、失序，甚至於健康問題的影響原因。

Sampson (2006) 提出的集體效益理論圖如下：

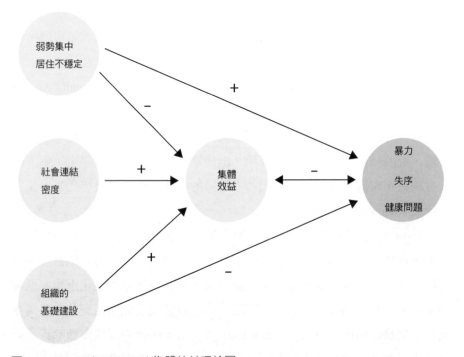

圖 6-4 Sampson (2006: 156) 集體效益理論圖

Sampson 修改了他 1997 年提出的集體效益理論，並提供理論探討新方向。「弱勢集中、居住不穩定」為社區解組的傳統變數，至於「社會連結密度」則指社區社團的數量、地方組織、自願團體數量或密度，他認為這些可以促進集體效益，擴大社會控制力。「組織的基礎建設」指地方犯罪預防與控制的警察、學生學習的學校、社區整潔的環保工作、社區安全的消防等，他們構成了組織的基礎建設，有助於集體效益之提升。至於「集體效益」則仍由 1997 年 Sampson 與他的研究夥伴提出的社會凝聚力以及非正式社會控制力建構之。

Sampson 強調社會結構中弱勢集中、居住不穩定帶來的結構障礙與文化適應、社會適應的問題，更讓社會組織無法發揮他們的社會控制功能，以及對犯罪的控制，並以實證資料支持他們的論點，強調區位情境社會控制力的消失，會帶來暴力與犯罪。

Sampson 2008 年赴國立臺北大學演講時，也說明了集體效益與暴力犯罪成反比的關係，且這關係無論在芝加哥市或在斯德哥爾摩市，都得到相同的結論（見圖 6-5）。

筆者嘗試以校園環境安全感以及學生對於團體共同價值的信賴作為集體效益指標，檢驗校園的集體效益特性是否提升社會控制力，進而強化學生面對霸凌攻擊時的社會控制力。

筆者分析樣本來自 5,598 位臺灣學生，研究發現：認為學校安全環境不錯的學生，對關係霸凌、身體霸凌、網路霸凌等攻擊，做出向老師告訴的社會控制行

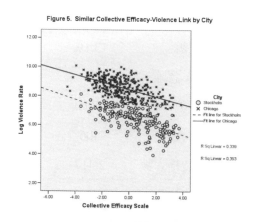

圖 6-5 Sampson 比較芝加哥與斯德哥爾摩市集體效益與暴力犯罪關係 (Sampson, 2008)

動，比例高於認為學校安全環境差不多或危險的學生。這個發現顯示：學校環境的集體效益可強化社會控制，安全校園環境增強了學生的社會控制

力，強化學生對霸凌攻擊者做出告訴的社會控制行動（見表 6-1）。相同道
理，學生認為校園中老師公平對待每位同學者，對口語霸凌、關係霸凌、
身體霸凌等之攻擊，做出向老師告訴的社會控制，其比例高於不同意的學
生。認為還好的學生，網路霸凌由於做出告訴的人數甚少，看不到差異，
這顯示學生有校園共同社會價值，學生信賴學校者，將有助於社會控制力
之強化，自然也會降低暴力犯罪的發生（見表 6-2）。

　　筆者的研究支持集體效益理論，社區環境和社會控制力有關，也和暴
力或霸凌有關，如此，少年犯罪之預防需要從團體內涵思考，其中，校園
安全環境好、團體共同價值之認同與信賴、校園利他價值高，皆有助於提
升社會控制力、減少霸凌攻擊。

表 6-1　「我們學校有沒有比去年安全」和「向學校提出告訴」比例分析

	口語霸凌	關係霸凌	身體霸凌	網路霸凌
比去年安全	183	125	123	18
計數	24.9%	26.6%	23.1%	14.8%
差不多	207	128	142	24
計數	13.1%	13.7%	13.3%	9.3%
比去年危險	16	8	7	3
計數	16.7%	12.3%	9.1%	8.6%
總數	406	261	272	45
遭受霸凌樣本數	2,417	1,470	1,679	415

表 6-2　「老師公平對待每位同學」和「向學校提出告訴」比例分析

	口語霸凌	關係霸凌	身體霸凌	網路霸凌
不同意	13	7	9	3
計數	12.9%	10.8%	13.0%	14.3%

沒意見	21	12	20	3
計數	9.5%	8.8%	12.4%	6.8%
同意	110	75	74	8
計數	20.9%	23.4%	19.6%	9.5%
總數	144	94	103	14
遭受霸凌樣本數	848	523	607	149

社會解組理論在沉寂了近 50 年之後，Sampson 再度使這個理論傳統受到學術界重視，Sampson 堅持區位因素對犯罪行為的影響，遠超過個人因素，不管是社會學因素或者心理學因素。Sampson 回到涂爾幹社會事實的觀點，強調社會環境自身對人類行為的關鍵性；Sampson 還告訴我們，團體的凝聚力、氛圍和團體成員共同的情感，建立共同價值的意願，這些在區位解組與暴力犯罪的關係中，扮演著重要角色機制。

第五節　結　論

芝加哥學派延續著歐洲學術思潮傳統，探討當時正在擴張的芝加哥都市區位變化以及其伴隨著的犯罪問題。他們用的研究方法是人類學的民族誌研究和社會學的田野研究。利用地圖將犯罪資料在地圖上呈現，這結果使得他們發現犯罪集中於特定地區。同時，他們用人文區位學觀點，找出地理區的社會解組特性，例如：區位環境的惡化、弱勢貧窮的團體、區域內族群異質性居民居住上快速移動等，這些造成社會控制力的消失，並帶來犯罪。

芝加哥人文區位學是社會學在美國一開始時的理論典範，其強調的穩定社區、共同社會價值、社區凝聚力等，和法國社會學家涂爾幹的社會事實、社會秩序觀是一致的。

社會解組理論的發展，在 Sampson 加入芝加哥大學之後，又出現另一

個新的發展面貌，Sampson 仍堅守芝加哥大學的理論傳統，強調社區結構內涵是暴力的源頭，但他提出集體效益理論，強調傳統的社區凝聚力以及非正式社會控制力，將共同建構區域社會秩序，也是區域呈現暴力犯罪差異的主因。

Sun、Triplett 以及 Gainey (2004) 三人曾經檢驗 Sampson 的理論，基本上，他們支持 Sampson 大方向的論點，認為社區結構確實與暴力犯罪有關，尤其是強奪犯罪 (robbery)，但是他們的研究卻發現 Sampson 集體效益的中介變數，對於暴力犯罪之影響並不明顯，只有地方性社會組織變數與暴力犯罪呈現負向的關係。據此，三位學者修正 Sampson 的理論，並建議集體效益可以思考社區其他結構內涵：例如：學校、商業活動、教會、警察等公共的社會控制，社區委員會甚至於社區互助團體等，將有助於強化 Sampson 的集體效益理論典範。

近代學者 Stark (1987) 提出偏差地點理論 (deviant places theory)，他支持社會解組的解釋。此理論強調，都會區特定地點有高的犯罪率，另外，他指出，高犯罪率地區通常有下列特性：人口密度高、貧窮、族群人口混雜、土地沒有區分住宅或商業區（住商混合使用）、人口流動性高、荒廢地多、居民有強烈的犬儒 (cynical) 心理[14]、犯罪機會多、犯罪動機強、社會控制力弱，這些都是區位解組主要特性。

社會解組理論也受到 Matthew T. Lee 與 Ramiro Martinez Jr. (2002) 的挑戰，兩位寫了〈再訪社會解組〉(Social disorganization revisited) 提出移民活化理論以反駁社會解組理論。Lee 與 Martinez (2002) 表示，傳統上社會學者利用製圖方法分析犯罪在空間上的分配來評價社會解組的理論，強調移民和少數族群的異質性弱化社會控制，也增加社區犯罪，只是他們認為如採用統計分析方法，或許可得到不同的結論，據此，他們分析位於邁阿密北邊，有許多來自海地移民的殺人犯罪問題。使用量化統計分析法，他們發現，移民與殺人犯罪率無關，移民確實是出現弱勢者集中現象，但

---

14 犬儒乃指玩世不恭，不信任別人，也不相信人類善良的本性與動機。

邁阿密海地的移民卻活化了城中區，且未帶來社會解組或犯罪問題。如此，區域的貧窮並不是犯罪的主要原因，區域社經地位的不平等，以及居民因為不平等帶來的不滿、心理挫折，這才是暴力的主因，也是未來可以探討的方向。

學習重點提示 ◈

1. 請介紹涂爾幹的迷亂理論的時代背景，並說明他的迷亂論對於犯罪學理論的影響，例如：緊張理論、以及次文化理論。
2. 請說明影響芝加哥學派社會解組理論出現的時代背景。
3. 請說明 Dewey 實用哲學的內涵，並請說明實用哲學對於芝加哥學派犯罪學的影響。另外，請說明芝加哥學派學者 Park 的社會過程的概念，以及 Park 與 Burgess 的自然區與同心圓，Shaw 與 McKay 的過渡區等的概念。
4. 美國犯罪學由芝加哥學派的社會解組理論開始，試問理論的歷史背景與基本論點，也請說明 Park 與 Burgess，以及 Shaw 與 McKay 等學者的論點。
5. 哈佛大學社會學者 Robert Sampson 嘗試結合涂爾幹的迷亂理論和邊沁的功利原則，以建構集體效益理論 (collective efficacy theory)，試就其理論內涵說明之。

參考書目

侯崇文 (2018)。集體效益與校園霸凌之社會控制行為。*教育部 106 年度防治校園霸凌理論與實務研討會會議實錄*，179–206。臺北市：教育部。

Bursik, R. & Grasmick, H. (1993). *Neighborhoods and Crime: The Dimensions of Effective Community Control*. New York, NY: Lexington Books.

Dewey, J. (1938). *Experience and Education*. New York, NY: Kappa Delta Pi.

Faris, R. E. & Dunham, H. W. (1939). *Mental Disorders in Urban Areas: An Ecological Study of Schizophrenia and Other Psychoses*. Chicago: University of Chicago Press.

Hughes, E. (1984). *The Sociological Eye. Selected Papers*. Transaction Edition, with a new introduction by David Riesman and Howard S. Becker.

Jones, D. (1986). *History of Criminology: A Philosophical Perspective*. CT: Praeger Publisher.

Lee, M. & Martinez, Jr. R. (2002). Social disorganization revisited: mapping the recent immigration and black homicide relationship in Northern Miami. *Sociological Focus*, 35 (4), 363–380.

Park, R. E. & Burgess, E. W. & McKenzie, R. D. (1925). *The City*. Chicago: University of Chicago Press.

Park, R. (1936a). Human ecology. *American Journal of Sociology*, 42, 1–15.

Park, R. (1936b). Succession, an ecological concept. *American Sociological Review*, 1 (2), 171–179.

Sampson, Robert J. (1993). The community context of violent crime, *Sociology and the Public Agenda*, edited by William Julius Wilson. Newbury Park, CA: Sage Publications, 259–286.

Sampson, R., Raudenbush, S. & Earls, F. (1997). Neighborhoods and violent crime: a multilevel study of collective efficacy. *Science*, 15 (5328), 918–924.

Sampson, R. (2006). Collective efficacy theory: lessons learned and directions for future inquiry, *Taking Stock*, edited by Francis Cullen, John Wright, & Kristie Blevins, New Brunswick, NJ: Transaction Publishers, 149–167.

Sampson, R. (2012). *Great American City: Chicago and the Enduring Neighborhood Effect*. Chicago: University of Chicago Press.

Simmel, G. (1950). *The Sociology of Georg Simmel*, translated, edited by Kurt Wolff. New York: the Free Press.

Shaw, C. R. & McKay, H. (1942). *Juvenile Delinquency in Urban Areas*. Chicago: University of Chicago Press.

Short, J. (2002). Criminology, the Chicago School, and sociological theory. *Crime, Law & Social Change*, 37, 107–115.

Snodgrass, J. (1976). Clifford R. Shaw & Henry D. McKay: Chicago criminologists. *British Journal of Criminology*, 16 (1), 1–19.

Stark, R. (1987). Deviant places: a theory of the ecology of crime. *Criminology*, 25, 893–910.

Sun, E., Triplett, R., & Gainey, R. (2004). Neighborhood characteristics and crime: a test of Sampson and Groves' model of social disorganization. *Western Criminology Review*, 5 (1), 1–16.

Thomas, W. I. & Znaniecki, F. (1918). *The Polish Peasant in Europe and America*. 5 vols.

(1918–20).

Wirth, L. (1938). Urbanism as a way of life. *American Journal of Sociology*, 44 (1), 1–24.

圖片來源

圖 6-1：侯吉甲繪製

圖 6-3：筆者提供

圖 6-5：擷取自國立臺北大學 Robert Sampson 演講 PPT

第七章

犯罪次文化理論

第一節　次文化理論出現之學術背景

　　文化是社會學重要概念，英國人類學家 Edward Tylor (1871: 1) 對文化的定義最著名，他說：「文化是一個所有事物的結叢 (complex whole)，包括知識、信仰、藝術、道德、法律、風俗習慣及人類在社會裡所有一切的能力與習慣。」社會學家 Paul H. Landis (1998: 75) 的暢銷書《社會學：其概念與特性》(*Sociology: Concepts and Characteristics*) 這樣定義文化：「是一個社會成員學習及共同擁有的信仰、風俗習慣、技能、舉止、傳統、知識等複雜集合體。」Landis 沒有改變 Taylor 的定義，且又強調了文化是人類社會各種事物的集合體。但社會學家相信，文化不僅如此，它還是社會秩序的基礎，人類學習之，進而參與社會、適應環境，並讓社會代代相傳、延續之所依 (Kroeber & Parsons, 1958)。

　　對犯罪學家來說，他們也關心文化與治安的關係，其中又更關心次文化問題，特別是犯罪團體的次文化，例如：年輕幫派、吸毒、飆車族次文化。次文化是指社會上各種團體、獨特的且不同於一般社會團體的特質、信仰和興趣。這些團體成員通常也接受主流社會的文化，但他們又有著自己的特有生活方式或價值觀。犯罪學家認為，這些犯罪團體的次文化往往和主流文化對立、衝突，或具有犯罪偏差。

　　次文化是團體成員社會化的態度與價值觀，是其團體成員給予各種事物或社會情境之定義，也是他們的意義 (meaning) 表達[1]，具有個人主觀性，且關係著人們的世界觀、態度、價值觀，以及和這世界互動的方式。另外，次文化也影響人是否選擇參與犯罪活動或過著遵守法律的生活，這是次文化在犯罪學上的重要性。

　　這一章我們要討論犯罪次文化的內涵、次文化如何出現等問題，另外，次文化和主流文化對撞後所帶來的問題又為何，這也是本章要討論者。

1　意義乃人主觀對於事物之解釋，將於下一章討論。

一、Whyte 的《街角社會》

犯罪學在 1940 與 1950 年代出現一個新的發展，和次文化理論有關，是由 William Whyte 1943 年的《街角社會》(*Street Corner Society*) 開始，他告訴我們貧民區的居民靠賭博方法來改變他們的社會地位，而非以教育或工作等傳統方法。Whyte (1943) 的論點讓學術界看到特定團體特有的生活方式，也開啟犯罪學對於次文化的討論。

《街角社會》在 Whyte 於哈佛大學就學時便開始著作。他使用田野研究法，親自在社區中進行參與觀察，地點選在哈佛大學所在地波士頓城的北邊，一個被稱為北邊緣 (North End) 的義大利社區，Whyte 自己則稱這地方為 Cornerville。從 1937 年 2 月到 1938 年 5 月，Whyte 住到一個開餐館的義大利家庭，和他們一起生活，同時觀察街角小孩。1940 年，他完成《街角社會》的創作，同時離開波士頓，進入芝加哥大學社會學系攻讀博士，1943 年芝加哥大學幫他出版此作。這本書被翻譯成多國語言，發行量之大，後來成為參與觀察法的經典著作。1993 年此書第四版發行，內容增加了〈五十年後的街角再訪〉(Revisiting street corner society after 50 years)，同時，Whyte 改寫前言，再度強調街角小孩文化現象存在的事實及其意義。

Whyte 觀察此社區的移民小孩，稱其為「街角小孩」(corner boys)。他發現這些街角小孩有著獨特的社會生活，和中產階級小孩（他稱為「大學生」(college boys)）截然不同。街角小孩有自己的組織、階層、幫派生活與認同；再者，這些街角小孩嘗試逃避學校老師和一些正向角色模式，最終導致他們出現不良少年暴力次文化。

二、Wolfgang 的暴力次文化

另外一個社會學家的研究也和犯罪學次文化理論發展有關，他是賓州大學 (University of Pennsylvania) 社會學教授 Marvin Wolfgang。1967 年，他寫《暴力次文化：一個犯罪學的整合理論》(*The Subculture of Violence:*

Towards an Integrated Theory in Criminology)，為暴力次文化經典著作，也是第一位以暴力次文化解釋黑人高暴力犯罪、謀殺犯罪的學者。

Wolfgang 於 1924 年生於美國賓州，在參與第二次世界大戰後，進入大學接受教育，並分別在 1950 年與 1955 年取得賓州大學碩士學位暨博士學位，後來留在母校任教，並從 1962 年開始主持「雪林犯罪學與刑法研究中心」(Sellin Criminology Center for Studies in Criminology and Criminal Law) 長達 36 年，直至 1998 年 Wolfgang 過世止。

Wolfgang (1958) 研究資料來自費城 1950 年代中葉，588 個犯罪殺人事件，核心發現為：黑人的暴力犯罪特別嚴重，殺人在都市社區的黑人團體中有最高的犯罪率。Wolfgang 並提出「暴力次文化」的解釋，認為黑人團體的價值系統構成暴力次文化，暴力犯罪是這種次文化的反應 (Wolfgang & Ferracuti, 1967)。

Wolfgang (1958) 指出次文化是社會一些團體的行為與價值規範系統，次文化的範圍比整體社會小，但其行為規範系統對於成員之約束力可比法律還快速有效，如果有人在那個團體裡違反其規範，將引起該團體的反應，可能出現懲罰行動。Wolfgang (1958) 也說，少年次文化、監獄受刑人次文化、階級次文化、族群次文化等，都透過學習的過程傳遞，有些人則是在一出生的時候就開始受到影響。

Wolfgang 指出，不同的社會團體往往有他們自己對於行為的期望，彼此的身家背景也不盡相同，這也使不同團體成員對於社會情境的定義有所差異，在這種情況下，團體之間的互動往來，往往造成衝突、對抗，甚至於暴力，而很多情況，暴力次文化是弱勢團體對主流文化的反抗與表達。

Wolfgang 提及暴力次文化的特性，他說，整個文化接受一套價值、符號，也同意使用暴力、鼓勵暴力並期待暴力，且隨時用暴力來做出反擊。暴力次文化還強調懲罰那些離異的人，如果其成員與次文化對抗，會被視為一種違規，這很有可能遭受團體的制裁。另外，Wolfgang 認為使用暴力的態度發展問題，是透過學習及差別學習，例如交往或者認同的過程，而如果成員和次文化的整合度高，次文化的規範會成為他們的行為規範，會

和他們的人格整合，使他們接受使用暴力。

Wolfgang 也說明次文化的主要內涵在於定義暴力的合法性和珍惜暴力。Wolfgang 強調，在暴力次文化中，暴力之使用並不被視為是一種不當的舉止，因此，使用者不需要處理他們因暴力帶來的罪惡感問題。

Wolfgang 沒有說明次文化如何開始與如何出現，但他把他的學術想法歸功給 Cohen，並說：「他是第一個，且給了最豐饒的理論的陳述。(the most fertile theoretical statements)」(Wolfgang & Ferracuti, 1967: 97)，顯然，Wolfgang 贊同 Cohen 有關次文化出現的論點，強調低階者在結構適應上的挫折正是偏差次文化出現的主因，後面將討論 Cohen 的理論。

犯罪學次文化理論建立於社會學結構論傳統，自然應該再回到涂爾幹與 Merton 的迷亂理論討論，如此我們才能真正了解犯罪次文化的本質。而相信，次文化理論學者更是對涂爾幹與 Merton 理論傳統的批評與反省，涂爾幹與 Merton 強調社會情境的迷亂與偏差行為有關，人們也因為結構性因素而面臨迷亂，並成為迷亂情境受害者，然而，次文化理論學者強調，迷亂者往往會進一步拒絕社會價值，並發展出屬於自己的價值，但是這些人卻願意在這種偏差價值下追求一些被他們自己認為的「成功」。

以下探討幾位犯罪學次文化學者，他們皆從進化論角度切入了解犯罪次文化的出現及其特性，包括：Albert Cohen 的不良少年次文化、Water Miller 的焦點關注、Richard Cloward 和 Lloyd E. Ohlin 的差別機會理論及 Sellin 的文化衝突與犯罪等。

第二節　Cohen 的不良少年次文化

Cohen 的背景筆者曾在第五章中提及，他是著名犯罪學家、哈佛大學博士、受教於結構論大師 Talcott Parsons，畢業論文為〈不良少年與社會結構〉(Juvenile Delinquency and the Social Structure)。取得博士候選人資格之後，於 1947 年前往印第安納大學任教，1951 年回哈佛大學完成博士學位。1965 年，Cohen 離開印第安納大學前往美國康乃狄克大學 (University of

Connecticut) 任教。1988 年，Cohen 退休，2014 年過世。Cohen 曾是位軍人，擔任陸軍中尉，1946 年退伍，期間曾在菲律賓待一年，在那裡認識當時在美軍工作的東方小姐 Nati，兩人後來在 Cohen 回哈佛大學完成博士學位期間結婚 (1948)。

Cohen 是次文化理論重要社會學家，他追隨 Whyte 腳步，於 1955 年寫《不良少年：幫派的文化》(*Delinquent Boys: the Culture of the Gang*)。這本書是犯罪學重要著作，提出中產階級強調成就的價值觀是不良少年的魔咒。依據 Cohen 的說法，低階小孩被要求要在中產階級制度下生活，他們必須進入學校體系，且達成學校期待，但這些小孩礙於家庭及經濟因素，沒有足夠資源讓他們能裝備自己，因此在學校無所表現，這使他們遭遇挫折，於是起而反抗。他們反對學校價值，與此同時，他們選擇加入具有相同背景的團體，形成了次文化。這些小孩在次文化團體得到地位與身分，是讓他們自己能有社會生活的唯一方式，是社會適應必然結果，次文化於焉形成。

Cohen 的理論重點有三：「中產階級測量標竿」(middle class measuring rod)、「地位挫折」(status frustration) 以及「反應形成」(reaction formation) 等概念。

1. 中產階級測量標竿

Cohen 雖批評 Merton 的理論，但其理論卻是建立在 Merton 的理論之上。對 Cohen 來說，Merton 的文化目標（即「美國夢」），他稱之為「中產階級測量標竿」(middle class measuring rod)，這是一套美國中產階級家庭、老師或社會工作員等，他們用來評價小孩的標準。Cohen 認為，所有小孩的成長過程中，都社會化了這些價值觀，建立成為小孩的目標與理想，這些事實上也是美國社會秩序的基礎。

「中產階級測量標竿」強調下列幾個價值：

1. 雄心、抱負 (ambition)。
2. 個人責任 (individual responsibility)。

3.有形的成就 (tangible achievement)。

4.努力與節儉 (industry and thrift)。

5.理性 (rationality)。

6.規矩與禮貌 (cultivation of manners and courtesy)。

7.身體攻擊與暴力 (control of physical aggression and violence)。

8.勿浪費光陰 (not waste time)。

9.強調對於財產的尊重 (emphasize respect for property)。

2.地位挫折

雖然每個小孩都社會化這些價值，但低階者由於結構性階級的因素，擁有較少的資源，在校成績也普遍不好，因此他們很容易遭受挫折，並且變得不願意追求中產階級的標竿，Cohen 稱此現象為「地位挫折」(status frustration)，屬小孩角色身分的挫折。Cohen 進一步指出，小孩會對他們的挫折做出反擊，他們除否定原來認為重要的價值觀外，他們還會與和他們擁有相同生活經歷的人在一起，學習偏差價值觀。

3.反應形成

在經歷「地位挫折」以後，小孩對原先所相信的價值觀做出反擊，這種心理 Cohen 稱為「反應形成」(reaction formation)，這也是這些小孩後來參與幫派，形成偏差次文化的主因。

Cohen 認為偏差的次文化包括了下列幾項：

1.惡意 (malicious)：行動帶有懷恨、污辱、嘲笑、挑戰、反抗的心理，例如：討厭某位老師便破壞老師的桌子，這是惡意的行為。

2.負面的 (negativistic)：否定社會的行為規範與標準，例如：否定成就的價值。

3.非功利的 (non-utilitarian)：犯罪不在於解決特定生活目的，例如：塗鴉、破壞學校東西、逃學。

4.多樣性 (versatility)：沒有特別專精的犯罪，就算犯罪也是多樣的，例如：

偷竊啤酒、水果、運動設備或車子⋯⋯什麼東西都偷。

5.即興的 (short run)：他們的行動往往是臨時的，在於尋求短暫滿足而已。

6.享樂主義的 (hedonism)：沒有長遠的目標，做事沒有計畫，沒有控制活動的時間，可以在街角或電玩店停留整個晚上。

7.團體的自治 (group autonomy)：除了來自於團體的非正式壓力外，他們不喜歡任何的人或者學校權威團體來管制或規範他們的活動。

綜上，Merton 強調個人社會迷亂的問題，因此認為，犯罪或偏差行為屬於個人因適應而引起的問題，Cohen 則認為，迷亂是社會結構特定團體的問題，亦即，一些有相同社會經濟背景、相同生活經歷與挫折的青少年，在面對整個社會的文化與價值壓力，他們沒有成功，所以他們對這種的挫敗進行反擊，共同尋求一套解決方法，偏差次文化在這樣的背景下產生。

另外，Cohen 強調青少年偏差行為的發展是循序漸進的，是一種參與社會所引發的結構適應與結果：小孩從社會化中產階級的價值觀開始，再經歷學校的失敗與挫折，接著對主流文化做出反抗（即 Cohen 所稱的「反應形成」），最後，參與偏差行動，形成犯罪次文化。總而言之，對 Cohen 來說，偏差行為來自社會迷亂的情境，但並非迷亂的立即產物。

Cohen 的次文化理論簡要圖如下：

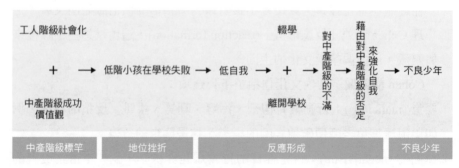

圖 7-1 Cohen 不良少年次文化發展過程：中產階級標竿、地位挫折、反應形成、不良少年

第三節　Walter Miller 的焦點關注

次文化論另外一個重要人物是哈佛大學犯罪學家 Walter Miller，1958年提出低階者的焦點關注 (focal concerns)，也是低階者的價值與和社會互動的態度，包括：麻煩 (trouble)、凶狠 (toughness)、小聰明 (smartness)、刺激 (excitement)、命運 (fate) 以及自治 (autonomy)，Miller 認為這種次文化主要來自以母親為主的單親家庭。

Miller，1920 年生於費城，1948 年拿到芝加哥大學人類學碩士學位，其後在哈佛大學取得博士學位。1957 年到 1964 年，Miller 是美國健康教育福利部國家心理健康機構 (National Institute of Mental Health) 波士頓羅克斯伯里幫派不良少年研究計畫 (Boston Roxbury Gang Delinquency Research Project) 的主持人，由於他本身是一個爵士音樂家，他可利用這才能，幫助他與幫派少年之互動，這也關係著他的論文。

從 1974 到 1980 年間，他擔任國家幫派調查 (National Youth Gang Survey) 主持人，這是美國第一個國家級的幫派少年研究，研究中心設置於哈佛大學。在卸任國家幫派調查主持人後，他仍持續擔任此研究計畫顧問。Miller 最後於 2004 年過世。

Miller 的重要論文是 1958 年在《社會問題期刊》(*Journal of Social Issues*) 出版的〈低階文化作為幫派不良少年的形成環境〉(Lower class culture as a generating milieu of gang delinquency)。此作主要強調，幫派不良少年原先都是一般正常的小孩，他們想要成功，想達到中產階級小孩追求的目標，但低階級與工人階級的身分背景，使得他們的努力是挫折的，造就他們發展出偏差文化，這些偏差文化 Miller 稱為「焦點關注」(focal concerns)。

Miller (1958) 總共提出六個低階小孩的「焦點關注」，這些也相當於是低階小孩的價值觀，包括：

　1.惹麻煩 (trouble)：整日惹事上身，帶給別人許多的麻煩。

2.凶悍 (toughness)：使用各種的方法表示凶悍，例如：大聲講話、說髒話或以威脅控制他人。

3.小聰明 (smartness)：看起來對應敏捷。例如：不喜歡吃蝦子的小孩，趁父母不注意時把它扔掉，還說吃了；考試作弊得高分，而得意洋洋……這些都是小聰明。

4.追求刺激 (excitement)：追求犯罪帶來的快感，也在追求犯罪帶來的身分與地位。

5.相信命運 (fate)：認為個人無法控制在他眼前的未來，一切好壞都交由命運決定。

6.自治 (autonomy)：不喜歡任何人的管束。

Miller (1958) 更認為低階級家庭多以女性戶長為主，而這種以女性為主體的家庭結構會導致少年偏差行為。Miller 解釋，由於在這種低階級的家庭裡，男人無法完全參與小孩的養育工作，他們在家裡是沒有地位，也可能是被拒絕的；其結果，年輕低階級的男孩失去了父親角色的認同感，他們沒有學習與模仿的對象，只能跑到街頭上尋求自己的角色與地位。

第四節　Cloward 與 Ohlin 的差別機會理論

Richard Cloward 是一位美國人，他的犯罪次文化理論出現在下列文章中：〈不法方法、迷亂與偏差行為〉(Illegitimate means, anomie, and deviant behavior) (Cloward, 1959) 以及他和 Lloyd E. Ohlin (1960) 共同寫的一本書《不良少年與機會：一個不良少年幫派的理論》(*Delinquency and Opportunity: A Theory of Delinquent Gangs*)。其中強調，不良少年用非法的方式達到成功是犯罪與次文化出現的主要原因。

Cloward，1926 年生於紐約州西北邊的羅徹斯特市 (Rochester)，父親是一位牧師，母親是一位藝術家和社運人士。1949 年他於羅徹斯特大學完成大學教育，1950 年在哥倫比亞大學取得社會工作碩士學位。1951 到 1954 年間，Cloward 在軍方工作，退役後，加入哥倫比亞大學，在社會工

作系任教，並於 1958 年取得哥倫比亞大學社會學博士學位。2001 年，Cloward 過世，他在哥倫比亞大學任教時間長達 47 年。

Cloward 與 Ohlin 在犯罪學上最大的貢獻是他們的著作《不良少年與機會》，強調低階者貧窮和達到成功的機會管道不足，使他們走向犯罪的路，所以最好的解決少年犯罪問題、預防少年犯罪的方法，就是提出各種社會計畫幫助他們，給他們參與社會、適應社會的機會。至於犯罪次文化的問題，他強調：犯罪次文化是犯罪機會的產物，不同的犯罪機會帶來不同的次文化。而他們也強調，人類社會適應的方式並非人人相等，有機會犯罪的人也並非都有成功機會，有些人後來可以以犯罪為生，但有些人則成為邊緣人、流浪漢；Cloward 與 Ohlin 這樣的論點帶有強烈進化論的色彩。

Cloward 與 Ohlin 的理論稱為差別機會理論 (differential opportunity theory)。

Cloward 與 Ohlin 批評 Merton，他們認為 Merton 只有討論達到成功的合法方法與機會，而認為犯罪則是機會消失的產物，對此，Cloward 與 Ohlin 提出了不一樣的看法；他們強調，有些人以不合法的方法和機會達到成功，這是為了適應不得不做的選擇，而這樣的機會結構差異將帶來不同的次文化。

Cloward 與 Ohlin 進一步指出，雖然有些人以不合法方法達到成功，但是這種機會也並不是人人都有或者人人相等，與用合法方法達到成功的機會也不是人人相等是同樣的道理；社會上有不同的機會結構，無論為合法或非法，其中，不法方法達到成功的機會結構導致了各種不同次文化產生。

據此，Cloward 與 Ohlin 提出三種的次文化：(1)犯罪次文化 (criminal subculture)：這種人沒有成功管道，但他們嘗試創新，找到不法成功機會，也成為青年所效法，拉攏更多人從事犯罪；(2)退卻次文化 (retreatist subculture)：這種人連用犯罪方式達到成功的機會都受阻，他們變得退卻、退縮，這些人發展為流浪漢或者為吸毒次文化；(3)暴力次文化 (violent subculture)：也有稱衝突次文化 (conflict subculture) 者，這種人不但沒有合

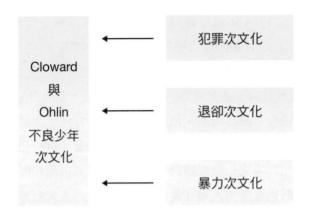

圖 7-2 Cloward 與 Ohlin 三個不良少年次文化類型

法成功的機會，同時也沒有非法成功的機會，這些人因而變得非常暴力，用暴力解決問題，發展出暴力次文化。

筆者曾研究臺灣黑幫少年，發現不同的犯罪機會結構造成不同類型的黑幫少年次文化，包括：(1)暴力次文化；(2)犯罪次文化；(3)毒品次文化等。此外，筆者也發現，黑幫少年次文化與黑幫獲取不法利益本質和暴力控制地盤有關。

筆者認為，黑幫少年暴力活動甚多，涉及暴力毆打、尋仇和校園霸凌暴力。暴力者經常使用木棒、棒球棒等用具，也有用西瓜刀、短刀、折疊刀等武器，這樣的表現屬黑幫少年的「暴力次文化」。另外，經研究發現，犯罪是黑幫社會存在的主要目的，從犯罪衍伸的行徑：討債、恐嚇、經營賭場、色情、販毒……都是黑幫世界的核心活動，因此，少年加入黑幫，自然就有參與犯罪的機會，因而出現「犯罪次文化」。

同時，毒品深植黑幫世界，是黑幫世界不可或缺的一環。黑幫從毒品販賣中賺取暴利，並以毒品控制黑幫的成員，因此，身處在黑幫中的青少年，非常有機會接觸毒品，甚至於吸毒，造就了黑幫少年的「毒品次文化」。然而，毒品次文化會對黑幫帶來負面影響：吸毒的黑幫成員若染上毒癮，將會情緒不穩變得暴力而難以控制，甚至因為毒癮犯罪而為警察關注，造成黑幫營運上的麻煩。

第五節　Sellin 的文化衝突與犯罪

　　Thorsten Sellin 出生於瑞典，17 歲搬到加拿大安大略省 (Ontario) 後，前往美國接受教育。1915 年，他完成伊利諾州 (Illinois) 奧古斯塔納學院 (Augustana College) 的大學教育，於 1916 年前往賓州大學 (University of Pennsylvania) 完成碩士學位。之後，他曾到明尼蘇達大學 (University of Minnesota) 進行短暫進修，但 1922 年又回到賓州大學完成社會學博士學位。取得博士學位之後，Sellin 留任母校社會系任教，並於 1944 到 1959 年間擔任系主任。在賓州大學服務長達 45 年，Sellin 於 1967 年退休。

　　Sellin (1938) 強調，犯罪是次文化與主流文化互動與衝擊的產物，不同社會價值或規範之間如果發生衝突，將會帶來犯罪。

　　兩個社會學家對文化衝突與犯罪的論述影響了 Sellin 的觀點：一位是 Frederic Thrasher (1927)，他曾研究 1,313 位幫派少年並發現，幫派文化與他們所處的社會之主流文化或社會規範往往產生衝突。幫派文化強調喝酒、賭博、抽菸、性等，並將這些文化作為他們精神指標，影響其成員的組織與活動；另一位是 Sutherland (1929)，他提到不同團體間文化衝突的問題，社會裡充斥各種不同團體和價值觀，這些文化上的對立勢將導致一個人後來的犯罪行為。

　　Sutherland 的文化衝突的觀點被 Sellin 拿來作為建構其之基礎[2]。Sellin (1938: 63) 認為一些團體的生活方式或社會價值觀不同於其他團體，文化衝突自然不可避免，甚至於達到最高峰 (at its heights)，尤其移民，特別是解組地區的小孩，家庭社會控制較弱，容易受年紀較大的小孩之偏差行為影

---

[2] 1935 年美國社會科學研究諮詢會 (Social Science Research Council) 聘請 Sutherland 與 Sellin 兩位學者，成立人格與文化研究委員會，對不良少年犯罪研究提出探討方向與建議，該委員會最後提出《犯罪與文化衝突》(*Crime and Culture Conflict*)，強調文化衝突在不良少年犯罪原因的重要性 (Sellin, 1938)。

響，並成為他們的行為模式。

　　Sellin 強調，要了解犯罪，必須從不同團體的規範及他們彼此之間的衝突來著手，尤其在大都會的社會，聚居各式不同的族群、文化、宗教信仰以及社會背景的人，因為他們各自過著自己的生活，沒有辦法接受社區多數居民的生活方式或價值觀，可能造成文化上的衝突，並成為少年犯罪與幫派活動的原因。Sellin (1938) 最關心的是美國移民在都會區裡碰到的文化衝突問題，他說，美國是一個移民的社會，不同的國家、不同的族群的人來到都市，帶著他們自己對於行為的一些認知、行為上的規範和自己的價值觀，而當這些團體碰在一起的時候，文化衝突自然就出現。

　　Sellin 特別提到兩種類型的文化衝突，第一種是主要的衝突 (primary conflict)。主要的衝突來自於兩個不同的文化，特別是已經建立的文化跟新的移民文化。例如：1949 年隨著國民黨的政權來到臺灣的中國大陸移民，這些移民帶著他們家鄉不同的語言、文化、生活習慣來到臺灣這個社會與原先生活於臺灣的人接觸，產生文化衝突。

　　Sellin 也提到，有些行為在原來的社會是適當的，在新的社會卻變成一種犯罪行為，他舉例：一位來自義大利西西里的父親，住在美國紐澤西期間，把一位誘姦他女兒的年輕人殺了。這位父親被捕的時候表現相當的訝異，因為他只是以傳統的方法來捍衛家庭的聲譽。在這裡，我們看到西西里社會的傳統行為與美國合法的行為產生抵觸，並導致暴力衝突。而在這種情況下，通常由主流的文化，也就是美國文化的規範，決定是非對錯的判定。

　　第二種文化衝突類型為次級衝突 (secondary conflict)。次級文化衝突指單一文化面的衝突。單一的文化內有許多不同的次文化，每一個次文化都有他們自己的行為規範，舉例來說：臺灣的黑道幫派分有所謂本省掛與外省掛，他們皆有一套自己的行為模式和組織特色，而當這兩種次文化在一個社會相遇的時候，文化衝突就會出現，也會帶來犯罪。

　　Sellin (1938) 在探討文化適應與犯罪行為的關係時，提出「行為規範」(conduct norms) 的概念。他的「行為規範」乃指，某主流團體對於一個人

在某特定情況下的種種行為期待會被昇華成行為規範，而若違反了規範，便會激起團體的排拒。事實上，行為規範是社會主流文化或中產階級的特色，其文化內涵往往和少數或特殊族群互異，兩者之間便不可避免發生了文化衝突，而這種文化衝突的結果，低階者或弱勢團體往往會遵守與主流互異的行為規範，而這便成為犯罪發生的主因。

移民團體和主流文化之間的衝突常為犯罪的原因，但在今日全球化浪潮下，社會異質性文化發展日趨普遍，移民團體和主流文化良性互動增加，文化差異縮小、衝突逐漸微弱，衝突不再成為社會重要議題，尤其移民下一代，他們通常能很快社會化，和主流文化整合，他們的犯罪問題已不再僅是文化衝突的產物，這是筆者對文化衝突理論的批判。

第六節　結　論

這一章討論犯罪學次文化理論，許多社會學家相信，犯罪人有屬於自己的文化，而他們的文化往往和主流社會格格不入，他們以暴力作為他們的生活方式，用暴力解決問題、建立關係；他們玩世不恭，刻意與主流文化區隔；他們的行動很多是非功利的，為了好玩、破壞性和短暫目標。另外，他們的世界觀、他們對自己與團體的認知以及他們生活中的社會規範，多和許多人不同，為反主流規範與價值，這便是犯罪次文化。

犯罪次文化理論來自社會學迷亂理論傳統：涂爾幹的理論帶有強烈的宗教色彩，主張道德情感是維護社會秩序的重要力量，而這種力量的削弱可能帶來迷亂；Merton 的理論帶有強烈的人文關懷情操，他認為資本社會中弱勢團體面對社會適應的壓力與迷亂，迫使他們以偏差或犯罪的方法參與社會。次文化理論在涂爾幹與 Merton 的學術思想基礎上，從社會結構社會適應的角度思考犯罪問題，強調貧窮家庭小孩，因為資源不足，在制度中容易遭受挫敗、產生迷亂，進而發展出自己特有的態度、價值觀，而這態度通常是犯罪與偏差的。

犯罪學家也探討文化衝突問題，只是較少討論主流族群之文化衝突，

而僅聚焦於少數與特定族群與主流文化的文化衝突。然而，主流族群間的文化衝突才是今日暴力事件於全球到處出現的成因，犯罪學者應從歷史與族群社會的角度，了解文化衝突與暴力之間的關係。

犯罪次文化對社會學來說非常重要，因為犯罪次文化給予犯罪人本身和其周遭的世界一個屬於他們自己的詮釋，這是韋伯行動論及社會學符號互動論情境定義之概念。人主觀地對世界給予他們自己的看法，然後被這些看法影響他們的行動，使他們和這世界區隔甚至於用暴力以對，可見，次文化研究是非常重要的犯罪學學術資產。筆者將於之後章節討論符號互動論，以及犯罪者如何定義他們自己和其生活世界。

筆者以學術界對於次文化理論的幾點批判結束本章：

第一，社會共識的挑戰。我們似乎從未挑戰涂爾幹對於維持社會秩序的基礎，包括強調：「社會共識」、「集體情感」或 Merton 的「美國夢」的立場，社會學者通常都支持共同情感、社會道德的必要性、成功和教育的價值，並認為社會大眾對於這些問題的看法沒有太大差異。然而，這樣的論點可能是錯的，社會的規範可能並不存在，要大家對問題有一致性的共識是很難的，筆者在第五章就指出，中產階級價值觀不是每個人都有，不良少年沒有社會化中產階級的價值觀，但他們也沒有對中產階級價值觀的否定，或者說，他們根本沒對它做出任何反應，因為他們從小就有自己的生活方式和自己的價值觀，中產階級的價值觀對他們而言太遙遠了些。

第二，社會學者 Matza (1964) 斷然拒絕次文化理論，他強調不良少年並沒有反對自己社會的主流文化，他說不良少年反主流文化價值 (oppositional values) 的論點是不正確的。他強調重新定義次文化，並認為少年的偏差行為只是一種短暫漂浮 (drift) 現象，犯罪後就能很快就能回到主流文化。

第三，Steven Messner 與 Richard Rosenfeld (2013) 指出美國夢很多黑暗面，太強調競爭，傷害許多無法達到成功的人，而次文化學者皆強調美國夢的價值，帶有進化論勝利至上主義的色彩。

第四，馬克思學派學者 Tait (1993) 認為以次文化解釋無家可歸少年是

不適當的，他說許多犯罪學者對次文化之了解從基本上就是錯誤的，都在於幫助政府壓抑小孩、控制小孩；次文化理論只是政府控制小孩的策略，是有效壓抑社會、規訓少年的作法。

第五，英國社會學家 Greener 及 Hollands (2006) 提出後現代次文化理論，他們批評傳統次文化強調地方性及低階級性並不正確。他們分析來自40 個國家、569 位參與「虛擬出神音樂」者 (virtual psytrance) [3] 發現，這些來自全球的參與者在網路世界皆有屬於自己對於音樂的相同定義、風格愛好、信仰或價值等。而且，除了網路世界互動外，很多參與者也會參加跨國性的實體音樂會。總而言之，隨網際網路時代來臨，一種有別於傳統的後現代次文化正逐漸出現。

學習重點提示 ◈

1. 請說明涂爾幹的迷亂理論與犯罪學次文化理論發展的關係。
2. 請說明下列次文化理論：Cohen 的不良少年次文化、Walter Miller 的焦點關注及 Cloward 與 Ohlin 的差別機會理論。
3. Sellin 在 1938 年提出文化衝突理論，認為文化衝突是導致犯罪發生的主因，尤其是兩個不同族群團體文化規範上的衝突。請問你同意這個論點嗎？
4. 犯罪學次文化理論受到許多的批判，請指出這理論的缺失。
5. 犯罪次文化對社會學來說非常重要，因為犯罪次文化給予犯罪的人自身和其周遭的世界屬於他們的詮釋，這是一種社會學情境定義的概念。請比較次文化理論與社會學的符號互動論之關係。

參考書目

侯崇文 (2014)。黑幫少年的迷亂、犯罪機會與校園霸凌。一吋橄欖枝，3–34。臺北市：教育部。

3　這是一種近代流行的電子音樂，利用合成器節奏構成，並具有迷幻、催眠的旋律。

Cloward, R. A. (1959). Illegitimate means, anomie, and deviant behavior. *American Sociological Review*, 24, 164–176.

Cloward, R. & Ohlin, L. (1960). *Delinquency and Opportunity: A Theory of Delinquent Gangs*. New York: Free Press.

Cohen, A. (1955). *Delinquent Boys: The Culture of the Gang*. New York: Free Press.

Cohen, A. (1965). The sociology of the deviant act: anomie theory and beyond. *American Sociological Review*, 30, 5–14.

Cohen, A. K. & Short, J. F. (1958). Research in delinquent subcultures. *Journal of Social Issues*, 14, 20–37.

Greener, T. & Hollands, R. (2006). Beyond subculture and post-subculture: the case of virtual psytrance. *Journal of Youth Studies*, 9 (6), 393–418.

Kroeber, A. & Parsons, T. (1958). The concepts of culture and social system. *The American Sociological Review*, 23, 582–583.

Landis, J. (1998). *Sociology: Concepts and Characteristics*. Belmont, CA: Wadsworth.

Matza, D. (1964). *Delinquency and Drift*. New York: Wiley.

Miller, W. (1958). Lower class culture as a generating milieu of gang delinquency. *Journal of Social Issues*, 14 (3), 5–20.

Sellin, T. (1938). Culture conflict and crime. *American Journal of Sociology*, 44 (1), 97–103.

Sutherland, E. (1929). Crime and The Conflict Process. California Bureau of Jurenile Research.

Tait, G. (1993). Re-Assessing street kids: a critique of subculture theory. *Child and Youth Care Forum*, 22 (2), 83–93.

Tylor, E. (1871). *Primitive Culture*. London: John Murray.

Wolfgang, M. (1958). *Patterns in Criminal Homicide*. Montclair, New Jersey: Patterson Smith.

Wolfgang, M. & Ferracuti, F. (1967). *The Subculture of Violence: Towards an Integrated Theory in Criminology*. London: Tavistock Publications.

Whyte, W. (1943; 1993). *Street Corner Society: The Social Structure of an Italian Slum*, fourth edition. Chicago: University of Chicago Press.

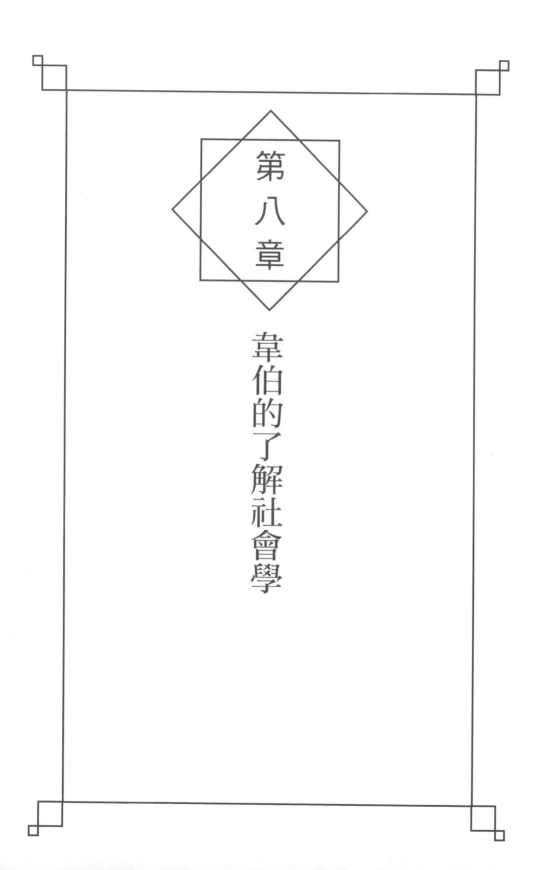

第八章

韋伯的了解社會學

馬克斯‧韋伯 (Max Weber)，德國人，與涂爾
幹、馬克思並列社會學古典三大家，享有崇高學術
地位。

生　平

1864 年，韋伯生於德國東部艾爾福特城
(Erfurt)。他的家族早年居住在德國中部地區由奧地

圖 8-1 韋伯

利皇室管轄的薩爾斯堡 (Salzburg)，那是一個天主教信仰非常濃厚的地方，
其家族的基督教信仰，讓他們遭到當地天主教徒的嚴厲對待，迫使他們逃
往他鄉，並在德國西北地區的比勒費爾德 (Bielefeld) 定居下來。其家族最
初以從事紡織生意為生，但由於家族事業無法養活眾多人口，韋伯父親便
透過教育，成為公僕。

韋伯天資聰穎，1882 年進入海德堡大學攻讀法律，並於 1884 年到柏
林大學 (University of Berlin) 研究法律和經濟。1886 年，他還在柏林大學讀
書時，通過了律師考試。之後，韋伯繼續研究法律和歷史，並同時興起對
社會學的興趣。1889 年，韋伯在海德堡大學完成名為〈中世紀商業組織的
歷史〉之博士論文，並取得法學博士。畢業後，他以著作《羅馬的農業歷
史和其對公共法及私法的重要性》，取得了教授資格。其後，他加入柏林大
學任教。1894 年，韋伯前往佛萊堡大學 (Universität Freiburg) 擔任經濟學
教授。兩年之後，他接受母校海德堡大學的邀請擔任政治學教授。

1897 年，韋伯生病，使他長達五年無法工作。1902 年，韋伯在太太的
照顧下恢復健康，回到海德堡大學，只是他仍無法完全投入於正常的教學。
1904 年，韋伯去了此生唯一一次的美國之旅，看到了資本主義的發展，因
而影響到他後來的重要著作《基督教倫理與資本主義的精神》(*The
Protestant Ethic and the Spirit of Capitalism*)。1918 年，韋伯終於再度回到課
堂任教，卻在兩年後，因急性肺炎離世。

行動論是韋伯的理論核心，也是影響犯罪學的重要概念，行動論認為

行動者對於事物所賦予的意義左右其後發生的行為，這些意義不僅決定了行動者個人的行為，也決定了特定團體的文化與特色。韋伯重視人心理層面的價值，和其對人所顯現出來的行為之影響，因此，很多學者稱韋伯是一位社會心理學者。

犯罪學者 Sutherland 在差別接觸理論中提及：犯罪行為的學習過程包括犯罪的技巧、犯罪的動機、驅力 (drives)、合理化和態度。Sutherland 並認為，犯罪動機和驅力的學習，源於犯罪人對於法律喜愛或厭惡的定義 (指犯罪者對於法律的看法，如：支持度、接受度)，犯罪行為是一位行動者對於犯罪行動 (action) 給予正面價值的程度遠大於厭惡的程度使然。可從此看出，Sutherland 的論點深受韋伯的影響。

除差別接觸理論，犯罪學上的幾個重要理論，例如：標籤論、中立化技巧、社會控制理論等，也與犯罪者如何詮釋自己的犯罪行為、犯罪者的犯罪價值觀以及犯罪動機等有關；可以說，上述犯罪學對於犯罪的解釋皆為韋伯一脈相傳的理論。

據此，當犯罪學者嘗試要了解犯罪發生的原因時，他們必須要深入探討犯罪者如何建構他們的世界、如何詮釋人性、如何詮釋學校與家庭，或者他們如何詮釋社會上的法律與秩序，因為這些都會關係到他們的行為。因此，了解韋伯的理論：了解社會學、因果論、行動論、意義與行為等論點，對犯罪學學生的學習有其重要性。

第一節　了解社會學

「了解科學」是韋伯的方法學，韋伯說社會學是一門探討社會行動的「了解科學」(comprehensive science)，韋伯所稱的「了解」乃指人自身給予對自己行為之意義的「解釋」(Aron, 1967: 222)。

韋伯 (1922/1968: 4) 在他的論文中如此定義社會學 (sociology)：

「社會學為一科學，嘗試主觀的了解社會行動，也藉此得知行為

因果的解釋。」[1]

對韋伯來說，社會學的要務是解釋社會行動，社會學的功能在於分類各種個人了解的類型，並尋找個人了解的型態，看人們用什麼方式詮釋他們的行動，因為這些都關係著一個人的行為，甚至於整個社會的發展。

「了解」翻譯自德文 verstehem，意思是 understanding，韋伯要我們去了解人類行為背後的意義，探究是什麼樣的動機或力量驅動了人類行動；另外，他還補充，社會學家不應該用價值去判斷一個人或論斷一個行為的適當性，社會學家應該保持價值中立，只去了解人類社會行動背後的意義，而不對觀察現象做任何評價或判斷。舉個例子：在臺灣，一對夫妻已經登記結婚，小孩也已六個月大了，但是他們還是決定在此時舉辦文定以及公開的婚禮儀式，這時社會學家不會去評論如此行為的妥當性，而是針對其行動，論斷出他們舉行文定和結婚儀式的行動意義，是源自於傳統風俗習慣。

韋伯強調用兩種方法來了解人類行為給予他們行動的意義，第一種方法稱為直接觀察的了解 (aktuelles Verstehen; direct observational Understanding)：社會學家直接從人的情緒，身體語言，或者臉部表情觀察得知其行動的意義，例如：一個穿著支持同志的衣服的人、一個高喊「實質周休二日」的人，藉由直接觀察的方法，可得知這些人們的行動意義可能是為了支持婚姻平權，可能是要倡議《勞基法》修改。

第二種方法是同理心的了解 (erklärendes Verstehen; empathic Understanding)，這時社會學家必須用心理諮商之同理心技巧，設法去了解行動背後的行為者動機，這時，我們可以用諮商的技巧，例如關心一個人：「你有需要幫忙的地方嗎？你能告訴我嗎？」。也可以用傾聽的方法，讓一個人說明他為何有犯罪的動作、動機為何？是因為挫折、生氣，或者是因

1　原文如下：Sociology is "a science concerning itself with the interpretive understanding of social action and thereby with a causal explanation of its course and consequences."

為利益上的目的、或者只是出於好奇心？同理心的了解與動機有關，我們可以將自己置身於其情境，並提出假設：「如果這發生在自己身上會⋯⋯」，從處理與介入的方法了解行動動機。特殊的行動，往往是個人一系列動機的結果，人的了解往往左右了人的行為與方向。

韋伯的方法學強調行動者意義社會建構的探討，因此，行動者自己對於其行動所賦予的意義、行動者對其行為的認識與行動者的心靈狀況正是社會學要探討的問題。對韋伯而言，行動者對其行為所給予的意義來自行動者自身的選擇，是行動者理性選擇的結果，並不是旁觀者所給予或旁觀者強迫行動者接受的。

個人主觀的了解、個人給予事物的意義，對於人類行為、人類關係，甚至於整個人類歷史的變遷，都具有關鍵的影響。對韋伯來說，行動者意義導向是他理論的核心，也是社會事實與社會變遷的力量，其中，韋伯探討理性化意義導向的類型，是西方文明走向資本主義的主要推力，也是韋伯因果論的內涵，以下說明之。

第二節　韋伯的因果論與歷史過程

韋伯 (1922/1968) 說，推動歷史前進的力量在於人的主觀了解，人對於他們所處世界的看法，關係著該社會的發展方向與發展內涵，這就是韋伯的因果論，也是韋伯對犯罪學理論發展最有貢獻的地方。

對韋伯來說，他感興趣的是這樣的歷史變遷如何出現，以及推動這變遷的力量為何？這時他提出「因果適當的解釋」(casually adequate understanding)，他強調，一系列事件的解釋是一種因果適當的解釋，而如果我們小心的觀察，將可以得到對於系列事件發生的結論。再者，這樣的結論可以得自統計的分析，若沒有統計資料可分析，我們可以比較大量的歷史事件資料，從中找到歷史過程的近似性。

例如對資本主義發展的解釋：資本主義是一個利益導向的體系，在歷史上已經運作很久，在不同的時代、不同的社會都有這樣活動的出現，但

在當代資本主義社會裡，基本上此類活動不同於以往，而帶有理性的特性。

依據韋伯主張，成熟的資本主義之出現，乃受到基督教興起的影響，特別是喀爾文主義 (Calvinism)。韋伯表示，當代德國基督教的地區之所以比天主教地區富有，與資本主義和基督教之關聯有關。資本主義的出現並非內部經濟需求的產物，而是另外一種力量，一種基督教教義的力量。以下介紹韋伯對基督教的教義與精神的看法。

第三節　韋伯的基督教精神

在韋伯的觀念裡，資本主義只靠私利的心構成不了完整的資本主義體系，資本主義的存在，靠的是理性的活動；強調秩序感、紀律以及組織科層制度，講究工作效率等。

韋伯說，人們許多私利的行為是一種來自神的「呼召」(calling)。「呼召」是馬丁路德 (Martin Luther) 提出的神學觀，德文為 Beruff，是一個世俗世界的觀點，它有多層面意義，包括：你被需要、神看上了你、你必須要去為神做事……這些都表示神的「呼召」。馬丁路德很世俗的告訴他的信徒，你們要活動、要去工作、去做事、在各種社會職位上成就任務，而不是無所事事，只會消費而無所長進。

對基督徒來說，追求在金錢上的成功或者為企業獲利，不在於得到滿足或享受快樂；他們這麼做，是因為神的緣故，要藉此來榮耀上帝、呼應神的呼召，這樣的作為會是上帝所喜歡的。換言之，人們一切資本主義的作為都在於榮耀神，討上帝的喜愛，同時也在遵循神要人去做的事情，並被視為好的事情。

依據基督教教義，利慾並不被禁止，基督教努力追求成功、賺錢是被允許的，這觀點與「得救」有關，來自喀爾文 (Calvin) 的預定論 (predestination)，強調人的一切是由神所決定的，因此在得救的問題上，人沒有任何的選擇，人是被動的。而在過去，人們為了得救，必須要向神職人員購買贖罪券，但喀爾文認為，人不可能改變神的決定，神職人員無法

干預神要人上天堂與否，因此人們並不必須要購買贖罪券。也因為人的一切是上帝決定的，人們必須要過著宗教的生活，遵守神的話，才能得神的喜愛，成為神的選民，才能得救進天堂；然而，如果人做出神不喜歡的事，將無法得救。

在世俗的生活中，如果我們努力，並獲得成功了，將為神所喜歡，且被視為正確的，是為了「得救」應該要走的路。另外，不管神如何在人身上做工，神的「呼召」為何，個人也應過著有紀律的生活，不浪費、不鋪張，這些被實踐的基督教的道德精神，逐漸提供現代資本社會發展一個必要的情境。

筆者引用韋伯 (1904/1930: 157–158) 在《基督教倫理與資本主義的精神》的文字：

「浪費時間是主要的罪惡，人的生命短暫，也很珍貴，所以要確保一個人被上帝呼召。」
「花費時間在社交應酬、聊天、購買奢侈品，甚至於超過健康所需要的睡覺，要給予道德上的譴責。」
「時間很寶貴，一個小時的損失是對於榮耀上帝的損失；因此，沒有功能、不活動的沉思，甚至於犧牲工作時間，是完全沒有價值的，甚至於無法被接受。」

綜上，基督教與資本主義之間關聯密切，一個是宗教的教義，一個是經濟系統的發展，兩者共同發生、相輔相成，成就了資本主義。但就韋伯來說，現代資本主義是由基督教精神中所孕育出來的，是一個理性主義的宗教，這個從中世紀天主教改革的力量，促使神學教義的改變，並帶動了歷史變遷。

第四節　韋伯的社會行動理論

前面提及，韋伯 (1922/1968) 的社會學是一門社會行動的「了解科學」，而韋伯所稱的「了解」乃指行動的分析，了解行動背後的意義，人自己如何給予他行為之意義的「解釋」。韋伯用理性分析人類行為背後的意義，其意義可能是功利目的、情感目的或社會傳統目的。

韋伯的社會學區分過去社會與現代社會在行動意義上的差異，他認為一些社會的個人給予他們行動一個更為理性、強調用高效率方式處理問題，這社會就會進入資本社會；若一些社會的個人，缺少資本社會的理性動機，這些社會就不會進入資本主義。簡單的說，行動意義區分了過去與現代的社會、開發與發展中的社會。韋伯認為人類行動動機轉換往往與社會文化與結構變遷有著密不可分的關係，這樣的轉換是歷史變遷的基礎，而社會學者的工作就是在找出使西方世界走向資本主義的行動動機轉換。

韋伯對人類賦予他們行動的主觀意義提出下列四個主要的社會行動類型：

1. 工具理性行動 (instrumental rational action)

工具理性是指透過理性分析和選擇，追求最有效率的手段來達成具有最大功效的目標。工具理性行動的目標和手段都是理性選擇的結果，人們在目的與手段兩者之間選擇最為有效的決定，舉個例子，一個人到大學接受教育，想要透過教育來翻身，這個人的行動是工具理性的，不管是目標或手段，他這樣做都是行動者最理性的決定。

2. 價值理性行動 (value rational action)

目標本身可能不是理性的，但追求目標的方法則是理性的；例如，一個人因為崇高理想，投入某種社會運動，但是這個行動沒有任何報酬。再舉個例，很多人上大學，但卻說不出所以然來。這裡，上大學本身是相當

理性的，完成教育之後，對於個人發展總是有一定程度的幫助；但一些人來到大學後，卻對大學教育索然無味，不知道完成學業後的目的。總而言之，「價值導向的理性」的行動基礎是根據社會價值，這種價值來自學校或家庭教育，單就行動本身的目標，看不到明顯功利目的。

3.情感的行動 (affective action)

以情感作為行動的基礎，而不是以理性的方法與目的。母親因為愛孩子，犧牲自己的工作，這就是情感的行動；父母把小孩送到名校讀書，花了很多錢，且並不期望小孩在拿到學位後賺錢回饋，這也是情感的行動；在大學裡，許多學生因為要與朋友在一起，所以選擇某一門課……這些都屬「情感的行動」。情感的行動也是理性的，只是其理性程度上沒有工具理性或價值理性高。行動時，情感超過個人理性思考，成為個人行動時最大的動力。情感用事的人會把情感擺第一、理性擺一旁，可以為朋友、情人、親人犧牲一切在所不惜。

4.傳統的行動 (traditional action)

所有的行動皆依據過去的傳統習慣和社會習俗，例如：購買金紙拜拜，這行動除傳統之外，沒有任何理性目標。傳統的行動也是理性，只是屬於較低層次的理性，例如：有人讀哈佛大學，因為他的家族都上哈佛。如此遵循家族的期待行事，從來沒有想去挑戰或質疑為何要去哈佛這項傳統，這種行動也屬於「傳統的行動」。

第五節　意義與人類行動

「意義」(meanings) 是人類行為必備的特質和表徵，行動者自己主觀的給予其行動之解釋。韋伯強調，社會學者要了解行動者主觀的給予自己行動的意義，才能從事社會學探討的工作，了解人類行為。

韋伯的「了解」是一種人的主觀心理，是人從他們所觀察的情境中內

化的感覺，有時候，這種主觀的心理是隨著情境出現而刺激和反應的產物。舉例說明：如果人們看到了毒品帶來負面且可怕的結果，人們就會給毒品一種負面且可怕的主觀感受。行為者會給予其行動一個主觀的了解、一個屬於自己的意義，此為人類行為重要的特性。

本章前面討論韋伯的了解社會學時，曾介紹人們可以用直接觀察方法，以及心理學同理心方法，來了解人類如何給予他們行動的意義。

韋伯的社會學研究乃以人作為中心，他認為社會科學家必須從人的身上找到社會發展的解釋，並且也必須相信人類對於自己的行動具有「了解」的可能性，也就是說，人類可以了解他們的行動（例如，了解個人行為的功能目的），我們每個人可以了解我們自己的行動、了解我們行動的意圖，對於個別的行動給予主觀的解釋，這正是韋伯強調的行動者主觀的了解。

社會行動乃行動者對自己行為所給予的意義之結果，社會學在於探討人類的行動了解，個人如何對於他們的行為賦予主觀的意義。人的行為如果缺少主觀的意義，行為就毫無意義可言，社會學對問題的了解就喪失價值，就屬於邊緣社會學，也將失去探索了解行動的意義。

韋伯強調人類行動的了解，人類給予其行動的意義，他以這樣的態度研究社會，他的方法學是社會學的，而不是心理學的[2]，意義是行動必要的特質，意義也是主觀的，在行動者自己身上出現，行動如果無法了解，缺少認識行為意義的能力，行為就毫無意義，這也就不屬社會學討論的問題了。

作為一個社會學家，我們必須要觀察或想像，情境或事件本身如何導致人的情感、人給予他行動的解釋，也就是說，一個人或者一個團體，其行為背後的動機；另外，我們必須要找出行為可以理解的原則，其中，除觀察能力外，還要能具有想像或者同理心的能力，我們要想像如果自己是

2　心理學強調意義和人的生活經驗有關，往往是壓抑之後潛意識的結果，心理學也強調，意義來自先前行為的結果，先前的行為足以影響行動者下一步的行為，這樣的論點顯然都和韋伯不相同。

那一位行動者，身處在一個情境或者在一個事件裡，將會是如何的感覺、如何的看待事物。只有這樣，我們才能了解人類社會，才能看到人類給予其行動的意義對行為上的重要性，這正是韋伯的論點。

第六節　結　論

這一章單獨介紹社會學家韋伯的「了解社會學」，在於讓大家看到人類對他們行動賦予的意義在人類行為上的重要性。韋伯告訴我們，如果你給予你自己的行動一個理性的、目標導向的解釋，這可以變得很有力量，成為個人追求目標的動機；更重要的，這種人類行動的了解可以影響到社會的發展，甚至於整個歷史的變遷。而對犯罪學來說，人們給予其行動的意義也很重要，正向的意義能成為不犯罪的力量，負向的意義則成為犯罪的動機與語言。換言之，人們給予自己行動的意義是犯罪或不犯罪的關鍵因素。

韋伯給了我們一個強烈的信息，即是，人自己對他人行動主觀的了解是社會學的核心。對韋伯而言，這種行動者對其行為所給予的意義乃行動者自身選擇，是行動者理性過程的結果，並不是旁觀者所給予或強迫行動者要接受的。韋伯對人類行動的了解如此堅定和他的宗教信仰有關，他相信神、相信人類的理性，也相信人類對神的信心，他認為只有維持這些要素人類社會才得以前進；相反的，如果人類喪失了理性、失去給予其行動了解的能力，行為將毫無功能可言，甚至於會阻礙社會的進步。

韋伯對於人類行動了解的論點，影響到美國社會心理學家：Mead、Blumer 等，他們以韋伯的行動了解作為符號互動論的開始，但同時，他們也對韋伯提出批判，認為韋伯忽略了意義和人類生活經驗的關係，這種意義是人與人互動的產物，且人的意義會隨著互動的內涵而受到修正和改變。

韋伯認為行動者對於其行為所給予的意義可以分成四種類型，包括：工具理性的行動、價值理性的行動、情感的行動，以及傳統的行動等，這些不同的行動都會影響到一個社會的發展模式與特色，例如一個社會的組

織型態、社會的文化、宗教或政治型態。而就犯罪學而言，韋伯的行動類型和犯罪行為之間的關係如何？這是需要進一步探討的犯罪社會學問題。

行動者對於行動所給予的意義決定了行為的發生，它的重要性大於行動者的社會階級或他們在社會中的結構位置。韋伯相信，影響人類行為或社會事實的是行動者對於行動所給予的意義，當行動者給予其行動意義時，將決定他的行為、態度、價值觀以及種種做人處事的方法。對於意義與社會結構之間的關聯，社會科學有許多不同論點，例如：精神分析學者佛洛伊德、衝突學派學者馬克思，皆強調意義來自人類社會生活經驗、來自於人類生產結構的位置。一些學者則認為，意義在不同的情境，隨著互動內涵而出現和改變。如此，韋伯似乎忽略結構適應對人類行動意義的影響。

毫無疑問的，人類給予其行動的意義決定了人的發展、社會階級成就，也決定一個社會的發展；只是，人類社會相當複雜，人必須面對生存的競爭、生活適應與壓力，在這種社會參與的過程中，人學會行動意義，並用他自己主觀的行動意義參與社會和他人互動，這是筆者對於行動意義因果論雙向相互影響的立場，行動意義除影響人類行為外，也同時受到人類結構適應的影響，兩者互為因果的關係。

不論如何，韋伯給了犯罪學家一些重要的學術資產：因為犯罪者有屬於他們自己意義的世界，因此，犯罪者如何給予他們行動的意義、犯罪者對於他們行動的了解、犯罪者對於社會上許多事物的看法等皆有別於一般守法的人。這些問題將於下一章討論，筆者也會深入討論意義的來源。

學習重點提示 ◆◇

1. 韋伯的了解社會學影響了犯罪學的社會學習論、社會控制論、中立化技巧、標籤理論以及犯罪學過程論的解釋，強調互動、社會化與犯罪的關係。請說明韋伯的影響，以及這五個理論在內涵上的差異，並請就他們對犯罪學的解釋效度進行批判。

2. 請說明韋伯的了解社會學，並請說明其強調行為者對於行動主觀了解對於犯罪學：差別接觸理論、中立化技巧以及標籤理論的影響。

3. 韋伯的行動價值、犯罪者主觀的犯罪定義……等重要概念影響犯罪學，請說明他的社會學在犯罪學理論發展上的影響。

4. 韋伯的社會學理論重點有：主觀社會學、因果論、行動論、意義與行為等，這些理論如何成為犯罪學理論的資產？請說明之。

參考書目

Aron, R. (1967). *Main Currents in Sociological Thought 2*. New York: Basic Books.

Weber, M. (1904/1930). *The Protestant Ethic and the Spirit of Capitalism*, translated by T. Parsons. New York: The Citadel Press.

Weber, M. (1922/1968). *Economy and Society. An Outline of Interpretive Sociology*, vols 1–3, edited by G. Roth & C. Wittich. New York: Bedminster Press.

圖片來源

圖 8-1：Max Weber/Public domain

第九章

符號互動理論與犯罪者意義世界

　　這一章討論行動者意義的來源，以及犯罪人如何定義他們生活的世界。

　　有關行動者對於其行動所給予的意義，在上一章我們看到韋伯對這問題做強烈的詮釋，他說如果你給予你自己的行動一個理性的定義、解釋和想法，就可以變成很有力量，有助於你自己，甚至於整個社會的發展。只是，韋伯只說明到社會行動主觀了解的重要，行動了解的源頭則是由美國社會心理學家 William Thomas、George Mead、Charles Cooley、Herbert Blumer 等提出，他們強調個人與其所接觸的人之互動對於人給予事物的意義有關，Blumer (1969) 更用「符號互動理論」(symbolic interactionism) 一詞表明他的學術立場，這是本章主要討論者。

　　事實上，除韋伯外，幾乎所有的古典學者都強調人類賦予他的行動意義的重要，或者說，強調人類內心世界的重要。

　　馬克思就是很重要的一位。他談階級意識，提出唯物論，強調人類的想法來自你在生產結構的位置，因此，只要我知道你的階級，我就知道你的想法，知道你如何看這世界。

　　精神分析學者西格蒙德・佛洛伊德 (Sigmund Freud) (1923/2018) 也談人內心世界的重要，他指出人格有三個層面的意識 (conscious) 包括：意識 (consciousness)、前意識 (pre-consciousness)、潛意識 (unconsciousness) 等。佛洛伊德特別強調生活經驗的重要，如果一個人沒有感到快樂、不夠滿足，他的人格可能會停留在一個固定的階段，無法成長或發展。這時，此人看世界的方式就會和別人不一樣，也有可能會帶來問題行為。對佛洛伊德來說，生活上的壓力會影響人對於這世界的看法。

　　涂爾幹更是強調意識的重要，他說社會上的人，他們共同的信仰、想法、態度、價值觀等構成了集體意識，並成為社會秩序得以建立的基礎，而任何人脫離或不認同集體意識，不受約束，就會出現迷亂，也是個人問題行為或社會問題出現的原因。

　　雖然涂爾幹說人類的意識很重要，但是哲學家、文化評論家的弗里德里希・尼采 (Friedrich Nietzsche) 卻告訴我們，人類往往用最殘酷的方式製造意識，用權力脅迫的方式迫使我們接受一些想法，所以尼采認為，你所

擁有的許多想法是有問題的，是被製造出來的。尼采對於我們所想、所相信的提出了嚴厲的批判。

韋伯 (1904/1930) 強調人類意識的重要，意識可以決定一個人，甚至於一個國家的發展情形。所以你的想法、對於這世界的看法、自己給這世界的意義很重要，韋伯的思想影響到後來美國符號互動理論的出現與犯罪學的發展。

符號互動理論探討行動者如何定義他周遭的情境，如何賦予他生活中各種事物意義。符號互動理論也強調行動者帶著對於意義的了解與人互動，並從互動過程中看到別人對於意義有了不同的解釋與反應而尋求重新解釋。人自己決定如何參與他們的生活環境，同時在互動過程中修正他們的情境定義，人對事物給予意義是他們與生活環境互動的產物，這是符號互動論的核心，這論點也影響了犯罪學，其中，犯罪學者強調，犯罪者有屬於自己意義的世界，犯罪者在互動關係中建立他們對於犯罪的定義，並用這意義面對他們犯罪生涯。另外，當代生命歷程理論典範學者則強調，生命事件帶來新的互動關係，並成為一個人重新詮釋自己、改變自己之契機，這會在本書最後一章討論。

以下介紹社會學符號互動理論。

第一節　符號互動理論先驅者

符號互動理論有幾位著名先驅者，他們對符號互動理論的貢獻最大，影響也最為深遠。這些學者的論點非常重要，許多犯罪學理論的靈感來自於他們的理論。先驅者有：Thomas、Mead、Cooley、與 Blumer 等人。

圖 9-1 符號互動理論著名先驅者，從左至右為：Thomas、Mead、Cooley

　　這幾位學者都是美國人，彼此在學術生涯上都有一些的關聯，且與美國中西部的學術氛圍有關，理論也相互影響，如：Thomas、Mead 與 Cooley 是同一個時代的人，Mead 先在密西根州安娜堡 (Ann Arbor) 的密西根大學任教，沒多久就接受 John Dewey 之邀，於 1893 年前往芝加哥大學任教。Cooley 與安娜堡的密西根大學也有關，他在安娜堡出生，讀安娜堡的密西根大學，畢業後更留在安娜堡任教，可說一生都在安娜堡。Thomas 和 Blumer 都畢業於芝加哥大學，兩位後來都在母校芝加哥大學社會系任教。Blumer 為四位學者中最小，他在 1927 年取得博士學位，曾是 Mead 的學生，上過 Mead 的社會心理學，並受到多位學者的影響，因此他的理論有許多他的老師與前輩的影子。1929 年 Cooley 過世，兩年後，Mead 也過世，Thomas 在 1947 年過世，Blumer 則在 1987 年過世。

　　下面是美國符號互動理論學者出生年與他們的重要事件年表，可從中看出這四位學者之間的關係。

表 9-1　美國符號互動理論學者的出生與他們的重要事件

年份	重要事件
1863	Mead 生於美國麻薩諸塞州的南哈德利 (South Hadley)。 Thomas 生於維吉尼亞州 (Virginia)。
1864	Cooley 生於美國密西根州安娜堡。
1883	Mead 畢業於俄亥俄州的歐柏林學院 (Oberlin College) 哲學系。

1887	Mead 進入哈佛，1888 年拿到哈佛碩士學位。
1889	Thomas 到歐柏林學院任教。
1891	Mead 娶 Helen Castle，是 Mead 朋友的妹妹。這一年 Mead 夫婦前往安娜堡，在密西根大學哲學與心理學系任教。
1893	Mead 接受 John Dewey 邀請，加入芝加哥大學哲學系，此後 Mead 一直沒有離開，直到 1931 年過世。
1894	Cooley 獲得密西根大學博士學位。
1895	Thomas 離開歐柏林學院。
1896	Thomas 獲得芝加哥大學博士學位。
1897	Thomas 到芝加哥大學社會系任教。
1899	Cooley 到密西根大學任教。
1900	Blumer 出生。
1902	Cooley 寫《人類本質與社會秩序》(*Human Nature and the Social Order*)，提出鏡中之我的概念。
1918	Thomas 退休，同年，Cooley 擔任美國社會學會 (American Sociological Society) 理事長。
1923	Thomas 寫《適應困難的女孩》(*The Unadjusted Girl*) 提出情境定義社會學概念。
1927	Blumer 自芝加哥大學社會系取得博士學位。
1929	Cooley 過世。
1931	Mead 過世。
1947	Thomas 過世。
1952	Blumer 離開芝加哥大學，前往加州大學柏克萊分校 (University of California, Berkeley) 創立社會學系。
1987	Blumer 過世。

一、Thomas 的情境分析

第六章介紹過 William Thomas 與 Florian Znaniecki 的波蘭農民研究，兩位學者出版的《歐洲與美國的波蘭農民》(*The Polish Peasant in Europe and America*) 是社會學的經典，有其重要學術地位與價值。

Thomas 與 Znaniecki 直覺地拒絕科學家只收集事實之論點，他們認為這不是社會學的全部，社會學除了事實探討外，更應該是一個將觀察事物抽象化的過程；因此，就社會學方法論來說，科學家的工作在於執行抽象化的概念，只有透過將觀察的現象抽象化 (abstraction)，我們才能對資料進行公平的事實了解。在這方法論之下，他們提出「情境定義」(definition of situation) 的概念 (Coser, 1977)。

情境的分析 (situational analysis) 是 Thomas 理論的核心，他認為情境是社會學重要的概念，人們給予情境定義關係著人的行為，也就是說，人們對於情境的定義改變，人的行為亦隨之改變。

另外，Thomas 與 Znaniecki 也強調人格的重要，雖然他們沒有定義人格，但他們說，人類所有活動的全體構成了人格 (Coser, 1977)。人格表示了個人做事特有的方式，會反映出不同族群的人格特性。對 Thomas 與 Znaniecki 而言，社會與人格，兩者地位相當，彼此相互影響；社會對個人的人格是必要的，因為其擁有「文化價值」，而文化價值其中的經驗內涵，影響個人對社會情境之定義，是互動的基礎；同時，個人對社會也是必要的，因為個人所創造出來的活動是文明的基礎。

態度與價值也是 Thomas 與 Znaniecki 的理論重點，只是他們沒有特別區分兩者的差別，或可說，兩者應是交換使用的。對 Thomas 與 Znaniecki 來說，態度與價值是一種個人的意識 (conscious)，一種個人對於社會生活的解釋，也是一種個人的感受。態度與價值決定個人在社會中真正的，或是可能的行動。Thomas 與 Znaniecki 認為態度與價值是一種個人主觀經驗過後的產物，受到個人外在生活經驗的影響。簡單的說，態度與價值是人們在社區環境下的生活經驗的反應，在特定環境下的生活，是人形成特定

態度與價值出現的要件 (Coser, 1977)。

Thomas 和他的太太在《美國小孩》一書中提出人類行為的四個基本願望 (four wishes)，和態度與價值的架構有關，包括：(1)新的經驗的渴望 (the wish for new experience)；(2)被認可的渴望 (the desire for recognition)；(3)控制權的渴望 (the desire for mastery)；(4)安全感的渴望 (the wish for security)。這四個願望是人類基本渴望，是社會行為存在的基礎，也是人類社會互動的需要和價值，不管是一般人還是犯罪人皆如此 (Thomas & Thomas, 1928)。這論點影響到 Sutherland 的差別接觸理論，Sutherland 在他理論的最後一個命題強調，犯罪行為代表人類一種一般性的需要，但非犯罪行為也是一種需要。社會生活與互動源於人類基本渴望的產物，也是態度與價值形成過程中必要的條件。

上面討論 Thomas 與 Znaniecki 有關人格、態度、價值的觀點，也提到人的意識、態度與價值來自於互動，是人類生活經歷的產物。人類的意識絕不是一種靜止狀態，而是一種過程，是人類社會互動、人類生活的結果。

「情境定義」的概念是 Thomas 在《適應困難的女孩》(*The Unadjusted Girl*) 一書中發展出來的。Thomas (1923: 41) 強調，任何個人的行為之前，總會出現一個檢驗的階段，稱之為「情境定義」，個人對於情境的定義是主觀的，這樣的論述和韋伯一致，皆強調行為者主觀對於行動給予意義的重要性。

引用 Thomas 對情境定義的原文解釋：

「高等動物有拒絕遵循早期接收的刺激，這樣的能力被稱為抑制能力。在任何自我決定的行為之前，總有一個檢查的階段，稱之為情境定義。不只是我們的行為依據情境定義，且一個人的一生、其人格，都是遵從個人一系列情境定義的產物。一個小孩在一群人的團體出生，由於此團體已經有定義好的行為規範，因此小孩沒有太多的機會來製造自己的定義。長大後，因個人是享樂主義取向，而社會是功利主義取向、鼓勵社會成員順從和犧牲，使得

　　個人在追求自我願望的時候被社會願望阻礙。個人願望與社會願望就會產生衝突，個人的情境定義就會和社會給予個人的情境定義相互對抗。在這樣的關係下。道德就會出現，是社會用以規範人的願望的方法。」(Thomas, 1923: 41–50)

　　上面論點可以看出 Thomas 強調個人與社會文化兩者之間互動的關係，雖然 Thomas 從未定義什麼是社會，但他認為社會的組織由社會制度所構成，社會制度構成一個社會的文化規範系統。社會制度由社會中的成員來執行，文化則指任何人所構成的團體物質及社會價值，並影響到人對於情境的定義。

　　Thomas 也強調行為者個人主觀的定義在情境定義中的角色，他的論點和韋伯是一致的，皆強調行動者自己主觀的對於其行動所給予的意義之重要性。他相信，社會學只有在我們了解所有情境所建構出來的意義，人類行為才有意義，人類才能與他人互動，進而建立關係。

　　從上述引用原文可知，Thomas 對於情境定義提出兩個相互敵對的情境，一個是成員自發，非出於強制的情境定義，一個是團體提供給他的情境定義。個人是重享樂的，快樂第一；相反的，社會則是功利的，安全第一。通常個人會從自發，非出於強制的情境定義出發，但他會很快地發現這樣的定義會和社會規範上的定義發生衝突，此時他必須謹慎評估其定義。

　　Thomas 提出社會情境定義三個相互關聯的因素：(1)客觀的情境：包含了社會的法律與規範；(2)個人與團體先前已經存在的態度；(3)行動者自己對於情境的定義，這自然受到團體的影響。客觀的情境與法律、制度、社會的規範等劃上等號，他們影響一個人的態度以及對於社會情境的定義。一個人對於情境的定義最初源自其父母，之後在社區中持續受到影響，學校、法律、教會都是正式的代表。從行動者的角度來看，一個人的行動受到他對於這些情境定義的影響，並評估上面因素後，最後才會出現行動者自己的定義。

　　Thomas 有一句名言：

「如果人定義情境是真實的，則他們（對行動者）的影響也會是真實的。」(If you define situations as real, they are real in their consequences.) (Thomas & Thomas, 1928: 572)

這句最具意義深長的話，後來被稱為 Thomas 定律 (Thomas Theorem) (Merton, 1995)。人類行為受到個人主觀情境定義的影響，人類主觀情境定義也引導人類的行為。Thomas 嘗試說明：人類不僅對情境客觀的內容做反應，也對情境給了他們的意義做反應，一旦人們給予這樣的意義定義，其後的行為也因為這個給予的意義受影響。舉個例子：臺灣曾經有人預言世界末日會在某一天來到，一些相信的人就趕緊在那天到來前移民到其他的國家，以逃避災禍。這是人類情境定義的力量，也是人的心靈的力量。

Thomas 的情境定義提供人類社會現象的解釋，他告訴我們，情境是真實的，是可以證明的；情境也必須是客觀的，與社會文化密不可分，是人類生活很重要的一部分，且情境亦存在於行動者自己主觀定義中。

Thomas 的情境定義是韋伯了解社會學的一環，只是 Thomas 的了解社會學不只是如韋伯所言，人類對於行動給予的意義建立於社會文化之上，情境定義更是出現於人和人的互動、是人的生活經歷的產物，Thomas 這樣的論點提供人對於其行動所給予的意義，一個修正、改變，甚至於否定的機會，此思想也影響到符號互動理論。

二、Mead 的「主動我」與「被動我」

Mead (1934) 的原始作品在他過世後收錄於《心靈、自我與社會》(*From George Herbert Mead, Mind, Self, and Society*) 這本於 1934 年由芝加哥大學出版社出版的著作。

Mead 受到達爾文進化理論的影響。Mead 並不主張自由放任主義，讓強弱這兩種人自行物競天擇，但是，他接受達爾文的進化論原理，並認為人類社會是個有機體，不斷地企圖適應他們所處的環境，並且經過這種過

程使有機體得到修正。據此，對 Mead 來說，人類的心靈乃是這種自然進化過程的產物 (Camic, 2016: 28)。

Mead 的理論也受到黑格爾辯證哲學 (Hegel's dialectical) 的影響：歷史上支配的主流意識並非是永久的或絕對的；相反的，許多曾存在歷史舞臺上的意識，都面臨被否定的命運。依據這個哲學，人類的意識 (consciousness) 並不是絕對的，它隨時會受到挑戰，也隨時準備接受改變 (Cook, 1993: 39)。

Mead 於 1887 年進入哈佛大學就讀哲學與心理學，取得學士學位，之後，他前往德國萊比錫大學 (University of Leipzig)，受教於實驗心理學之父 Wilhelm Wundt，並學習內省法 (introspection)，指藉由自己非正式的自我反省、自我檢驗，以得知自己的想法或情感。Mead 後來提出「人類具有了解別人對自己想法與期待的能力，唯有如此人們才能認識自己，才能參與社會」，這個論點乃受 Wundt 之影響。

Mead 強調社會過程的重要，他認為要了解一個人的活動，或者要了解一個人的行為，只有深入整個團體中才能得知。亦即，一個人不可能脫離社會，而自我也只有在社會過程中才會發展出來。我們必須視社會為一個結構體，經由不斷的溝通與互動，自我意識才會形成，而個人的意識則是社會過程的產物，它來自人與環境的互動，尤其是他所生長的環境。

Mead 認為「自我 (self) 與意識 (consciousness) 的出現」是逐漸形成的，從遊戲中、從角色扮演中學習得來。當一個小孩很小的時候，他們藉由玩遊戲、玩家家酒，扮演各種角色，得知角色的差異；但當他們長大以後，他們開始玩較大規模的遊戲 (game)，因為參與的人數變多，他們要領略更多遊戲的規矩，且要能扮演各種的角色，尤其要扮演「概化他人的角色」(role of the generalized others)。「概化他人的角色」指的是遊戲中的每一個人彼此之間都知道彼此的想法與期望，也知道別人對他自己的想法與期望，在這遊戲中的人知道如何從別人的觀點來看自己，同時他們也知道如何扮演各種角色。

Mead 強調角色扮演的能力 (role taking capacity) 是功能社會的基礎，

也是社會秩序的基礎，一個成熟的社會，人人都要有角色扮演的能力，個人不能只是一個軀體，而要成為一個有能力去思考的人，要有能力去想像別人的態度與期望。

Mead 強調「主動我」(I) 的概念。「主動我」作為行動的主體，是人對於他人態度的反應。「主動我」的行動是永遠不能計算的，往往需視各種的情境而做不同的回應。Mead 也強調「被動我」(Me)，指個人假設他人態度的集合體。別人的態度建構了「被動我」，個人再用「主動我」做反應。有了「被動我」，個人知道事物的意義，他會依據別人對他的態度做出反應。

Mead 給了犯罪學一個重要的資產，他強調人類的「自我與意識」會改變，是人與情境互動的產物，更是個人對於自己的社會適應、生活經歷所做的反應和解釋，他的論點和 Thomas 情境定義是相同的。Mead 也給犯罪學另外一個學術資產，他強調人的「主動我」與「被動我」相互影響，「主動我」使人類的自我得以創新，同時，「被動的我」則告知個人自我是人類生活環境的產物。在此，Mead 除了強調公眾的、共享的符號意義外，也強調個人的、主觀的或古典犯罪學派的理性因素對人類符號解釋的影響。可說，Mead 認為人類行為來源和人類如何看這世界一部分源自人性，一部分則是社會性。

三、Cooley 的鏡中之我

Cooley 主要的理論可見於其作品：《人類本質與社會秩序》(*Human Nature and the Social Order*) (1902)、《社會組織》(*Social Organization*) (1909)、《社會過程》(*Social Process*) (1918) 等。Cooley 在《人類本質與社會秩序》以 Mead 的理論為依歸，強調自我來自個人的社會參與社會反應；在《社會組織》中他強化了他的思想，提及初級團體的重要；在《社會過程》中，又強調社會組織非理性的因素。

Cooley 和 Mead 一樣，都受達爾文進化論影響，Cooley 更受史賓賽社

會進化論影響，強調社會是一個有機體[1]，亦即，社會由許多不同的部門組成，每部門皆有其特殊的功能，人是這個有機體的一部分，不可能脫離社會和組織，也不可能不和其他的人往來。Cooley (2005) 也說，這個有機體是一個複雜體，有靜態的一面、也有動態的一面，有機體中各部門彼此互動，相連在一起相互影響。社會的有機體也隨著外在環境變遷而調整，如國家政府組織會為了適應社會變遷而有所調整。

Cooley 特別強調人格的發展，並在他最著名的概念「初級團體」(primary group) 中提出。他認為「初級團體」成員的社會互動 (social interaction) 是人格發展的基礎。初級團體指的是個較小、較親密的團體，能夠面對面 (face to face) 溝通，如：家庭、大學同班同學中較好的朋友群都是初級團體。Cooley 認為初級團體對人格具有深遠的影響，它更是較大社會結構的基礎。

初級團體的特性為團體成員有「自家人」的感覺，彼此之間有直接的合作也有衝突，他們可以完全自由的表達其人格與情感，並在這樣的情境中發展對於各種事物的看法。另外，初級團體的成員彼此認識，擁有共同的旨趣與情感，成員間沒有限制的溝通、毫不保留的施給，因此提供了影響人格成長最佳的環境。Cooley 認為，初級團體提供個人最早、最完整的社會團體經驗，透過這樣的團體，人們學習到社會的成就、信心、信仰、服務、順從及各種社會價值。Cooley 也認為，唯有經由這種初級團體，個人的社會理想與價值觀才能被發展出來。

Cooley 也提及「自我」(self) 的概念，這乃指人如何的定義自己和自己的行為。自我是一系列社會互動的產物，自我的發展在很小的時候便開始，自我必須在社會關係中才有機會發展；也就是說，自我是社會性的。Cooley 進一步指出，在小的時候，自我在家庭的初級團體中發展，但長大以後，自我會在同儕團體或者其他團體發展。

1　Cooley 1920 年寫〈史賓賽社會學的倒影〉(Reflections upon the sociology of Herbert Spencer) 強調社會具有有機體特性 (organic theory)，這概念來自史賓賽。

Cooley 除了強調初級團體的重要性外，也強調他人對個人行為的反應影響著個人的自我，在《人類本質與社會秩序》(*Human Nature and the Social Order*)，Cooley (1902) 提及「鏡中之我」(looking glass self) 的重要概念。「鏡中之我」指社會提供一面鏡子給個人，從這面鏡子中，我們可以觀察別人對我們行為的反應，如果我們看到的反應是不歡迎的，我們的自我會消失、行為會改變。

Cooley 認為我們每個人生活在許許多多社會關係之中，每一個社會關係都是一面鏡子，對我們的行為有所影響；我們生活在充滿鏡子的社會之中。

通常「鏡中之我」有三個主要的過程：⑴想像我們出現在他人面前 (image how we present ourselves to others)；⑵別人對我們這樣的出現會有什麼看法 (image how others evaluate us)，從此，個人可以經驗到一些的自我感覺；⑶某種自我的出現 (develop some sort of feeling about ourselves)，例如：榮耀、羞愧 (Cooley, 1902; 1998)。

一個人從嬰兒到小孩、青少年、成年、中年到老年，都必須學習看鏡子；也就是說，他必須能夠了解別人對他的看法，並且用一個更為實際的態度來重新定義他自己。尤其在人生的重要階段上，他必須面對他的成長，因為他不再是小孩、不再是學生，他已經成年或中年，他必須在這時改變一些自我的看法。

Cooley 是第一個強調初級團體重要性的學者，他強調親密團體的互動對人格發展的影響，提供了今日人格發展重要的解釋基礎。就犯罪學而言，他所強調家庭或朋友間不佳的互動與關係，是導致缺陷人格的原因，也是社會偏差行為發生的原因。

第二節　Blumer 的根想像

「符號互動論」一詞是由芝加哥學派學者 Herbert Blumer 提出。

1900 年 Blumer 出生於密蘇里州聖路易城 (Saint Louis)，大學就讀當地

的密蘇里大學 (University of Missouri)，並於 1922 年畢業。畢業後在母校擔任老師，後來進入芝加哥大學社會學研究所繼續進修，並於 1928 年取得博士學位，畢業後留任社會系。1952 年，他離開芝加哥大學，前往加州大學柏克萊分校創立社會學系，並擔任系主任，其任期甚長，從 1952 到 1972 年達 20 年之久，最終，於 1987 年過世。

就讀芝加哥大學時，他受到當時幾位老師的影響，包括：Mead、Thomas、Park 以及 Dewey。符號互動這個名詞在 1937 年第一次出現[2]，其理論的基礎便是來自於 Blumer 的幾位老師。理論中，Mead 有兩方面的影響：一個是個人是行動的主體，另一個則是強調以經驗觀察方法作為他的方法學；Thomas 給了 Blumer 情境定義的概念，強調每一個情境都必須定義；Dewey 則強調人與環境互動的重要。

Blumer 強調人與人之間互動的重要性，也強調個人對於各種事物所賦予的意義對他們行為的影響，除此之外，他強調用科學方法研究團體生活及人類行為，並提出符號互動論三個命題。另外，他也提出自我互動 (self-interaction) 的概念，以及「根想像」(root imagery) 的方法學。

一、符號互動論的三個命題

Blumer (1969: 2-3) 的符號互動論的三個簡單命題 (premises) 如下：

1. 人類行為依人們對於各種事物 (things) 所賦予的意義 (meanings) 而行動。

2. 人們對於各種事物所賦予的意義源於個人與其所接觸的人之互動而來。

3. 這些意義經過解釋的過程 (interpretative process) 後被修正，供個人用來處理他所碰見的事情。

2　符號互動論 (symbolic interactionism)，這名詞由 Blumer 於 1937 年 Emerson Schmidt (1937) 所編的《人與社會》(*Man and Society*) 一書中提出 (Blumer, 1969)。

第一個命題與意義有關，指對於人類生活世界所有的事物，人們都給其意義，這些事物有物理的東西：例如建築物、樹木、桌椅、動物等；人類社會的角色或工作類別：例如父親、母親、律師、建築師等；制度的東西：例如家庭、學校、警察、法院；社會道德價值觀：例如誠實、尊重、原諒等觀念或社會風俗習慣。

第二個命題與意義來源有關，通常意義來源有兩個：一個是事物本身，例如：槍就是槍、火車就是火車……看到這些事物就知其意義；另一個意義的來源是個人心理上的認知，像個人情感的表達或者想法等，我們會試圖找出一個人對於事物的態度，例如：你朋友的情感、態度、動機或想法等。然而，Blumer 更認為意義是人與人互動的產物，意義是社會產物 (social products)，是人們互動時，經由人們對於活動的定義結果；也就是說，人們從互動的過程中，生成對於活動的意義 (Blumer, 1969: 5)。

第三個命題強調，雖然意義來自於互動，但是很多人忽略了當一個人使用意義時，不只是意義的運用而已，還經歷解釋的過程 (a process of interpretation) (Blumer, 1969: 5)。意義解釋的過程有兩個步驟：(1)行為者要對自己表示他所要行動的意義，這時行為者是和自己互動，並從互動中產生意義；(2)當行為者和自己互動時，解釋 (interpretation) 成為處理意義時的重要過程，行為者會在此時選擇、評估、猶疑，並修正他的意義，到最後才會確定他對於事物給予之意義。如此，意義不是人很自然可以拿來使用的東西；意義是一個過程的產物，經由行為者和自己的互動、解釋的過程而產生，其中，意義會被不斷地使用、修正，並作為行為之依據。

二、自我互動

延續 Blumer 的第三個命題，他強調自我互動 (self-interaction) 的概念，此概念使人的行為可以有相當程度的自治，能擁有主權，自主決定做自己想做的事情。

Blumer 認為人有「自我」(self)，也由於人有自我，我們才能用自我和

人互動，如此，自我是一個人類自己所擁有的東西，人類用「自我」和他自己互動，也用「自我」和別人互動，這過程稱為自我互動。自我互動時，人把自己放在他所生活的世界裡，他要如何面對人、如何在團體面前呈現、如何處理他生活的世界之問題等，都需經過一個自我互動的過程，也是人類對於事物意義產生的過程，才能成為行動的依據。

依據 Blumer 的第三個命題，社會行動會經過一個解釋的過程，這個解釋過程具有緩衝作用，是人自己和自己互動的過程，讓人自己對於事物意義進行確認，進而使其後行為的發生。Blumer 亦認為，人類行為具有非決定、及視未來情況而定的特質，行動無法百分之百的預測，因行動者的社會行動經過了一個自我互動的過程，之後行動者建構或修正他們對於事物的意義，這結果使行動可以開始、持續、終止、放棄或延後。總之，行動者的「自我」提供一個和自己互動，也和他人互動的機會，而也在互動過程中，人們建構並修正對於事物的定義與解釋，並成為引導行動者與他的世界互動的基礎。

三、根想像

Blumer 的符號互動理論扎根於幾個基本的觀點，Blumer 稱之為「根想像」(root images)，是 Blumer 符號互動理論的方法學，也是了解人類行為的方法。

「根想像」有六個觀點，都與人類行為的分析有關，包括：

1.人類團體或社會的形成：任何兩個或者更多人的互動構成了人類團體與社會，而文化以及社會結構也是來自互動。

2.社會互動的基礎：人們解釋行動，並期待他人的行為，如此才能互動。

3.人類給予事物的意義：人類對於各項事物給予意義，事物有物理的，例如：書本、建築物；有概念的，例如：愛、寬恕；有更高層次的建構，例如：社會正義、宗教的教義等。

4. 人類作為一個創意的行動者：人類是一個行動者，因此，人類具有創意、擁有社會的自我。

5. 人類社會行動的理性特質：人類行動是理性的行為，知曉使用自我的表達、自我的組織與反應。

6. 人類行動的連動性 (interlinkage of action)：人類社會有文化、制度和社會秩序，在這基礎上，人類得以在不同的情境上互動與行動，使過去、現在以及未來的行動可以連結在一起。

Blumer 強調一個人的行為因為參與團體生活而受到影響，同時，一個人也可以藉著個人的參與而影響別人，強調團體生活的重要性，每一個人在來到這個世界之前，團體的生活便已存在，從嬰孩階段的生活就要靠大人的幫助、保護與照顧。任何人都要與團體共同生活，有了團體的生活，彼此之間才能分享共同的符號、了解與期望。

Blumer 認為團體生活又以「親密團體」和「初級團體」特別重要。人類在親密和初級團體的溝通經驗中發展出愛、恨、雄心、崇拜、對與錯的情感和個人的「人格」。Blumer 也強調小團體「互動過程」的重要性，從親密和初級團體的互動中，讓人們學習到各種行為的意義、動機、感覺及情感。團體的互動過程可以在兩個人的團體 (dyad) 中找到，例如：第二人對於第一人的行動給予一個意義，此時，第二人可以知道第一人行動的意義，如此，第二人就能夠形成一個判斷，能夠了解第一人的行為，並以之作為與對方互動的基礎。當然，這種的互動與對於別人行為所給予的意義可以很自然的延伸到更多人的團體，並作為與更多人互動的基礎。

在兩個人的團體中努力去了解對方時，會產生對情境的解釋，這種的解釋是一種對情境的定義，也是 Blumer 的理論重點。他認為個人會解釋情境，不只是一個意義的接受者，更是意義的創造者；這也表示，個人的行為有部分是個人自己決定，另外的部分則視社會對其行為的反應而定，而當個人進行這種解釋時，他便嘗試賦予各種行動意義，而這種的解釋會影響他其後的行為。

Blumer 強調，研究人類社會時，必須從人如何生活、如何開始行動探

究。人類生活在一起，參與者在眾多互動與接觸的情境中發展出他們的行動，他們必須彼此適應，向別人表達，並解釋對方給他們的表達，人類用這方式參與社會，而行動的連動產生文化與社會秩序，可連結過去、現在和未來的行動。顯然，Blumer 的「根想像」強調社會行動是社會學最為核心的課題，行動是人類行為分析的起始點，人類團體因行動而存在，因此，社會行動也建構了社會科學的全部。

Blumer 的方法學是不同於韋伯的，韋伯了解科學只強調行動者自己對其行為所給予的自己的解釋，但 Blumer 則強調人類從互動中給予其行為的解釋，這是意義的來源，也是意義得以改變的力量。

第三節　Hughes 的方法學

芝加哥學派第二波學者，最有名者：Herbert Blumer 和 Everett Hughes，一個貢獻在於理論的建立、另一個在於研究方法的建立。他們兩人相互輝映，使社會學大有發展 (Gusfield, 1995; Colomy & Brown, 1995)。

Hughes 1897 年生於美國俄亥俄州南方小鎮一個牧師家庭，在俄亥俄州完成大學教育後，於 1923 年前往芝加哥大學攻讀社會與人類學研究所，並受教於 Park。1928 年，Hughes 取得博士學位，畢業後前往加拿大麥基爾大學 (McGill University) 任教，成為當地重要學者，並帶動加拿大社會學發展。1938 年他回母校芝加哥大學社會系任教。23 年後，他接受布蘭戴斯大學 (Brandeis University) 的邀請，前往該校籌辦社會學研究所。1968 年，離開布蘭戴斯大學，並任教於波士頓學院 (Boston College)。

社會學者 Chapoulie (1996) 稱 Hughes 在芝加哥大學任教期間，成為符號互動理論質化研究代表性人物，並啟發了 Howard Becker 與 Erving Goffman 等學生成為符號互動理論重要學者，布蘭戴斯大學社會學系也在他影響之下，以田野研究方法作為社會學發展的基礎。

Hughes 的研究方法受到芝加哥大學人類學者 Robert Redfield 的影響，採用「田野研究法」(field study)，他認為田野研究比問卷調查法可對觀察

現象提供更多、更深入的解釋。

Hughes 在《社會學眼睛》(*Sociological Eye*) 一書中強調，進行田野研究時需以社會學的理論去看問題，方可找到行為背後的深入意義 (Hughes, 1971; 2009)。因此，社會學的知識是田野研究的基礎，應以社會學探討的態度，從社會學的角度研究問題，尤其以 Dewey、Cooley、Mead 及 Park 等建立的符號互動理論概念來觀察和分析問題 (Becker, Geer, & Hughes, 2003: 4)。

曾經在芝加哥大學受教於 Hughes 的田野研究學者 Joseph Gusfield (1995)，總結了 Hughes 的田野研究的四個探討態度：

1.田野研究要留意比較的重要性。比較觀察的社會現象之間的差異、比較今日現象和過去歷史的差異……從比較中找到社會現象解釋的價值，例如：在幫派幫規的田野研究觀察中，可對不同幫派幫規、幫派歷史的變化、今日和過去幫規對幫派成員意義上差異、不同的階級或年紀對幫規的態度等進行比較。

2.堅持田野研究中即時的和永久的、一般的和特殊的、新聞的和理論的對話與互動。看起來再小的事件也有巨觀的社會學理論價值，無論大、小、瑣碎的事件、微觀的觀察或巨觀的視野、相互的對話等都有研究價值。讓我們得以看到觀察事件中特別的意義。舉個例子，一個小女孩拿錢給在路邊的流浪漢，這代表小女孩的愛心，同時也反映社會關懷弱勢，行善助人的美德。

3.藐視狹窄的學術界線，認為社會學家只強調某種研究方法或某種科學理論，會限制對觀察問題的了解，因此，要廣泛吸取社會學、人類學、歷史學，甚至新聞、小說等雜學，才能更有能力深入比較和覺察特殊問題的社會學價值。

4.最後他呼籲社會學家要自由、自主的進行社會學想像 (sociological imagination) [3]。應從觀察中打破傳統、理所當然的想法，不要被政治、個

---

[3] Hughes 的社會學想像的概念來自 C. W. Mills。Mills (1959) 寫《社會學想像》(*The*

人道德和意識型態影響，限制了對現象的了解。

　　Hughes 的社會學想像反對社會學家只用單一研究方法，他認為將單一研究法作為唯一的科學研究論點將限縮科學家視野。他認為社會學家應該像一位探險家，到處旅行、觀察、進入各種不同的團體體驗各種不同的生活方式。可吃各種奇怪地方食物、講地方方言、容忍奇怪觀點，並從這些經歷中找到了解現象的社會學理論。

　　Hughes 認為，田野研究時社會學家要觀察集體行動 (collective action)，包括：集體行動發生的形式、發生的情境和集體行動的影響[4]。Hughes 的集體行動不是群眾短暫聚集的活動，而是持久的、組織的、或是長期相互結合，發展出來的活動。社會學的眼睛也要觀察到團體的形式，有高的共識還是低共識？團體是否有共同旨趣、文化或符號等？這也是觀察重點。Hughes 在研究大學生生活時，就用這種科學方式進行觀察：探討大學生在什麼情況之下出現集體的行動、如何面對他們在學校的課業問題、政治問題和友誼關係的問題 (Becker, Geer, & Hughes, 2003)。

　　Hughes 田野研究時使用的是參與觀察法 (participant observation)：藉參與的過程，對研究的對象進行觀察。參與觀察需要有觀察者，以掌握到觀察對象每日的生活，觀察的內容包括：他們做些什麼？何時做？跟誰做？在哪個情況下做？觀察者也同時要觀察行動背後的意義。觀察方法取得的資料可以是正式的訪問、團體的活動，或是非正式活動的觀察，例如：團體成員彼此之間互動、情感的表達等。另外，觀察方法也要建立田野研究的紀錄，紀錄是田野研究的筆記，寫下他們生活方面各種的細節，或者是正式訪問取得的文字內容。

　　觀察法需要觀察者參與 (observer)，觀察者可以是研究者本人，也可以是其他受過訓練的人，或者是同時由一個以上的觀察者參與。觀察需要頗

Sociological Imagination) 強調社會學家要以更大的社會結構看社會問題。

4　集體行動為芝加哥學派學者 Park、Mead 所強調，Hughes 在這一觀點上顯然有受到他們的影響。

長時間，幾個小時的觀察並不符觀察法方法學的要求，Hughes 自身就花費兩年時間進行大學生研究。除此之外，觀察時，觀察者要參與觀察對象的活動，參與他們正式的會議，或與觀察對象進行非正式的互動，而進行觀察時，不必隱藏觀察者真正的身分 (Becker, Geer, & Hughes, 2003)。至於如何訓練田野研究的觀察者，Gusfield (1995) 曾描述 Hughes 上田野研究課時的情景，他說，Hughes 沒有給學生觀察法的細節，他只有給學生有關觀察法的一些簡單指示與鼓勵，很少直接監督學生的觀察行為。

Hughes 強調，進入田野研究時，觀察者與參與者需要建立一個良好的互動關係 (rapport)，這樣才能得到高信度的資料；而如果關係不佳，所蒐集的資料將失去可信度。有關田野研究互動關係的問題，Hughes 提到，制度化的團體較容易建立良好互動關係，而制度化較小的團體，則需要較長的時間才能建立彼此之間的信任感。另外，Hughes 也說，田野研究的觀察者像是一個邊際人，作為一位觀察員，他和觀察的對象分享共同情感；但作為一位科學家，他卻必須中立的、客觀的分析他們所記錄的東西。Hughes 認為，邊際人角色是田野研究觀察者的一個特性。

有關田野研究中，理論與觀察，何者應先行的問題。Hughes 的同事 Robert Weiss (1996) 曾在 Hughes 過世後寫了一篇紀念文[5]，他說：Hughes 對於這問題，他堅持一個原則：觀察應在理論建立之前進行。田野研究時，我們要先有觀察，再有理論；也就是說，我們必須先了解觀察事件，再去尋找事件的理論解釋。Hughes 說，只有這樣理論才有根據。因此，Hughes 認為觀察者在田野現場時，只要記錄人們使用的符號與聲音，觀察者不必擔心田野研究資料所代表的意義，他認為觀察者在回顧與客觀評估這些田野資料之後，行為背後的意義，或社會學的理論自然會出現。

Hughes 堅信社會學價值，他也相信經由田野研究可以取得科學知識，促使社會學發展。Weiss (1996) 在 Hughes 的紀念文上說：Hughes 強調的田野研究在於幫助我們發現科學知識，使我們能跳躍出人類自我的限制，可

5　Weiss (1996) 曾寫文章紀念 Hughes，刊登於《質化社會學》(*Qualitative Sociology*) 期刊。

以掌握自己的生命不迷失並向前進步。另外，社會學知識也使我們得到自我肯定，同時使我們可以擁有和所有人溝通、互動的能力。總而言之，對 Hughes 來說，田野研究的社會學知識探索，不只是科學知識的發現，也使我們成為更好的人，並促成更好的社會被創建。

第四節　犯罪者意義世界

符號互動理論強調人類如何賦予他們所處的世界的意義，包括：人的定義 (definition)、看法、想法、價值 (values) 與信仰 (beliefs) 等。符號互動也探討這些意義如何透過互動而出現、如何被創造、如何被維持，以及後來如何變化等問題。

對多數社會大眾來說，犯罪的人是不理性的，他們行為非常的殘酷，且完全不合邏輯；然而，在一般人眼中看來不可思議或偏差的現象，在犯罪者的眼中卻有所不同。他們對於犯罪問題的看法與我們不同：有些犯罪者會認為他們是英雄、旨在為民除害；有些犯罪者則認為這些被害人罪有應得。對此，符號互動論者認為，會出現這種態度與價值觀上的差異在於，犯罪者對於犯罪行為的解釋和賦予的意義和一般人不同，他們對於事物、社會、法律、制度……對於他們周遭所有事物，皆有他們獨特的看法，犯罪者有他們自己意義的世界，這點對犯罪學者來說十足關鍵。

Amir (1967: 493) 曾對此深入說明，在他的論文〈被害人誘發的強暴〉 (Victim precipitated forcible rape)，他強調：強暴之發生最為關鍵者為加害人的意義定義。受害人可能是因為自己公然露骨的穿著或姿態而誘發強暴攻擊，但這並不是關鍵，當加害人自己對於受害人當時情境的主觀定義，才是攻擊的主要原因。行動者對於社會情境的主觀意義有所詮釋、或對事實合理化，才能了解社會行為與社會互動。

社會學家 Sutherland (1937) 在他的《職業竊盜》(The Professional Thief) 探討犯罪學習的過程，指出犯罪技巧的學習是透過與親密的人（尤其是那些偏差者、犯罪者）的溝通而學習。除了學習犯罪技巧外，犯罪者

也學習到犯罪者的動機、欲望與態度，其中他們支持違反法律的定義超過了遵從法律。Sutherland 的理論告訴我們，犯罪者從事犯罪行為與他們對於法律和對於犯罪所賦予的意義有密切關聯，而當一個人強調違反法律的價值超過遵守法律，這個人犯罪的機率就會增加。

David Matza (1964; 1969) 探討不良少年問題時，曾經提及五種不良少年合理化犯罪的技巧，被犯罪學家稱為「中立化技巧」(techniques of neutralization)，包括：否定責任（那個不是我的錯）；否定傷害（他們負擔的起）；否定受害者（他們自己找的）；責怪責難他的人（社會上每一個人都是惡棍）；以及高效忠的訴求（我這樣做都是為了幫派）等。從符號互動論的觀點來看，這些中立化的技巧是少年朋友們對犯罪行為所給予的意義。

社會學家 Donald Cressey (1953)，曾分析盜用公款的行為。盜用公款多是權力者，他們在工作上擔任重要的位置，被賦予責任與權力，卻利用這個被信任的機會而從事犯罪行為。Cressey 發現，這類犯罪者並不定義自己的行為是違法的，他們認為他們只是暫時借用一下錢，與他們向銀行的借貸關係是一樣的。

犯罪學金光黨的實證研究也發現犯罪者的意義世界。

Schur (1957; 1969) 與 Cameron (1964) 是少數探討金光黨的社會學者。Schur 指出美國社會文化強調冒險與利益，是詐騙能存在的基礎，詐騙者接受這個文化的意義，為了成功不擇手段。Cameron 探討順手牽羊的偷竊問題，他用「竊賊」(Snitches) 表示業餘的偷竊者，而用「助推器」(Booster) 表示專業的詐騙者。他分析了 1,153 個偷竊案件，發現偷竊者並非都來自低下階級，並不是因為缺錢負擔不起，而是偷竊會強化他們的中產階級符號；也因此，偷竊者要為他們犯罪行為負起最大的責任。

David Maurer (1940) 是研究金光黨最出名的學者，他的著作《大騙局》(*The Big Con*) 是金光黨研究最經典的作品。強調犯罪者、被害人如何在詐騙的遊戲中定義了犯罪的情境，Maurer 指出，金光黨並非是社會上被尊敬、職業聲望與地位高的人，不是所謂的白領犯罪者 (white collar criminal)，然而，金光黨有著高超的犯罪知識與技巧，並熟知被害人「貪

小便宜」的心理，熟知如何與被害人互動，取得被害人的信賴，讓被害人給予犯罪情境正面的定義，而願意參與金光黨的遊戲騙局。

Maurer 列出 (1940: 13–14) 金光黨騙局的 10 個步驟：(1)必須鎖定有財力者，以他們作為詐騙對象，為獵物 (target)；(2)取得受害人的信賴；(3)設計出讓被害人無法抗拒的遊戲，讓被害人與騙局中的人見面；(4)讓被害人知道如何賺一大筆的財富；(5)讓被害人得到一些好處，並讓被害人相信他可以得到好處或快速致富；(6)告訴被害人如何投資賺更多的錢；(7)讓被害人拿出錢；(8)被害人的金錢被詐騙光；(9)甩掉被害人；(10)最後，在警方前來逮捕之前，逃之夭夭。

總而言之，金光黨知道利用社會上的經濟活動，通常是時下時髦的經濟活動或商品，設計出一套可以得到好處或一夕致富的遊戲，讓被害人相信並親自參與其中。而對金光黨或對被害人來說，他們對於遊戲的情境有屬於他們自己的定義，從符號互動論的角度，這正是詐騙之所以發生的主要原因。

最後筆者節錄一些臺灣犯罪少年對於他們生活世界給予的意義，藉以幫助了解意義與少年犯罪之間的關聯（侯崇文，2014）。

1.犯罪的動機語言：偷車的理由是無聊、好奇、好玩。

「有一天在放學途中經過一間郵局，我們發現在郵局旁邊停著一部小轎車引擎還在發動但車上卻沒人的好機會，當時我那位會開車的同學就跟我們炫耀說，他可以馬上把車開走，並要載我們去兜風。於是我們就真的把車給開走了⋯⋯」、「第一次偷車的時間應該是唸國小六年級的暑假，那時候放假一個人在家很無聊，所以很想學開車，但家裡又沒有車可以讓我學，所以我就想，乾脆去偷一輛車來開好了。」

2.對主流社會價值的看法：不喜歡讀書，只要有錢就是成功。

「從國小唸到高職肄業，我都一直不喜歡唸書，雖然我母親是小學老師，但是她卻很少關心我的課業，至於父親則是忙於他自己的事業，所以我的成績好不好，他們一點都不清楚。」、「從唸國小開始，學校的課程及安排的活動始終無法引起我的興趣，尤其到了國中，功課壓力更大，讓我

對學校的印象愈來愈不好，只要一有機會，我就會和幾個要好的死黨一起翹課。」、「酒店小姐每個月收入至少在 10 萬元以上，收入大部分用在生活支出，一部分存起來準備將來自己作生意。」

　　3.對法律與犯罪懲罰的看法：不能接受法院的處罰。

　　「對於法院的判決，我覺得有一些不合理，因為刑期太長，有些人犯的罪比我們還嚴重，但他們的刑期卻判的比我們輕，這點令我有點不服。」、「我們既不殺人又不放火，被判三年感化教育，真的讓我有些不爽。」、「我覺得法院對我的判決很不公平，雖然我在一天之內犯下四件刑案，但我又沒有殺人放火，也沒有不良前科紀錄，為什麼一口氣就判我十一年六個月，我打從心裡不服氣。」

　　4.對社會關係、社會支持的看法：犯罪者的社會支持系統與他們的背景近似者都是不良的朋友。

　　「第一次偷車就是跟國中同班同學一起偷的，到了國二，甚至還和同學一起跑到臺北加入××幫，那時候經常和同學翹課去臺北幫忙，偶爾跟別幫派爭奪地盤時還得助陣打上一架，但在幫裡有吃有喝又有得玩，感覺還是很棒。」、「只要有人找上我們偷車時，我們就會聚在一起合作，默契也很好。」

　　依據符號互動理論的觀點，犯罪者給了他們自己和他們的行為一個屬於自己的解釋，賦予其行動特別的意義，其中，他們支持違反法律的行為，發展出合理化犯罪的語言和主流社會背道而馳的價值觀等，這些皆轉化成為犯罪的動機。

第五節　結　論

　　本章介紹符號互動理論：Thomas、Mead、Cooley 等幾位先驅者，他們從不同角度為理論奠基，包括：情境定義、人類社會生活的基本需求與渴望、概化他人的角色、社會是有機體以及初級團體等，都是了解人類人格發展與人類對於各種事物給予意義的基礎。

　　本章同時介紹 Blumer 的符號互動理論的三個命題以及「根想像」之觀點，讓我們了解社會行動如何發生與修正，而社會行動的討論也建構了社會科學理論的發展。本章也介紹 Hughes 的田野研究法，有了符號互動理論與研究方法的相輔相成，社會學知識得以更進一步發展。

　　社會學符號互動論為許多犯罪學理論提供重要的基礎，例如：社會控制論、中立化技巧理論、差別接觸理論、標籤論及社會抑制論，皆強調犯罪者賦予犯罪一個不同於一般人的意義，而意義則來自人與人的互動。符號互動論對犯罪學理論的影響應有兩個層面，一個是強調互動與學習關係的社會學習理論與社會控制理論；另一個則是關注社會大眾對偏差者的反應的標籤理論，這兩個理論都與社會過程有關，強調犯罪問題源於人與人的互動，尤其是人與人的互動內涵與方式並非來自於貧窮、或來自於人類在社會上的生存適應。

　　本章同時介紹犯罪者意義的世界，並舉出犯罪者定義他們生活世界的例子，包括：他們如何看犯罪的動機、他們對主流社會價值的看法、他們對法律與犯罪懲罰的看法、他們對社會關係和社會支持的看法，以及他們如何看自己的生活方式等。符號互動論者認為，一般人對於犯罪行為的解釋所賦予的意義，與從事犯罪行為、社會偏差的人是不一樣的，這樣的意義差異決定了犯罪者的犯罪動機，並成為他們後來犯罪的原動力。

　　符號互動理論為犯罪學社會過程學派發展鋪下了很好的理論根據，讓我們看到犯罪者心中的世界，以及他們學習犯罪、接受犯罪為正面意義的過程。

　　然而符號互動理論仍有其缺失，它最大的弱點在於互動導致意義出現之論述。因為人類意義的出現有太多來源：可能是歷史的、文化的，也可能是自我學習發展而來，並不須透過互動。另外，人類生活適應更與意義出現有關，這是涂爾幹與次文化學者的觀點，強調不同適應方式導致對事物不同看法，進而出現不同次文化。

　　量化研究學者也嚴厲批評符號互動理論的田野研究方法，認為過於主觀且不科學 (Prus, 1996)。反對者建議採用量化研究方法，測量人們給予行

為的意義，並且利用統計分析方法，探討意義和人類行為的因果關係，提供符號互動理論新的發展方向，而筆者也接受以上的批評與建議。

學習重點提示 ◆

1. 社會學習論、社會控制論、中立化技巧以及標籤理論等皆屬犯罪學過程論之解釋，與社會學符號互動理論 (symbolic interactionism) 有關，強調互動與行為者對於其行為所給予的意義有關。請以符號互動理論內涵說明這四個理論，並比較異同。

2. 請說明少年犯罪者的意義世界，包括：犯罪的動機、對主流社會價值的看法、對法律與犯罪懲罰的看法、對社會關係、社會支持的看法，以及對於平常生活方式如：唱歌、喝酒、打電玩等的看法。

3. David Maurer (1940) 是研究金光黨最出名的學者，他的著作《大騙局》*(The Big Con)* 是金光黨最為經典作品，請說明金光黨設下騙局的幾個步驟。

4. 符號互動論者認為一般人對於犯罪行為的解釋和所賦予的意義與犯罪者不一樣，試問 Sykes 與 Matza、Sutherland、Cressey 等犯罪學者對此的論述。

5. Blumer 的「根想像」有三個命題，是了解人類行為的方法，試說明之。

6. Hughes 的方法學和 Blumer 的符號互動理論相互輝映、相輔相成，使社會學有重大發展。請就 Hughes 的田野研究方法，說明其研究法上應有的態度及應注意事項。

參考書目

侯崇文 (2014)。黑幫少年的迷亂、犯罪機會與校園霸凌。一吋橄欖枝，3–34。臺北市：教育部。

Amir, M. (1967). Victim precipitated forcible rape. *The Journal of Criminal Law, Criminology, and Police Science*, 58 (4), 493–502.

Becker, H., Geer, B. & Hughes, E. (2003). *Making the Grade: The Academic Side of College Life*. New Brunswick, New Jersey: Transaction Publishers.

Blumer, H. (1969). *Symbolic Interactionism: Perspective and Method*. Englewood Cliffs, New Jersey: Prentice Hall, Inc.

Cameron, M. (1964). *The Booster and the Snitch*. New York: Free Press.

Camic, C. (2016). Changing "movements of thought in the nineteenth century": historical text and historical context, *The Timeliness of George Herbert Mead*, edited by Joas Hans and Daniel Huebner, Chicago: University of Chicago Press, 15–39.

Chapoulie, J.-M. (1996). Everett Hughes and the Chicago tradition. *Sociological Theory*, 14 (1), 3–29.

Colomy, P. & Brown, D. (1995). Elaboration, revision, polemic, and progress, in the second Chicago School, *A Second Chicago School? The Development of a Postwar American Sociology*, edited by Gary Fine. Chicago: University of Chicago Press.

Cooley, C. (1902). *Human Nature and the Social Order*. New York: Charles Scribner's Sons.

Cooley, C. (1998). *On Self and Social Organization*. Chicago: University of Chicago Press.

Cooley, C. (2005). *Social Organization: A Study of the Larger Mind*. New Brunswick and London: Transaction Publishers.

Cook, G. (1993). *George Herbert Mead: The Making of a Social Pragmatist*. Urbana and Chicago: University of Illinois Press.

Coser, L. (1977). *Masters of Sociological Thought: Ideas in Historical and Social Context*. New York: Harcourt Brace Jovanovich.

Cressey, D. (1953). *Other People's Money*. Chicago: Free Press.

Freud, S. (1923/2018). *The Ego and the Id*. Mineola, NW: Dover Publications.

Gusfield, J. (1995). The second Chicago School? *A Second Chicago School? The Development of a Postwar American Sociology*, edited by Gary Fine, Chicago: University of Chicago Press.

Hughes, E. (1971; 2009). *The Sociological Eye: Selected Papers*. New Brunswick, New Jersey: Transaction, Inc.

Matza, D. (1964). *Delinquency and Drift*. New York: Wiley.

Matza, D. (1969). *Becoming Deviant*. New York: Prentice-Hall.

Maurer, D. (1940). *The Big Con*. New York: Signet Books.

Mead, G. (1934). *Mind, Self and Society*. Chicago: University of Chicago Press.

Merton, R. (1995). The Thomas Theorem and the Matthew Effect. *Social Forces*, 74 (2), 379–424.

Mills, C. W. (1959). *The Sociological Imagination*. New York: Oxford University Press.

Prus, R. (1996). *Symbolic Interaction and Ethnographic Research*. New York: State University of New York Press.

Schmidt, E. (1937). *Man and Society*. New York: Prentice-Hall, Inc.

Schur, E. (1957). Sociological analysis of confidence swindling. *Journal of Criminal Law, Criminology, and Police Science*, 48, 296–304.

Schur, E. (1969). *Our Criminal Society*. Englewood Cliffs, N.J.: Prentice-Hall, Inc.

Sykes, G. & Matza, D. (1957). Techniques of neutralization: a theory of delinquency. *American Sociological Review*, 22 (6), 664–670.

Sutherland, E. & Conwell, C. (1937). *The Professional Thief*. Chicago: University of Chicago Press.

Thomas, W. I. & Thomas, D. (1928). *The Child in America*. New York: Alfred A. Knopf.

Thomas, W. I. (1923). *The Unadjusted Girl*. Boston: Little, Brown and Company.

Weber, M. (1904/1930). *The Protestant Ethic and the Spirit of Capitalism*, translated by T. Parsons. New York: The Citadel Press.

Weiss, R. (1996). Remembrance of Everett Hughes. *Qualitative Sociology*, 19 (4), 543–551.

圖片來源

圖 9–1：W. I. Thomas/Public domain
圖 9–1：George Herbert Mead/Public domain
圖 9–1：Charles Cooley/Public domain

第十章

差別接觸理論與中立化技巧

　　這一章我們要討論犯罪學兩個主要議題：差別接觸理論與中立化技巧，他們都與符號互動理論有關。差別接觸理論強調犯罪者從親密團體、初級團體中學習對與錯的看法、愛與恨的情感，以及認識生活周遭各種事物，更準確地說，學習符號的意義，例如：如何看自己的犯罪行為、如何看生活世界中的法律與社會制度。中立化技巧則探討犯罪者如何解釋犯罪、如何合理化他的犯罪行為，其中特別強調，當犯罪者用他自己的話來合理化其犯罪活動時，犯罪幾乎是必然的結果。

　　本章將探討上述之論點，包括有：Sutherland 的差別接觸理論、Akers 的差別增強理論、Cressey 的他人的錢財，和 Sykes 與 Matza 的中立化技巧。

第一節　Sutherland 的差別接觸理論

一、生　平

　　Edwin Sutherland 來自保守的美國中西部，其父親是學術界的人，曾擔任堪薩斯州 (Kansas) 渥太華大學 (Ottawa University) 歷史學系系主任。後來他父親前往內布拉斯加州浸信會神學院擔任校長，他亦隨之前往，並在父親的學校就讀，並獲得該校學位。1906 年，Sutherland 進入芝加哥大學攻讀神學院研究所，但沒多久，他發現自己對社會學更感興趣，並轉入社會系。1913 年，他取得了芝加哥大學社會學博士學位。

圖 10-1 提出差別接觸理論的 Sutherland

　　畢業之後，Sutherland 前往密蘇里州，在一所教會學校任教。1919 年，他加入伊利諾大學 (University of Illinois) 社會學系，其後，他曾先後任教於明尼蘇達及芝加哥兩所知名大學。自 1935 年起，Sutherland 開始落腳於印第安納大學，在那裡，他提出著名的差別接觸理論，並出版了四本著作：

《兩千位無家可歸的人》(*Twenty Thousand Homeless Men*) (1936)、《職業竊盜》(*The Professional Thief*) (1937)、《犯罪學原理》(*Principles of Criminology*) (1939)，以及《白領犯罪》(*White Collar Crime*) (1949) 等。1950 年，Sutherland 過世。

Sutherland 於 1939 年在他的《犯罪學原理》(*Principles of Criminology*)[1] 首次提出差別接觸理論 (differential association theory)，這是美國犯罪學者中，第一位尋求建立犯罪學「一般理論」(general theory) 來解釋各種犯罪行為。

Sutherland 的《犯罪學原理》寫於美國禁酒令時代。1921 年，費城一家出版商邀請 Sutherland 寫一本犯罪學教科書，主要寄望學術界能對禁酒令實施後，幫派成員涉入非法酒類運送與販售、因為競爭引起的恐嚇、謀殺等組織犯罪大量出現之問題，提出犯罪學的論點 (Sutherland, et al., 1992: 261)。1924 年，Sutherland 終完成《犯罪學原理》第一版出書。

寫《犯罪學原理》時，Sutherland 還沒有差別接觸理論的構想，他只檢驗了當時盛行的遺傳、環境影響因素。當他的研究逐漸成熟後，他推翻之前提出的犯罪學論點，並嘗試用社會學，尤其是芝加哥大學的學術思想，來建立自己的犯罪社會學原理。Sutherland 在寫《犯罪學原理》時看到性別和犯罪的關聯，但他認為以性別做犯罪的解釋是不足的，他認為，犯罪學必須要有研究方法，且用較為抽象概念進行分析。

1934 年 Sutherland 出版第二版《犯罪學原理》時，還是沒有提出差別接觸理論，僅強調：社會學家可以透過社會過程的了解，尤其是小孩在學習過程中的溝通、互動內涵及文化衝突的概念來解釋犯罪；顯然 Sutherland 的差別接觸理論在第二版時仍是模糊的，但這個互動與文化衝

1　《犯罪學原理》於 1924 年首度出版，出版之初並未提出差別接觸理論。1934 年第二版出書，僅提及社會過程與文化衝突的犯罪學理論模式。1939 年，第三版出現，Sutherland 正式提出差別接觸理論，共 7 個命題，1947 年第四版時修正早先的論點，共計 9 個命題，是最為完整的版本。其後的所有版本，未做更動。

突的觀點已成為差別接觸理論的濫觴。

二、1939 年版的差別接觸理論

1939 年，Sutherland 正式提出差別接觸理論，並提出七個命題：

1. 造成系統犯罪行為的過程基本上與造成違法行為的過程是一樣的。
2. 系統犯罪源於與犯罪的人接觸，這與系統守法行為乃與遵循法律的人接觸是一樣的。
3. 差別接觸是系統犯罪行為發展一個特別的構成因素。
4. 一個人參與系統犯罪行為決定於他與系統犯罪行為人的接觸次數和持續性程度。
5. 個人在特性、社會情境上的差異出現犯罪，乃因為這些都和他們與有犯罪人的接觸次數與持續性程度有關。
6. 文化衝突是差別接觸的原因，因此是系統犯罪行為的一環。
7. 社會解組是系統犯罪的原因。

Sutherland 一開始時的差別接觸理論有下列幾個重點：(1)他的理論只解釋系統犯罪行為。系統犯罪指較為嚴重的終生犯罪者或職業竊盜的犯罪問題；(2)前五個命題是他差別接觸理論的核心概念，強調行為學習過程。不管是犯罪行為的學習或一般行為的學習，其過程都是一樣的；(3)學習涉及符號互動理論概念，受到接觸的次數、持續性等影響；(4)最後兩個命題延續芝加哥學派學術傳統，強調社會解組和文化衝突的犯罪原因。但後來，Sutherland 並未直接提及這兩個理論，僅納入於他差別接觸理論最後版本之中。

1947 年出版的《犯罪學原理》，Sutherland 想要用他所發展的理論來解釋所有的犯罪現象，因此，他放棄系統犯罪概念，這樣的企圖與他對於當時非科學的犯罪解釋環境極度不滿有關，Sutherland 認為許多犯罪學者所用的理論是片段的，無法全盤掌握犯罪發生的過程；據此，Sutherland 嘗試建立的一個有系統的犯罪學論點，並使其理論具實證檢定基礎。除此以

外，Sutherland 更嘗試要發展犯罪行為發展的因果關係解釋模式，強調犯罪行為不是無中生有，而是一個步驟接著一個步驟形成。

三、方法學

Sutherland 為了使他的理論具說服力，建立一個方法學，並以之作為理論發展的基礎。

第一個研究方法稱為「邏輯抽象過程」(logical abstraction)。指從具體事物中，邏輯地抽出一些命題。舉例說明：觀察犯罪行為者的特性，發現破碎家庭、社會底層、低自我等現象，這時，犯罪學家可以針對上述行為，透過「邏輯抽象過程」找到犯罪發生的原因，例如：惡化的環境與社會階級和自我有關，進而導致犯罪。從犯罪行為特質中，邏輯抽象出惡化的環境，這是 Sutherland 建立科學命題的方法。

第二個使用的方法為差別層次解釋 (differential level of explanation)。Sutherland 不使用因果分析，因為這樣不能解釋全部的行為，他認為行為是有層次的，是一個步驟發生之後，再接著另外一個步驟發展。

第三個方法稱為分析歸納法 (analytic induction)。這方法是去尋找多個個案，並且找出可能的解釋。分析歸納法有四個指導原則：(1)定義出尋找的領域；(2)形成假設，並且用這假設，看這假設是否適用於某一個案及其他更多的個案；(3)如果這假設不能適用，我們必須改變，並且從新定義要尋找的領域；(4)繼續尋找否定假設的個案，修正假設，一直到對於研究的假設有信心為止。

簡單摘要 Sutherland 如何發展他的理論：首先，他定義研究問題，形成犯罪學的解釋與假設，並試試其他的犯罪案例。如果假設不成功，這時必須改變假設或重新定義研究問題。接著，持續尋找案例，找到尋找否定假設的案例，直到對假設有信心為止。

Sutherland 將他的研究方法學做了詳細的解說，再建構其差別接觸理論，這樣的目的是為了建立一個行為科學的通則，稱為「一般理論」。另

外，他強調其理論的系統性，使他的理論與一般非科學知識有所區隔。

Sutherland 藉上述方法學提出了差別接觸理論 (differential association theory)，理論有三個相互關聯的概念，包括了：「規範或文化衝突」、「差別接觸」(differential association) 以及「差別社會組織」(differential social organization)。

1. 「規範或文化衝突」存在社會層面，當社會中的團體有不同的規範與價值時，當其中一個團體對法律的定義不同於其他團體，他們會選擇不遵守相同的法律和文化，衝突便在這種情境下存在。這個部分，受到 Sellin 的文化衝突理論影響；Sutherland 的理論受到多位學者的影響，除上述 Sellin 外，還包括 Charles Horton Cooley (1902) 的符號互動理論、Shaw 與 McKay (1942) 的社會解組理論。

2. 「差別接觸」層面發生在行動者個人，行為的學習來自與他人的溝通與互動，並且從中再學習種種犯罪技巧、犯罪動機、犯罪的合理化以及犯罪態度。這種學習因互動次數、時間長短、優先重要性及強烈度而有所不同。

3. 「差別社會組織」則發生在團體層面，強調團體本身是一個動態的過程，有他們不同的溝通與互動方式，這導致不同團體出現不同程度的犯罪問題。只是，這論點 Sutherland 並沒有進一步發展 (Matsueda, 2006)。

四、1947 年版的差別接觸理論

Sutherland (1947) 於第四版本的《犯罪學原理》，提出差別接觸理論最終確定的版本，共有九個命題：

1. 犯罪行為是經由學習而來[2]。
2. 犯罪行為是透過與他人的溝通與互動學習而來的[3]。

---

2 此點 Sutherland 也同時告訴我們，犯罪行為不是源自生物遺傳。

3 這種溝通多數指彼此間的互動、往來與對話，但也包含了非語言的溝通，例如使用符號、

3.犯罪行為主要學習過程發生於與個人關係較為親近的團體。這表示非個人的溝通，例如報章雜誌等，扮演較為不重要的角色。

4.學習犯罪行為的過程通常包括了：(1)犯罪的技巧：有時技巧複雜、有時簡單；(2)犯罪的動機、驅力 (drives)、合理化語言和態度。

5.犯罪動機與驅力之學習，乃是學習對於法律的喜愛與厭惡之定義(指人們對於法律給予的符號意義)。

6.一個人走上不良少年之路是因為喜歡犯法的程度大於厭惡的程度。

7.差別結合的程度會因互動的頻率多寡、互動量的大小、優先順序與強度等之不同而有所不同。

8.犯罪學習的過程和其他非犯罪行為的學習過程都具有學習的機制。

9.雖然犯罪行為代表一種一般的需要和價值，但不能被一般的需要解釋，因為非犯罪行為也可能代表同樣的一般需要與價值[4]。

綜合上面九個命題可知，Sutherland 強調，犯罪行為不是生物遺傳來的，犯罪來自社會互動。再者，導致一個人犯罪的過程與導致守法的過程是完全一樣的，其行為學習的機制也一樣，都因為人類有和他人互動。除此之外，犯罪行為發生於與犯罪者的溝通過程之中，且接觸越多、往來越密切，犯罪的可能性就越高。最重要者，Sutherland 除強調犯罪技巧的學習外，也強調犯罪態度的學習，因犯罪者給予犯罪行為正面的價值，使犯罪成為可能的結果。總之，對 Sutherland 而言，除非一個人有機會與犯罪者接觸，否則他不可能進入犯罪行為的系統。

許多犯罪學研究支持 Sutherland 的差別接觸理論，皆發現偏差朋友和不良少年之形成有關（Krohn, 1974；董旭英、王文玲，2007），但這些研

手勢等。

4 Sutherland 認為，我們有金錢的需要、有追求快樂的需要或社會地位的需要，但不能用這些需要來解釋犯罪行為，因為守法的人也有相同的需要。這裡，Sutherland 顯然受到符號互動理論學者 Thomas 的影響，參與社會是人類基本的渴望，是社會行為存在的基礎，如此，人類有社會互動的需要和價值，這不管是對一般人或是對犯罪的人，都是相同的，我們不能用這些需要來解釋犯罪行為。

究卻缺少不良少年對於法律的喜愛與厭惡定義的直接測量，只強調不良少年差別接觸程度，被學者認為是差別接觸理論研究者的缺失 (Matsueda, 1988)。

Ross L. Matsueda (1988) 針對差別接觸目前發展狀況寫作，他認為這理論沒有問題，但仍需強化命題內容，且需要更多實證資料來檢定。他特別指出，差別接觸理論沒有觸及犯罪第一個發生的地方，一個犯罪學理論應該探討犯罪原始的問題，而他認為或許次文化學者 Cohen (1955) 結構論的觀點可以回答這問題。Matsueda (1988) 也批評 Sutherland 的理論未能納入社會組織接觸的討論，人在不同的社會組織中生活，而社會組織有歷史以及文化，影響著犯罪或者不犯罪的學習，他認為如果社區的犯罪團體多，少年學習犯罪的定義與動機就會增多。

綜上，Sutherland 有下列的學術貢獻：⑴第一位寫美國犯罪學教科書的人，時間為 1924 年；⑵呼籲社會學家要脫離從生物學或犯罪者個人身上尋找犯罪原因，他認為以社會學的分析架構分析才正確；⑶提出差別接觸理論，強調社會化和犯罪學習過程；⑷探討白領犯罪，強調高階者帶給社會的問題，這樣的論點和芝加哥學派犯罪學，多強調都市低階者的犯罪問題是不同的[5]，是他重要的學術貢獻。

最後，列出兩位學者對於 Sutherland 正面的評價，Cote 這樣說道：

「讀者會毫無疑問的看見，Sutherland 的理論在二十世紀時對犯罪學產生巨大的影響，雖然今天有一些修正，但仍舊是犯罪原因最為重要的理論。許多理論越來越跨領域發展，但是他們仍舊會在研究中檢視一個人的偏差朋友、非偏差的朋友，並測量這樣的接觸對於其後行為的影響，而許多的研究最後都發現，偏差朋友是不良少年最重要的預測變數。」(Cote, 2002: 131)

---

5 1949 年，Sutherland 寫《白領犯罪》(*White Collar Crime*)。

Gibbons (1979: 65) 在寫《犯罪學事業》(*Criminological Enterprise*) 時，也大力讚揚 Sutherland：「我們可以十足證明，Sutherland 是直到今日為止，對美國犯罪學最有貢獻，也是最重要的一位學者，沒有其他的犯罪學家能夠超越其論點與貢獻。」

第二節　Akers 的差別增強理論

Sutherland 強調犯罪行為乃是透過學習的機制而來的，然而，社會學者 Ronald Akers 除了以 Sutherland 所強調的社會化學習機制為基礎外，他更引用行為主義的觀點作為其理論之依據，特別強調行為操作制約如何影響行為學習，包括正常行為和偏差行為。

雖然 Akers 承認他的理論受到 Sutherland 差別接觸理論的影響，然而由於他將符號互動的學習機制轉變成行為心理學上的制約操作，使 Akers 與 Sutherland 兩位強調犯罪學習的學者，產生重大的科學理論典範區隔，因此，討論犯罪學習時，我們有必要單獨討論 Akers 的社會學習論。

Akers 強調行為學習的過程，他主張，偏差行為是經由學習過程而來，而學習過程則是透過心理學上的操作制約機制。Akers 社會學習的犯罪學論點後來也廣泛地被運用在各種犯罪防治工作上。

Akers 是佛羅里達大學 (University of Florida) 社會學系教授，並擔任犯罪學與法律研究中心主任。1966 年他與 Robert Burgess 共同提出了「犯罪行為的差別接觸強化理論」(a differential association reinforcement theory of criminal behavior)，在後來的學術生涯中，這理論一直為 Akers 用來解釋犯罪行為。犯罪學者喜歡稱差別接觸強化理論為「社會學習論」，因此 Akers 在犯罪學以「社會學習」理論出名。筆者拿去社會兩個字，用差別增強理論表示其理論，試以彰顯其理論行為主義的色彩。

Akers 的差別增強理論相當複雜，共整合三個理論，包括：Sutherland 的差別接觸理論、B. F. Skinner 的操作制約，及 Albert Bandura 的社會認知理論 (social cognition theory) 等。Akers 認為，社會行為往往受到若干個過

程的影響，例如：差別的接觸、差別強化與認知定義等都是左右任何行為的基本機制 (Akers, et al., 1979; Akers, 1985; 1989; 1996; Akers & Lee, 1996)。

以下整理 Akers 差別增強理論幾個重點：

1.犯罪行為的學習是依據操作制約的原則。

2.犯罪行為的學習在非社會的情境 (non-social situation)，透過了強化或區隔的機制，例如：種族歧視產生的負面影響機制；再者，犯罪行為的學習也在社會情境 (social situation) 透過直接的互動，他人的行為導致了犯罪的正增強或者負區隔。

3.犯罪行為的學習，其學習的增強主要發生在團體裡，包括：參考團體、媒體，他們都是增強者。

4.犯罪行為的學習包括有：特殊的技巧、態度以及迴避過程，這些都是有效率或可利用的強化者之作用，和存在的偶然事件強化之結果。

5.特殊行為的類別，其學習以及發生的次數是強化者作用的結果。其中，強化者必須是有效率且是在身邊的，這些強化者能將他們的原則與規範實際的運用出來。

6.犯罪行為是社會規範的產物[6]，這些社會規範區隔了犯罪行為、犯罪行為的學習，其帶給犯罪行為的強化作用遠超過非犯罪行為。

7.犯罪行為的力量是強化作用數量、次數與概率直接作用的結果。

從上述理論可知，Akers 的犯罪行為學習強調增強作用與行為學習的關係，與 Sutherland 強調互動過程與行為學習的關係不同，原因可能為 Akers 是心理學行為主義學派，而 Sutherland 是社會學背景。但是，兩人對親密團體互動與行為學習的關係之立場是相同的，Akers 強調行為學習包括犯罪行為和正常行為，這點應受到 Sutherland 的觀點之影響；此外，兩人皆強調行為學習與發展過程的重要性，且行為的發生不可能是跳躍式的，應是從一個步驟發展到另外一個步驟，是漸進的學習方式。

---

6 這裡表示社會規範本身因具有接納、標籤、隔離等特性，對行為可以造成增強的作用。

Akers 強調犯罪行為的發生與個人生活經驗有關，生活經驗可能是立即的，也可能是長久的，立即的經驗可以產生強化作用，讓一個人決定是否犯罪；時間較長久的經驗，也是一種強化作用，隨時間逐漸強化，讓一個人學習行為結果，並以之作為是否再犯罪的依據。總而言之，人相當理性，也相當功利，他會計算行為結果，評估他的下一步。

對於學習與個人生活經驗的關係，Sutherland 也有提及，不過 Sutherland 的論點似乎是不同於 Akers。Sutherland 強調，行為與動機的學習是人在團體生活中，透過溝通與互動而來，其中，學習的內涵除了犯罪的技巧之外，犯罪的態度與動機更為關鍵，因為犯罪的態度與動機對於犯罪的發生更具決定性影響。

犯罪學社會過程論學派的差別接觸理論及差別增強理論都強調犯罪和非犯罪是學習而來，但這兩個理論在學習機制上不相同，前者強調互動、溝通於學習上的重要，後者則強調制約機制於學習上的重要。筆者無意要在此比較兩個理論的優劣，而是希望能讓犯罪學學生知道兩理論在這一立足點的差異。

第三節　Cressey 的他人的錢財

一、生　平

Donald Cressey 生於 1919 年，是明尼蘇達州人，大學畢業於愛荷華州立學院 (Iowa State University)，1950 年取得印第安納大學博士學位。畢業之後，曾前往加州大學洛杉磯分校 (University of California, Los Angeles) 從事研究工作，後來進入加州大學聖芭芭拉分校 (University of California, Santa Barbara)。Cressey 在 1987 年過世，享年 68 歲。Cressey 在 Sutherland 過世後，肩負繼續出版《犯罪學原理》的任務，時間長達 30 年，最後以兩人名字共同出版 (Sutherland, Cressey & Luckenbill, 1992)。

Cressey 在 1953 年加州大學洛杉磯分校從事研究工作的著作《他人的

錢財》(*Other People's Money*)，此研究計畫由伊利諾州安全部 (Department of Safety)、加州監獄局、美國司法部監獄局等單位支持。研究資料來自監獄受刑人，主要探討盜用公款者違反財務信任的行為。Cressey 研究 133 位盜用公款者，嘗試了解何以這些被雇主所信任的人要違法？何以他們不尋找其他合法取得金錢的方法？何以他們不懂得節省平日生活的開支？以及他們如何從一位被信任者的角色變成一位犯罪者？

二、《他人的錢財》

　　Cressey (1953; 1971) 的理論分成三個部分，先建立假設，強調盜用公款者有「不可分擔的財務問題」，之後，為尋求解決的途徑，他們嘗試用違反規定的方式私下處理，最後仍無法解決財務問題時，便發展了合理化他們犯罪的語言。說明如下：

1. 不可分擔的財務問題

　　盜用公款的行為源自於犯罪者有所謂「不可分擔的財務問題」(non-sharable financial problem)；也就是說，當個人出現了這個不可分擔的財務問題時，他們是孤單的，通常不會把問題告訴他們身邊親近的人，由他們獨自面對。

> 「你不能告訴你的老闆，你賭博賭輸了。你就是不能走到老闆那裡，然後告訴他你破產了。」
> 「我太太知道我缺錢，但那只是不足 3,000 元而已。我會給她一個我會賺大錢的印象，所以我為何還要告訴她、讓她擔心呢？」
> (Cressey, 1971: 39; 50)

　　Cressey 認為不可分擔的財務問題都是由於生活過於奢侈或積欠賭債所引起，而當這些人有了不可分擔的財務問題後，便升起犯罪念頭。

2.犯罪機會的出現

這些有不可分擔財務問題的人，相信他可以利用他的工作幫他解決問題，這與傳統上用偷或搶來解決問題不同，當這些盜用公款者真的相信他們自己所經理的基金可以解決他們財務上的困難時，這樣的轉變非常關鍵，因為他們開始知道如何盜用公款、知曉犯罪的技巧，且他們相信只有這樣才能解決問題。

3.合理化的語言

犯罪者通常會藉著一些理由來合理化其行為，例如：「只是暫時使用一下。」；「一些受人尊敬的人過去也都利用別人的錢起家。」；「當人們潦倒時才會偷錢。」

「合理化的語言」是一種中立化技巧，透過這些語言，盜用公款者在內心原本的衝突與掙扎終於獲得解決，他不再存在內心的矛盾與不一致，他與被信任、被尊敬的角色取得了妥協。此時，雖然他承認他的行為是不對的，但他會認為，他沒偷沒搶只是暫時借用一下公司的錢而已。

合理化的語言是犯罪的先決條件，也因為有了這種語言，提高了他們犯罪的動機。

第四節　Matza 的中立化技巧與漂浮理論

一、生　平

David Matza，1930 年生於紐約，1953 年在紐約大學 (City University of New York) 完成學士學位，之後，於 1955 年前往普林斯頓大學 (Princeton University) 完成社會學碩士學位，並在 1959 年繼續於此校取得博士學位。畢業後，1961 年，Matza 進入加州大學柏克萊分校任教，現為社會系榮譽退休教授 (professor emeritus)。

Matza 生長在一個社會與政治大動盪的時代，尤其是他在完成碩博士學位的 1950 年代，美國各地如火如荼地展開各種人權運動和改善種族隔離情況的社會運動，像是 1954 年，美國聯邦最高法院通過了「布朗訴托皮卡教育局案」(Brown v. Board of Education of Topeka) 判例，認為黑人無法就讀白人小學是違憲的。另外，Rosa Parks 小姐在 1955 年時，勇敢挑戰公共汽車前面的座位只有白人能坐、黑人必須坐在後面座位的法律。另外，Martin Luther King Jr. 在他 26 歲時領導群眾抵制歧視黑人的公共汽車，主張以非暴力的方法對抗各種對黑人不公平與歧視的法律與社會情境，成為美國最具影響力的黑人人權領袖。

Matza 目睹了這些社會運動，其任教的加州大學柏克萊分校又是社會運動的中心，在這樣背景下，Matza 認為青少年抗議與青少年暴力與他們對政府與社會的不信任感有關，他們認為現實社會充斥許多不公平與不正義，不僅法律執行上不公平，社會大眾的彼此對待也有所不公。因為對現有的制度強烈不滿，導致青少年犯罪和不良少年產生。

Matza 的理論主要探討青少年犯罪的原因，最知名的理論是不良少年中立化技巧 (techniques of neutralization)，此理論由他和他的老師 Greham Sykes [7] 於 1957 年共同提出，論文刊登在《美國社會學回顧》(*American Sociological Review*) 期刊。

Matza 提出漂浮 (drift) 的犯罪學解釋，很受學術界重視。理論出現於 1964 年出版的《不良少年與漂浮》(*Delinquency and Drift*)，在該書中，他反對次文化結構論，並提出「軟性決定論」(soft determinism)，強調不管是犯罪人或正常人都過著遵守法律的生活，而犯罪只是個人短暫自由意志的結果，是一種漂浮的現象，這解釋奠定了他在犯罪學上的學術地位。另外，

---

7 Sykes 生於 1922 年，過世於 2010 年，大學讀普林斯頓大學，博士讀西北大學 (Northwestern University)，是維吉尼亞州大學 (University of Virginia) 社會學教授。曾任教於普林斯頓大學、達特茅斯學院 (Dartmouth College) 及西北大學等，David Matza 是 Sykes 在普林斯頓大學時的學生。

他還提出不良少年地下價值 (subterranean values) 的理論，認為不良少年在偏差的次文化下成長，進而學習偏差的價值觀與犯罪行為。

　　以下依據出版時間，說明 Matza 在犯罪學上的貢獻：

二、中立化技巧

　　Sykes 與 Matza (1957) 批評犯罪學對於不良少年問題的了解與事實不符，他們尤其無法認同結構論的論點，不認為青少年否定主流文化價值，也不認為青少年會自己發展出偏差的價值與次文化。Sykes 與 Matza 認為犯罪學應該致力於寫出青少年犯罪現象的真實面，應嘗試了解青少年犯罪的特性，以青少年作為主體，視他們為行動者 (actors)，了解他們內心的世界。Matza (1969) 在《成為偏差者》(*Becoming Deviant*) 一書中認為這樣的理論是「自然學派的取向」(naturalistic　perspective)，用現象學 (phenomenology) 的理論與方法來了解青少年犯罪。

　　Matza 的自然學派理論再度提及犯罪學及社會學強調的重要問題：信仰與行動密不可分的關係。他認為，行動者的信仰與行動緊密的連接在一起，當行動者經過了意義建構 (construction of meaning) 的過程之後，意義將成為行動者心靈的一部分，並主宰行動者的一舉一動。Sykes 與 Matza 相信信仰與行動是不可分離的，信仰是行動的動力。當偏差者建構出屬於他自己的符號意義系統，例如：他對法律、社會價值、社會反應或他自己的偏差行為有所解釋時，這個符號系統將左右他的行為。

　　Matza (1964: 33) 拒絕不良少年次文化的理論，他說：「不良少年確實有次文化，但那不是不良少年次文化。」意指，不良少年知道犯罪的技巧和犯罪的知識，但是這些不是犯罪次文化理論的實證論者所敘述：次文化決定了少年所有行為，次文化決定了少年與傳統社會的差異；Matza 認為，不良少年並沒有反對自己社會的主流文化，他們仍舊認同社會的主流文化，他們也認為違反法律是不對的，只是這些少年認為他們「可以接受」違法的行為。不良少年這種心態似乎在告訴我們：「抱歉，對不起，我無法做

到。」可以說，這些少年帶有強烈的內疚心理，他們也不認為法律是錯誤的，只是在有些情況下他們可能無法遵守。

這種對於社會道德與規範無法達成的內疚心理，Sykes 與 Matza 稱為「中立化的技巧」(techniques of neutralization)。他們認為這五種中立化的技巧與 Sutherland 的「違反法律的定義超過了遵守法律的定義」是相同概念。

Sykes 與 Matza (1957: 668) 的五種中立化技巧如下：

1.責任的否定 (denial of responsibility)：「我生病了。」、「不是我的錯，錯不在我。」強調不良少年問題係由於社會地位低、缺少來自父母的關心及沒有適當的家庭生活等因素所造成，非個人的問題，不是青少年的錯。

2.傷害的否定 (denial of injury)：「他們負擔得起。」他們不承認他們的犯罪行為會對任何人造成傷害，他們視偷竊只是暫時借用。

3.受害者的否定 (denial of victim)：「我們沒有傷害任何人。」、「是他們自己惹的。」、「那些人罪有應得。」他們拒絕承認有任何的被害者，他們甚至認為被害者自己也是壞蛋。

4.責難那些責難他的人 (condemnation of the condemners)：「社會上每一個人都是壞蛋。」、「每個人都在使用一些毒品。」、「那些人也好不到哪裡去。」他們責怪那些指責他們的人，認為抓他們的權威人士比他們還貪瀆、惡質。

5.高效忠的訴求 (appeal to higher loyalties)：「我做了，但不是為我自己。」、「我不能留下我的朋友而不管。」這些不良少年把自己的問題歸罪於其他較高權威的人，強調他們犯法是必要的，因為要護衛社區、幫派或是朋友。

Sykes 與 Matza (1957: 665) 基於以下幾個行為的事實建立他們的理論，包括：(1)許多的不良少年在犯罪時有罪惡感；(2)不良少年尊敬那些守法的人；(3)雖然不良少年尊敬那些守法的人，但是他們不能與那些人融合相處；他們必須與社會大眾區隔開來，也必須與受害人區隔開來；(4)不良少年受到他們生活環境的影響，且容易受到他們朋友的影響，遵從另一種

文化與價值系統。

這五種中立化技巧對不良少年來說具有特別的意義，當不良少年用這些中立化技巧時，他們事實上是用他們自己的話來說明他們的行動，例如：「是他們自己惹的。」、「我沒有傷害別人。」這些正是 C. W. Mills (1940)「動機的字彙」(vocabularies of motives) 的涵義，青少年用他們的字彙賦予他自己的行動特別的意義。Sykes 與 Matza 認為不良少年擁有這些字彙是非常重要的，它不只提供一個犯罪行動的理由，更強化犯罪行動的動機。無疑的，中立化技巧是他們從事偏差活動最具關鍵性的一步，學習這些中立化的技巧比起學習非主流文化或價值觀更為實際也更具意義。

綜上所述，中立化技巧的概念講述不良少年如何合理化他們的偏差或犯罪行為，中立化技巧讓少年得以減少犯罪的罪惡感，並提升他們犯罪的膽量與動機。中立化技巧的理論基礎建立在 Sutherland 的差別接觸理論上，我們知道，差別接觸理論強調犯罪是經由犯罪技巧的學習、犯罪動機的學習以及犯罪態度的學習，而犯罪的學習還包括欲望的學習以及合理化技巧的學習，這些都足以幫助一個人遊走法律邊緣或正式的挑戰法律。

對於不良少年犯罪技巧，Sykes 與 Matza 認為，不良少年沒有能力左右他們自己的未來，他們的命運不是他們自己能夠掌握的，所以，他們試圖合理化錯誤的行為，用這些合理化的技巧來減少罪惡感，進而減少社會控制力量對他們的約束。

三、漂浮理論

Matza 於 1964 年提出，以專書出版《不良少年與漂浮》(*Delinquency and Drif*) 嘗試建立一個「軟性決定論」(soft determinism)，有別於當時盛行的「硬決定論」(hard determinism) 強調人根本沒有自由意志，人的很多行為都是生物因素或是人類社會環境因素造成；「軟性決定論」強調人皆有自由意志，只是有些人的自由意志較強有些人較弱，但不管不良少年還是守法的人都一樣擁有自由意志。

　　除了早先提出的中立化技巧外，Matza (1964: 8-9) 還提出漂浮的概念，漂浮並不是行動者被強迫的行為，也不是行動者自我控制、自由決定的行為，漂浮應該介於決定論與自由意志之間，是一種「軟性決定論」，允許個人部分的自由意志，並強調不良少年可以自己選擇角色。

　　據漂浮理論，青少年在學習到中立化技巧之後如何漂浮到偏差行為，是一種偶發的、臨時的，甚至是不可預期的情境的結果。Matza (1964: 29)這樣寫道：

> 「漂浮，是（一種行為）逐漸移動的過程，從任何參考團體的架
> 構來看，行動者在沒有任何自我意識之下，第一階段（的漂浮）
> 也許是偶發的，或者非預期的，同理，這種從偏差行為（漂浮）
> 回到正常行為也是偶發的、非預期的。在此並不是要排除一個犯
> 罪學的普遍理論，這理論主要的目的是要敘述各種促使不良少年
> 可能以及導致其發生漂浮的情境，而不是要敘述不良少年永遠不
> 能改變的情境。」[8] (Matza, 1964: 29)

　　Matza 認為，當一個人從行為的一個極端轉移到另外一個極端的時候，漂浮的現象便會發生。根據這理論，一般的人，他們可以非常的反傳統、無法受約束而犯罪，但是他們也可以相當的保守、遵守法律、過著大家能夠接受的生活。存在於這兩種極端之間，漂浮現象得以出現，他們從認同傳統社會的價值，到漂浮，到犯罪及不良少年偏差行為。

　　當社會控制力消失的時候，漂浮也會發生，Matza 認為，不良少年平常仍過著正常的生活，他們上學、約會、參與學校種種活動，能隨時隨地意識到其自己的行為是否符合社會規範的要求，但是，當沒有社會控制的情況下，像：一群不良少年在一起瘋狂的時候，這位少年便極有可能漂浮到犯罪或偏差的行為。

8　括弧內的文字係筆者依據 Matza 的論點加入者。

不良少年並沒有拒絕傳統的道德觀，不良少年的價值觀與主流社會是相同的，社會上沒有主流與非主流相互對立的文化 (countraculture)；事實上，由於青少年需要依賴成人且受到成人的監督，因此他們要發展對立的文化是不太可能的。Matza 認為強調不良少年與一般少年在價值觀上存有差異是錯誤的，社會上並無所謂的「不良少年次文化」。

Matza 也對為何青少年後來繼續犯罪、成為成人犯進行解釋。只要這些不良少年願意與那些犯罪少年為伍，因而學習犯罪技巧，他們便會繼續犯罪。Matza 並認為學習犯罪技巧對犯罪者來說十分簡單，不需複雜的過程，更為重要者，當一個人學習到違反法律的中立化技巧，只要有膽量以及犯罪意願，便很容易「漂浮」，進而從事違反法律的活動。

綜上，Sykes 與 Matza 的中立化技巧讓一個少年在具有道德社會的認知基礎上從事犯罪行為，而學習犯罪的技巧使他們完成犯罪的準備工作，但其中最為重要的是不良少年堅定不移的意志，當他們學會控制害怕心理，將成為漂浮到犯罪的重要力量。

第五節　結　論

本章討論兩個犯罪學社會過程論學派的理論：差別接觸理論及中立化技巧，前者強調犯罪乃學習而來的，而非犯罪也是學習而來的，只是當一個人學習了違反法律的喜好度超過了遵守法律，犯罪將成為必然的結果。中立化技巧雖未觸及學習過程，但在 Cressey 的盜用公款研究及 Matza 的漂浮理論中都扮演重要角色，強調犯罪者合理化的語言往往成為犯罪機制的一環，將增強學習制約，使一個人更勇於挑戰法律。

差別接觸理論得到很多實證研究的支持，同樣的，中立化技巧也有許多實證研究的支持，如：Harris 與 Daunt (2011) 探討消費者偏差行為的中立化技巧、Piacentini 等人 (2012) 探討喝酒者的合理化技巧、Evans 與 Porchethe (2005) 探討醫療詐騙者的中立化技巧、Shoenberger 等人 (2012) 探討高成就者如何發展出各種中立化技巧以克服同儕負面標籤帶來之困擾

等，相信差別接觸理論與中立化技巧會在犯罪學知識發展中持續發光發熱。

學習重點提示 ◈

1. 請說明 Sutherland 的差別接觸理論觀點下的犯罪原因，並比較 1934 年與 1949 年的版本差異。

2. 請說明 Sutherland 建立差別接觸理論時，提出的方法學論點。

3. 請說明 Sutherland 的差別接觸理論的九個命題，並從行為發展的角度說明各命題的意義。

4. Akers 提出社會學習理論，強調犯罪行為的解釋，除 Sutherland 的差別接觸理論外，更經由差別強化學習之。請說明其理論之命題。

5. Sykes 與 Matza 的五種中立化技巧為何？請說明之。

6. 何謂動機的字彙 (vocabularies of motives)？

7. Cressey 嘗試解釋盜用公款的犯罪行為，他的理論分成三個部分，從「不可分擔的財務問題」，發展到最後合理化他們犯罪的語言，請說明他如何發展他自己的理論？

參考書目

董旭英、王文玲 (2007)。國高中生依附父母、接觸偏差同儕、傳統價值觀念與偏差行為的關聯性之差異性研究。犯罪學期刊，10 (2)，29–48。

Akers, R. (1985). Adolescent marijuana use: a test of three theories of deviant behavior. *Deviant Behavior*, 6 (4), 323–346.

Akers, R. (1989). Social learning theory and alcohol behavior among the elderly. *Sociological Quarterly*, 30 (4), 625–638.

Akers, R., Krohn M., Lonn, L. & Rodosevich, M. (1979). Social learning and deviant behavior: a specific test of a general theory. *American Sociological Review*, 44, 636–655.

Akers, R. & Lee, G. (1996). A longitudinal test of social learning theory: adolescent smoking. *Journal of Drug Issues*, 26 (2), 317–343.

Cohen, A. (1955). *Delinquent Boys: The Culture of the Gang*. New York: Free Press.

Cooley, C. (1902). *Human Nature and the Social Order*. New York: Charles Scribner's Sons.

Cote, S. (2002). *Criminological Theories: Bridging the Past to the Future*. Thousand Oaks, California: Sage Publications.

Cressey, D. R. (1953). *Other People's Money: A Study in the Social Psychology of Embezzlement*. New York: Free Press.

Cressey, D. R. (1971). *Other People's Money: A Study in the Social Psychology of Embezzlement*. Belmont, California: Wadsworth.

Evans, R. & Porchethe, D. (2005). Nature and frequency of medicare/medicaid fraud and neutralization techniques among speech, occupational, and physical therapists. *Deviant Behavior*, 26, 253–270.

Gibbons, (1979). *Criminological Enterprise — Theories and Perspectives*. Englewood Cliffs, NJ: Prentice Hall.

Harris, L. & Daunt, K. (2011). Deviant customer behaviour: a study of techniques of neutralization. *Journal of Marketing Management*, 27, 834–853.

Krohn, M. (1974). An investigation of the effect of parental and peer associations on marijuana use: An empirical test of differential association theory, in *Crime and Delinquency: Dimensions of Deviance*, edited by Marc Reidel & Terrence Thornberry. New York: Prager, 75–87.

Matsueda, R. (1988). The current state of differential association theory. *Crime and Delinquency*, 34 (3), 277–306.

Matsueda, R. (2006). Differential social organization, collective action, and crime. *Crime, Law and Social Change*, 2006 (46), 3–33.

Matza, D. & Sykes, G. (1961). Juvenile delinquency and subterranean values. *American Sociological Review*, 26 (5), 712–719.

Matza, David (1964). *Delinquency and Drift*. New York: John Wiley & Sons, Inc.

Matza, David (1969). *Becoming Deviant*. New Jersey: Prentice-Hall, Inc.

Mills, C. W. (1940). Situated actions, and vocabularies of motive. *American Sociological Review*, 5 (6), 904–913.

Piacentini, M., Chatzidakis, A. & Banister, E. (2012). Making sense of drinking: the role of techniques of neutralisation and counter-neutralisation in negotiating alcohol consumption. *Sociology of Health & Illness*, 34 (6), 841–857.

Shaw, C. R. & McKay, H. (1942). *Juvenile Delinquency in Urban Areas*. Chicago: University of Chicago Press.

Shoenberger, N., Heckert, A. & Heckert, D. (2012). Techniques of neutralization theory and positive deviance. *Deviant Behavior*, 33, 774–791.

Sutherland, E. (1924). *Principles of Criminology*, 1st edition.

Sutherland, E. (1934). *Principles of Criminology*, 2nd edition.

Sutherland, E. (1937). *The Professional Thief: By a Professional Thief*.

Sutherland, E. (1939). *Principles of Criminology*, 3rd edition.

Sutherland, E. (1947). *Principles of Criminology*, 4th edition.

Sutherland, E. (1949). *White Collar Crime*. New York: Holt, Rinehart & Winston.

Sutherland, E., Cressey, D. & Luckenbill, D. (1992). *Principles of Criminology*. Lanham, MD: General Hall.

Sykes, G. & Matza, D. (1957). Techniques of neutralization: a theory of delinquency. *American Sociological Review*, 22 (6), 664–670.

圖片來源

圖 10-1：Wikipedia: Edwin Sutherland

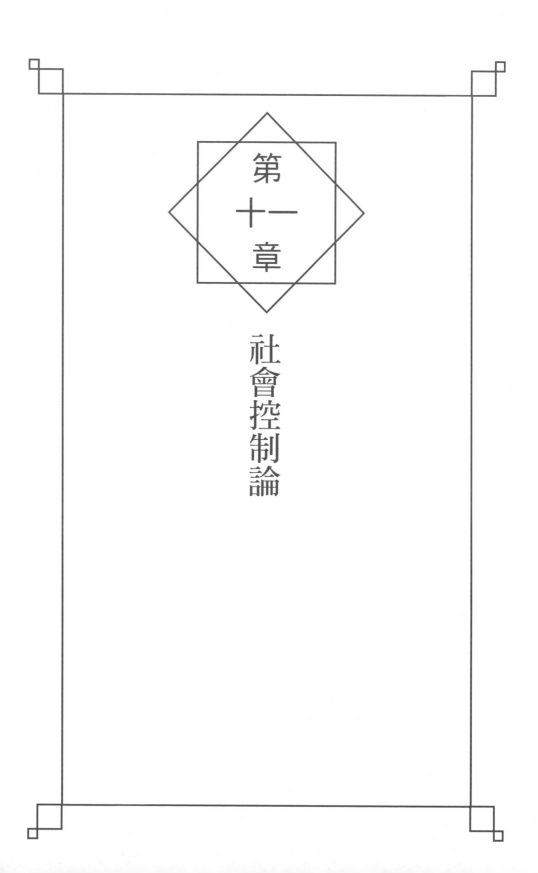

第十一章

社會控制論

社會學家 Donald Black (1976; 1984) 定義社會控制 (social control) 為一種使人們願意遵從社會規範的力量，通常是外來的，像是：警察、行政機構、法院、學校等都有制裁機制，足以迫使人們回到法律與社會秩序面，以避免麻煩。社會控制也來自於一般人對偏差行為所做的反應：不滿、抗議，甚至於向權威機構提出告訴，足以產生制裁力。本章所討論的社會控制與人們遵從法律與規範之力量有關，但不同於 Black 所提的來自外力，我們強調由行為人自己發展出來的社會控制力，人們不去犯罪的力量往往源於社會化，屬於自我的一環，是人們避免與法律衝突的能力。這種力量也與人和社會整合有關，好的社會控制力帶來人與社會的連結，增強人們遵守法律之意願，是支持社會秩序的力量。

社會控制理論最基本的主張為所有的人都有犯罪的本能和犯罪的能力，所以犯罪學者不是要回答「一個人為何犯罪？」；而要回答「為什麼人們不會去犯罪？」，尤其一個居住在容易導致犯罪環境的人，為什麼他沒有犯罪行為？(Hirschi, 1969)

犯罪學者中，最早提及社會控制概念的為芝加哥大學教授 Albert Reiss，他所定義的不良少年乃指那些個人失敗的人，以及缺少自我控制的人 (Reiss, 1951: 196)。Reiss 強調，當那些控制行為的規範內化力量消失，以及先前建立的控制力量破產，將導致少年出現行為問題。美國學者 Jackson Toby (1957) 也從社會控制的角度解釋不良少年，他引進「遵從危險」(stakes in conformity) 的概念，強調小孩如果缺少遵從危險感，將不願意把時間與精力投入遵從社會規範，便可能成為幫派份子，Toby 的「遵從危險」和社會控制是一樣的概念，是使一個人不犯罪的力量。F. Ivan Nye (1958: 4) 曾以美國華盛頓州的小孩作為研究對象，他指出，不良少年是因為社會化不佳且無效社會控制的結果 (insufficient social control)，當內在社會控制喪失了，他們便無法約束自己的行為。

有系統地使用社會控制的概念解釋偏差行為者為 Water Reckless，他是芝加哥學派的學者，在 60 年代提出牽制理論 (containment theory) [1]，嘗試建立那時代的新理論。Reckless (1961) 在提出他的理論是有其時代背景的，

當時的芝加哥大都會，移民人口高度集中，尤其中下階級家庭小孩，他們居住的環境有許多導致犯罪的因素，遊民、公共設施不足、環境擁擠，以及破碎家庭、失業與政府福利人口眾多等，可以說他們居住的環境不適合一個小孩子的成長，事實上，這些因素被許多芝加哥學派學者認為是犯罪的原因。然而，Reckless 不像其他芝加哥學派學者，他並不關心人與不良社會環境接觸時所產生的負面影響；他關心為何部分居住在高犯罪率地區的青少年沒有變壞、沒有變成不良少年？這些少年暴露在犯罪環境之下，卻沒有犯罪，他們成功地隔絕了犯罪，其中原因值得犯罪學者探討。

社會牽制理論在上述的背景中提出，是個不同於以往，一個隔離犯罪的犯罪學解釋，以下說明 Reckless 的理論。

第一節　Reckless 的牽制理論

Reckless 是芝加哥大學社會系教授 Robert Park 的學生，他的理論受到當時芝加哥大學社會學系的影響，探討的主題與都會區犯罪問題有關。不過，Reckless 似乎要掙脫當時的社會學研究理論影響，他更強調親密團體的社會化與學習的重要性，他的理論重視個人的特性、重視個人層面的問題，這與重視環境區位之社會特性的芝加哥學派有所差異。

Reckless (1940) 在其所寫的教科書《犯罪行為》(*Criminal Behavior*) 中提出犯罪學的牽制理論，他認為每個人都有屬於自己的「社會牽制」(social containments)，人們用這些「社會牽制」來幫助一個人擁有拒絕犯罪、遠離是非的力量。Reckless 指出「社會牽制」(social containments) 共有兩種，包括：(1)「內部牽制」(inner containment) 與(2)「外部牽制」(outer containment)。

1.「內部牽制」包括：自我控制力、強的本我、發展完整的超我、高

1　許多的臺灣學者翻成社會控制理論，但因社會控制理論容易讓人聯想到 Hirschi 的社會控制理論，為了與之區分、不與之混淆，筆者將其翻成牽制理論。

度的挫折容忍度、拒絕誘惑的能力、高度的責任感、目標導向、有發現替代滿足的能力，最後，還要有減少緊張的能力。可說，內部牽制與個人的社會化有關，個人內化傳統的行為價值，並發展出人格特質或個人自我，使一個人具有拒絕犯罪的誘因，並免於犯罪。

2. 「外部牽制」乃是指社會結構性的控制力和緩和力。外部牽制擁有讓一個人不從事犯罪的能力，外部牽制包括：合理的社會期望、被接受的機會、能找到避風港、制度化的目標、規範與期望、道德感等。據此，外部牽制與個人的支持系統與有效的家庭系統有關，可以幫助小孩強化傳統的價值觀並隔絕犯罪的誘惑。

「社會牽制」可使一個人遠離犯罪，但是很不幸的，人類的生長環境並沒有如此理想，社會中有許多力量會把人推向 (push) 犯罪，Reckless 稱這樣的力量為「社會壓力」(social pressure)，而將一個人推向犯罪的壓力共有三種：⑴來自外力的壓力 (external pressures)；⑵來自個人內在的壓力 (internal pressures)；⑶來自外力的推力 (external pulls)。

1. 「外力的壓力」與個人的社會結構有關。不佳的生活條件、低的教育程度、沒有特定的專長、差的經濟條件等，都是把一個人推向犯罪的力量。外力的壓力源於個人的結構性因素，它帶來生活壓力，並迫使人違反法律。

2. 「內在的壓力」來自個人的緊張、失敗感、自卑感、內心衝突等，這些因素會把人推向犯罪。

3. 「外力的推力」則指壞朋友、偏差次文化及媒體的影響，導致人偏離社會規範。

Reckless 與其同事（Dinitz 與 Murray 等）在他們的論文〈高犯罪區的好男孩〉(The "good" boy in a high delinquency area) (Reckless, Dinitz & Murray, 1957) 中強調，社會牽制理論可以解釋不良少年，也可以解釋沒有犯罪的少年，一個人可能因為「外力的推力」、「外力的壓力」、低自我的「內在的壓力」或缺少「外部牽制」而走向犯罪；而一個人可能因為有相同的犯罪推力，但由於他們有好的自我或有強的「外部牽制」，而未犯罪。

Reckless 特別強調「內部牽制」的重要性遠遠超過「外部牽制」。Reckless 相信，如果一個人有強的「內部牽制」就能有效抑制犯罪動機；相反的，如果一個人缺少「內部牽制」，只要外部把一個人推向犯罪的壓力出現，將難以阻止犯罪發生。舉例說明：如果一個人失業，沒有收入，也沒有受過好的教育，這時外部的力量將拉著他去犯罪，犯罪似乎成為他窮途末路之下的選擇；但這也不盡然，如果這時這個人有好的自我，他便可以利用這個自我拒絕犯罪。

就理論本身來說，Reckless 並非要建立一個因果架構的牽制理論，他的目的極其單純，他認為他所強調的牽制力，僅是一個緩和或隔絕犯罪的作用，牽制力隔絕社會種種犯罪壓力、或緩和犯罪動機，讓一個人在各種誘使他犯罪的情境、刺激或誘因下，因為擁有牽制力而阻擋犯罪、隔絕犯罪。

內部牽制與自我控制力有關，是一種社會化，內化了守法的價值和規範，並成為人格特質或自我的一部分，人在此時便具有拒絕誘惑、拒絕犯罪的能力。這個理論也強調各種導致犯罪的社會壓力來自社會結構性因素，然而，個人的「內部牽制」與「外部牽制」相互互動，才是左右一個人犯罪或不犯罪的主要原因。

第二節　Hirschi 的社會鍵

Travis Hirschi 也和 Wakter Reckless 一樣，皆強調社會化的重要，他認為，青少年可以用「好的自我」、「好的社會鍵」來拒絕犯罪以及種種犯罪誘惑 (Hirschi, 1969)。

Hirschi 生於 1935 年，美國猶他州人。他在猶他州立大學 (Utah State University) 完成大學與研究所碩士教育，從軍兩年之後，進入加州大學柏克萊分校攻讀社會學博士學位，並於 1968 年畢業。他的博士論文得到肯定，很快就出版成書《不良少年犯罪原因》(*Causes of Delinquency*)。這本書是犯罪學重要著作，在上世紀 70 年代後成為學術主流，影響至今。

Hirschi 畢業後曾任教於華盛頓大學 (University of Washington)、加州大學戴維斯分校 (University of California, Davis)、紐約州立大學奧本分校，最後於 1983 年起，前往亞利桑那大學 (University of Arizona) 社會系。Hirschi 在犯罪學界獲得不少殊榮，包括：擔任美國犯罪學會理事長，並獲得蘇哲蘭獎；2016 年，Hirschi 獲得犯罪學最高榮譽的斯德哥爾摩獎 (Stockholm Prize)。Hirschi 於 2017 年過世。

Hirschi 在紐約州立大學奧本分校期間，曾經和犯罪學家 Hindelang 合作，成為學術夥伴，共同出版《不良少年測量》(*Measuring Delinquency*)，這著作成為犯罪學「自陳報告」的研究典範，這種由少年親自作答來探討犯罪原因的方式，成為後來青少年犯罪研究方法學的基礎，並證明了自陳報告可以作為有效的犯罪研究法 (Hindelang, Hirschi & Weis, 1981)。

Hirschi 在紐約州立大學奧本分校期間也與該校犯罪學教授 Michael Gottfredson 合作，時間長達一個世紀之久，主要論文發表在 1983 年美國社會學〈年齡與犯罪解釋〉(Age and the explanation of crime)，他們強烈批評犯罪學家用社會學理論解釋年齡與犯罪的關係。1990 年，兩人合寫《犯罪一般化理論》(*A General Theory of Crime*) 也提出重要理論。

Hirschi 稱他的理論為社會鍵理論 (social bond theory)，社會鍵元素 (elements of social bonding) 是拒絕犯罪的力量，這屬社會控制論傳統。Hirschi 在建立他的理論時，他意圖要建立犯罪問題解釋的普遍原則，要解釋所有犯罪行為，包括暴力的、財產的或是白領犯罪等，這是當代許多社會科學家的目標與理想，因此引起許多犯罪學家的關注。另外，Hirschi 的理論也因易於了解，且獲得許多實證研究的肯定，使 Hirschi 的理論具有實證上的效度，而能在犯罪學占有一席之地。

以下說明 Hirschi 的社會鍵理論。

1960 年代的美國社會學不再熱衷於社會解組理論，他們逐漸對其感到厭倦，並認為許多社會問題與都市內的區位解組並沒有直接的關聯。的確，1970 年代，傳統的社會控制正在喪失他們的影響力，民眾已不願意像過去一樣的重視和歡迎一些社會制度如：宗教、家庭、學校及政治團體等；他

們追求搖滾樂、嬉皮、毒品和種種的反社會運動。Hirschi 看到這些社會變遷，對這種變遷感到憂心，並認為社會問題與日增多與社會疾病有關。

Hirschi 特別注意到傳統社會制度逐漸走向破產的問題，尤其是家庭制度，越來越多的男女不願意繼續組成家庭，他們不願意受到家庭的綑綁；此外，許多為人父母者不願意把他們的時間分給小孩，他們一心追求自己的事業和自己的幸福，Hirschi 看在眼裡，並認為這些是造成青少年問題的主因。

Hirschi 重新回到社會學理論傳統尋找當代問題的答案，他肯定涂爾幹所重視的社會集體情感，也肯定古典學派強調的社會契約與社會規範。不過，Hirschi 特別強調人自己是主角：他是否在意別人的意見、是否投入在傳統的活動、是否相信社會的價值等……才是關係著人的行為之重要關鍵，而不是涂爾幹巨觀面的社會整合。如此，Hirschi 不應該算是個結構論者，他強調個人的特性（Hirschi 很少用內化或社會化等名詞），尤其是個人與社會的種種聯繫。

Hirschi (1969: 16) 提出「社會鍵」的概念，它代表一個人與社會的連結情形，有的人擁有強的「社會鍵」，有的人的「社會鍵」則較弱。Hirschi 的方法學在於探討「人為何不犯罪？」的問題，因此他特別重視強的「社會鍵」，因為那是拒絕犯罪最為重要的力量。Hirschi 認為強「社會鍵」的人能分辨是非對錯，並且具有好的自我，以及做錯事的羞恥感與罪惡感。至於弱「社會鍵」的人，他們不會因為破壞法律而感到羞愧或擔心威脅到他們的社會關係，這些人以本我行事，卻容易成為犯罪的導因。

Hirschi 的「社會鍵」共分為四個層面，包括：

1.附著力 (attachment)：附著力反映一個人對於社會、家庭、教會、朋友往來的重視程度，可從對父母、老師、朋友及對別人的情感反應的敏感度觀察出。對父母、學校、朋友附著力愈強，愈不容易犯罪。

2.承諾 (commitment)：承諾是一個人在社會的投資，例如：教育、好名譽、就業等。有好的投資將來可以找到工作、得到好的社會聲望、建立好的社會關係，因此，在社會傳統投資愈多的人，他不會犯罪。承諾屬個

人遵從的理性面，犯罪讓他付出代價，失去他所想要追求的理想。

3.參與 (involvement)：Hirschi (1969: 187) 說：「不動的手是魔鬼的工作坊」(idle hands are the devil's workshop)，指個人投注於傳統活動的時間、精力與程度如果多，他對社會的連結也大，就不會嘗試犯法。參與是一種時間使用的過程，假使一個人能投入傳統活動，他較不可能有偏差行為；相反的，如果一個人的時間與精力都用在遊戲或休閒上，將會導致偏差與問題行為。

4.信仰 (belief)：信仰指一個人認同社會道德、社會共同價值觀與法律的程度。Hirschi 認為，肯定社會規範與價值或相信法律的人，會自然地昇起他們服從道德與法律的責任感，強化他們與社會的連繫，就會遠離犯罪。

Hirschi 的社會鍵理論可以用下列圖來表示之：

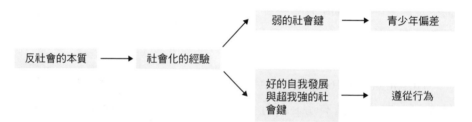

圖 11-1 Hirschi 社會鍵理論

Hirschi 與 Reckless 都相信所有的人皆有犯罪的本能，因此，對他們來說，犯罪學者研究的問題應該是：「為什麼人不犯罪？」Reckless 來自芝加哥大學，他關心大都會解組與犯罪的問題，Hirschi 不是來自芝加哥大學，他的成長與教育背景是中產階級的環境，因此他關心的是中產階級，甚至上階級家庭小孩的問題。Hirschi 不認為階級與青少年偏差行為有關，好的家庭也有犯罪的小孩，社會階級低的家庭也有犯罪的小孩，因此，Hirschi 關心的是為何不同階級的小孩都有犯罪的問題，其中，他又更關心為何不同階級小孩「不犯罪」的問題。

家庭、學校、朋友等三個層面的社會鍵是 Hirschi 最為強調的，其中又以家庭最為重要，Hirschi 認為家庭提供了傳統以及遵從行為的重要機制，

通常父母親可以透過監督、與兒女的溝通與互動，建立一個有品質的關係，這對小孩的社會鍵的發展有莫大貢獻。

支持社會控制理論相當多，以下舉例說明：

《丹佛青少年發展調查》(*Denver Youth Development Survey*) 大型少年研究由 Browning 及 Huizinga (1999) 兩位學者主持，並於 1999 年發表結果。該研究追蹤 1,527 位居住在丹佛市高危險區的小孩，有男有女，追蹤他們在 7 歲、9 歲、11 歲、13 歲及 15 歲的行為變化。他的研究發現，只有不到一半在危險環境中長大的小孩成功地拒絕了吸毒、輟學。該研究也指出，小孩成功的因素與穩定的家庭，適當的父母監督，以及和素行好的同儕交往有關。另外，成功的小孩也有好的自我，以及對自己未來正面的期待。研究同時也指出，如果成功因素越多的，這種小孩的問題就越少；而如果成功因素不多，小孩的問題也會較多。可見，少年成功拒絕犯罪與社會控制有明顯關係。

另一個大型研究《羅徹斯特青少年發展研究》(*Rochester Youth Development Study*)，由 Browning、Thornberry 與 Porter (1999) 三人探討紐約羅徹斯特市都會區不良少年的影響因素。他們的研究發現，父母與小孩關係的品質，例如：附著、參與、監督決定小孩偏差行為的發生，也就是說，家庭過程因素是少年偏差行為重要影響因素。研究也指出，對於學校附著弱、學校表現不佳，也會增加成為問題少年的機會。研究結果高度支持社會控制理論。

Bernard (1987) 發現高度父母附著、認同傳統價值、參與傳統活動和與素行好的同儕朋友在一起等，是青少年不從事偏差行為的最佳預測因素。另外，Massey 與 Krohn (1986) 發現：認同 (commitment) 是不良少年唯一的預測鍵，且控制理論較能預測女性偏差行為。

也有研究未能支持社會控制理論，但只是占少數：Agnew (1985) 認為社會控制只有解釋 1% 到 2% 的青少年偏差行為，他認為學術界似乎過分誇大社會控制理論的重要性。Stark、Kent 與 Doyle (1982) 發現社會環境的因素比起個人宗教信仰更能影響到一個青少年是否有偏差的行為。

犯罪學對社會控制理論的批評如下：

1.社會鍵與偏差行為的因果關係過於模糊，有學者認為是偏差行為而導致對父母、學校弱的社會鍵 (Liska & Reed, 1985)。

2. Hirschi 的社會鍵與社會化的結果有關，但很可惜，Hirschi 沒有說明青少年內化社會價值的過程。「青少年如何學到家庭、學校或者同儕的符號意義？」、「青少年彼此之間的溝通與互動對他們自我的影響又如何？」等，社會控制理論沒有特別說明這些重要問題。

3.從符號互動論的觀點來看，好的社會鍵一定不會犯罪，因為，人們如何賦予事物意義，人的行為就會受其影響。人們從溝通與互動中學習是非對錯，並成為他們自我的一部分，他們的行為應是他們自我自然的反應。

4.他的理論沒有辦法解釋所有的偏差或犯罪行為，例如：白領犯罪的人，他們遵從社會規範也參與傳統的活動，但他們卻是從工作中獲得犯罪的機會。

第三節　Gottfredson 與 Hirschi 的犯罪一般化理論

Hirschi 的社會鍵理論在今日，不管在美國或在臺灣仍頗受犯罪學界喜愛，但由於批評者甚多，Hirschi 後來也認為他自己的理論需要修正，因此，他在 1990 年與 Michael Gottfredson 共同提出「犯罪一般化理論」(a general theory of crime)，修正了 1969 年的社會鍵理論。

Gottfredson 生於 1951 年，大學就讀美國加州大學戴維斯分校，碩士與博士教育在紐約州立大學奧本分校完成。Gottfredson 畢業後曾在加州的克萊蒙研究大學 (Claremont Graduate University)、伊利諾大學，以及他的母校紐約州立大學奧本分校任教。Gottfredson 在 1976 年到 1979 年間曾和 Hirschi 共事，並成為學術夥伴，發表犯罪一般化理論著作。Gottfredson 曾於 2012 年擔任俄勒岡大學 (University of Oregon) 校長，但在服務兩年後宣布辭職，理由是他想要回到大學追求學術的興趣，之後，他回到加州，在

加州大學歐文分校擔任犯罪學教授。

Gottfredson 與 Hirschi 意圖建立犯罪學理論典範，嘗試要解釋所有犯罪行為，當 Hirschi 在 1969 年提出社會鍵理論時，也有相同的科學目的，他的理論可以解釋青少年偏差行為、暴力犯罪或白領犯罪。Hirschi 後來的犯罪一般化理論納入古典學派犯罪學思想，強調人類行為受到自由意志與理性選擇的影響，並以自我控制 (self-control) 為理論中心，嘗試解釋所有犯罪行為。Gottfredson 與 Hirschi (1990: 89) 說，高的自我控制可以有效減少犯罪機會，這也表示，擁有高自我控制者較不可能於其生命各階段從事犯罪活動；相反的，低自我控制者容易對於各種犯罪誘惑做出反應。

Gottfredson 與 Hirschi 首先將「犯罪性」(criminality) 與「犯罪」(crime) 的概念作了區分。「犯罪」(crime) 是古典犯罪學理論的重點，認為人傾向追求自我的利益、尋找快樂且避免痛苦，而犯罪行為則為這種人類本能所支配。至於「犯罪性」，Gottfredson 與 Hirschi 指犯罪者受到許多個人獨特的心理與外在環境因素的影響，其中低自我控制 (low self-control) 和犯罪的「機會」(opportunity) 是犯罪重要的因素。Gottfredson 與 Hirschi 將古典學派的「犯罪」與實證學派的「犯罪性」理論結合，建構他們的犯罪一般化理論。

Gottfredson 與 Hirschi 的犯罪一般化理論有幾個重要的概念：

1. Gottfredson 與 Hirschi 強調低自我控制是犯罪的原動力。追求短暫與立即性的滿足、容易衝動、未考慮到行為所帶來的後果、只重視自身的利益，而無視他人的利益等，都是低自我控制的表現。Gottfredson 與 Hirschi (1990: 15) 對犯罪行為的定義如下：「為一個強迫或詐騙的行為，其目的在於追求自我的利益。」從這定義可知，低自我控制與偏差行為有關，而高自我控制與遵從法律與規範行為有關。

2. Gottfredson 與 Hirschi (1990: 89) 認為犯罪是人類的本能，不需要太多的準備、計畫或者技術，這也是 Gottfredson 與 Hirschi 對「犯罪」概念的認知。Hirschi 在建構社會鍵理論時曾提及犯罪是人性，只是當時他認為這點不需多加解釋。Gottfredson 與 Hirschi 也認為，犯罪行為沒有專精性，

犯罪者不會固定於特定的犯罪活動，他（她）今天可能會從事財產犯罪，明天則可能會從事暴力犯罪，這部分，Gottfredson 與 Hirschi (1990: 87) 認為自我的控制與本能有關，是人類本能的直接反應，並不是一種決定論 (deterministic) 的觀點：強調犯罪行為受到環境因素的影響。因此，有些時候人們從事偏差行為，例如：抽菸、喝酒、賭博、飆車等，其目的只是在於短暫的心理滿足，是一種本能的反應。

3. Gottfredson 與 Hirschi (1993: 53) 認為缺少自我控制並不是犯罪發生的必要條件與充分條件，還必須要有環境條件的配合，其中，又以「犯罪機會」最為重要。低自我控制者如果置身於充滿誘惑的犯罪機會裡，犯罪發生的機會就會增加；相反的，若沒有機會，低自我控制者要從事偏差行為也不是件容易的事。

4. Gottfredson 與 Hirschi 修正 Hirschi 早先的社會鍵理論，強調自我控制和青少年早期生活的社會化，他們認為如果父母的親子教育失敗，小孩很容易學習到衝動、無情、重視體力、喜歡冒險與刺激等，將降低小孩的自我控制，讓小孩的偏差行為出現，甚至持續到成年。

Gottfredson 與 Hirschi 指出家庭角色的重要性，認為那是小孩社會化最為主要的來源，因此，家庭結構與家庭中的親子互動都是小孩社會化重要的單位，對小孩產生直接的影響，也關係到小孩的自我控制以及社會行為。

許多的研究支持 Gottfredson 與 Hirschi 的犯罪一般化理論：Hay (2001) 嘗試檢驗父母管教與自我控制及不良少年的關係，他的研究支持 Gottfredson 與 Hirschi 的理論，發現家庭與小孩自我有關，也會影響到偏差行為發展，但他指出，權威型管教方式將無法減少少年偏差行為。Vazsonyi 與 Crosswhite (2004) 指出，犯罪一般化理論除可以解釋白人團體少年外，也可以解釋少數族群的不良少年問題，他們又特別強調低社會控制是小孩偏差行為主要預測變數。

筆者 (1996; 2000) 曾以臺北市六所國中二年級學生、學生家長及導師等對象作為樣本分析，發現自我控制與青少年犯罪或偏差行為的關係最為密切，其中，自我控制力特別低的青少年，他們行為上的問題特別嚴重。

另外，研究也指出，家庭除了對青少年犯罪行為有作用外，也透過對自我的控制影響青少年犯罪或偏差行為。因此，筆者支持 Gottfredson 與 Hirschi 理論，強調青少年內化社會鍵的重要。青少年以好的自我來抑制其反社會本能，成為不犯罪的重要力量。

來自筆者博士班母校美國鮑林格林州立大學 (Bowling Green State University) 的兩位教授 Cernkovich 與 Giordano (1987; 1992)，他們在一項美國中西部城市不良少年研究計畫中指出，家庭互動，包括：監督、支持、信任、親密的關係和父母對於小孩交友的支持程度，都影響到少年的自我控制，以及後來的偏差行為。他們的研究也指出，小孩對於學校的連結是預測不良少年重要因素，且在各種族群團體都得到相同結論。簡而言之，Cernkovich 與 Giordano 支持 Gottfredson 與 Hirschi 有關自我控制的不良少年之解釋，也支持家庭對自我控制影響的論點。

Grasmick 等 (1993) 嘗試測定 Gottfredson 與 Hirschi 理論並指出，自我控制是單一層面的行為概念，他們也發現，低自我控制和機會結構互動共同影響著少年偏差行為。他們更發現，機會結構對於不良少年的影響重要性更甚且更直接，因此，他們認為 Gottfredson 與 Hirschi 理論有修正的必要。

LaGrange 與 Silverman (1999) 曾以加拿大中學學生為例，嘗試檢驗 Gottfredson 與 Hirschi 理論。基本上他們支持犯罪一般化理論，但是這理論在男女不同偏差行為的解釋並不同等，因此，他們認為 Gottfredson 與 Hirschi 理論在他們的研究中只能得到部分的支持，其理論無法解釋所有的犯罪行為。

第四節　討論與批判

社會控制理論由 Hirschi 的社會鍵：強調青少年與家庭、父母、同儕社會鍵的重要，到後來 Gottfredson 與 Hirschi 的犯罪一般化理論：結合了古典學派、實證學派和社會控制理論，強調低的自我以及追求犯罪的利益帶

來犯罪。不管是社會鍵或是犯罪一般化理論，皆有解釋所有犯罪行為的雄心，但對其理論的批評者不少，主要有下列幾個論點：

　　1.全球的繆誤 (global fallacy) 是這個理論的缺點，它要嘗試解釋所有的犯罪或偏差行為是不可能的，例如：恐怖主義者的犯罪原因與白領犯罪或者財產犯罪似乎不太可能一樣 (Hagan, 2011: 166)。

　　2.這個理論似乎太過於教條式。犯罪一般化理論發現傳統父母親角色對小孩發展的重要性，強調要回到傳統的社會價值與家庭價值上，讓小孩在溫暖的家裡受到雙親的照顧成長，但是，這種的論點明顯與社會現實脫節，尤其在高離婚率的現代社會，仍要小孩身在 Gottfredson 與 Hirschi 所謂的「溫暖的家」，有如緣木求魚，過於理想化。

　　3.這理論犯了自主性的繆誤 (fallacy of autonomy)。自主性繆誤發生於「家庭教養與低自我控制之間的關係被獨立於其他社會問題」(Currie, 1985: 185; Akers, 1991)，這是 Gottfredson 與 Hirschi 論點錯誤之處，因為家庭教養與社會的不平等、種族歧視、失業有所關聯，但卻在社會控制理論中遭忽略。

　　這理論的另一個缺失是太過於贅述論 (tautological) (Pratt & Cullen, 2000; Akers, 1991)，犯罪與自我控制似乎是完全相同的概念。Gottfredson 與 Hirschi 強調自我控制，並認為自我控制與偏差行為有關，但他們沒有詳細的定義自我控制，甚至發展自我控制指標，這樣的論點容易讓人認為他們是在說一件相同的事情。

學習重點提示 ◈

1. 請說明 Hirschi 提出的社會控制理論背景及其理論假設。
2. Reckless 的牽制理論在於解釋解組地區小孩沒有犯罪的現象，請說明他的理論內容。
3. 請敘述 Hirschi 社會鍵四個面向的內容。
4. Gottfredson 與 Hirschi 的犯罪一般化理論試圖建立理論典範，其理論有哪幾個重要概念？請說明之。
5. 請說明學術界對社會控制理論的批評。

參考書目

侯崇文 (1996)。巨視社會控制、微視社會控制與青少年犯罪。犯罪學期刊，2，15–48。

侯崇文 (2000)。青少年偏差行為——社會控制理論與社會學習理論的整合。犯罪學期刊，6，35–61。

Agnew, R. (1985). A revised strain theory of delinquency. *Social Forces*, 64 (1), 151–167.

Akers, R. (1991). Self-control as a general theory of crime. *Journal of Quantitative Criminology*, 7, 201–202.

Bernard, T. (1987). Testing structural strain theories. *Journal of Research in Crime and Delinquency*, 24, 262–280.

Black, D. (1976). *The Behavior of Law*. New York: Academic Press.

Black, D. (1984). *Toward a General Theory of Social Control: Fundamentals*, edited by D. Black. New York: Academic Press.

Browning, K. & Huizinga, D. (1999). *Highlights of Findings From the Denver Youth Survey*. Washington, D.C.: Office of Juvenile Justice and Delinquency Prevention.

Browning, K., Thornberry, T., & Porter, P. (1999). *Highlights of Findings From the Rochester Youth Development Study*. Washington, D.C.: Office of Juvenile Justice and Delinquency Prevention.

Cernkovich, S. & Giordano, P. (1987). Family relationships and delinquency. *Criminology*, 25, 295–319.

Cernkovich, S. & Giordano, P. (1992). School bonding, race, and delinquency.

Criminology, 30, 261–291.

Currie, E. (1985). *Confronting Crime: An American Challenge*. Westminister, MD: Random House.

Gottfredson, M. & Hirschi, T. (1990). *A General Theory of Crime*. Stanford University Press.

Grasmick, H., Tittle, C., Bursik, R. & Arneklev. B. (1993). Testing the core empirical implications of Gottfredson and Hirschi's general theory of crime. *Journal of Research in Crime and Delinquency*, 30, 5–529.

Hagan, J. (2011). *Introduction to Criminology: Theories, Methods, and Criminal Behavior*. Thousand Oaks, California: Sage Publications.

Hay, C. (2001). Parenting, self-control, and delinquency: a test of self-control theory. *Criminology*, 39, 707–736.

Hindelang, M., Hirschi, T. & Weis, J. G. (1981). *Measuring Delinquency*. Thousand Oaks, CA: Sage Publications.

Hirschi, T. (1969). *Causes of Delinquency*. New Brunswick, NJ: Transaction Publishers.

Hirschi, T. & Gottfredson, M. (1983). Age and the explanation of crime. *American Journal of Sociology*, 89 (3), 552–584.

Janowitz, M. (1975). Sociological theory and social control. *American Journal of Sociology*, 81 (1), 82–108.

LaGrange, T. & Silverman, R. (1999). Low self-control and opportunity: testing the general theory of crime as an explanation for gender differences in delinquency. *Criminology*, 37, 41–72.

Liska, A. E. & Reed, M. D. (1985). Ties to conventional institutions and delinquency: estimating reciprocal effects. *American Sociological Review*, 50 (4), 547–560.

Massey, J. & Krohn, M. (1986). A longitudinal examination of an integrated social process model of deviant behavior. *Social Forces*, 65, 106–134.

Nye, F. I. (1958). *Family Relationships and Delinquent Behavior*. Oxford, England: John Wiley.

Pratt, T. & Cullen, F. (2000). The empirical status of Gottfredson and Hirschi's general theory of crime: a meta-analysis. *Criminology*, 38, 931–964.

Reckless, W. C. (1940). *Criminal Behavior*. New York: McGraw-Hill.

Reckless, W. C. (1961). A new theory of deliquency and crime. *Federal Probation*, 25 (4), 42–46.

Reckless, W. C., Dinitz, S. & Murray, E. (1957). The "good" boy in a high delinquency area. *The Journal of Criminal Law, Criminology, and Police Science*, 48 (1), 18–25.

Reiss, A. (1951). Delinquency as the failure of personal and social controls. *American Sociological Review*, 16 (2), 196–207.

Stark, R., Kent, L. & Doyle, D. (1982). Religion and delinquency: the ecology of a "lost" relationship. *Journal of Research in Crime and Delinquency*, 19 (1), 4–24.

Toby, J. (1957). Social disorganization and stake in conformity: complementary factors in the predatory behavior of hoodlums. *Journal of Criminal Law and Criminology*, 48 (1), 12–17.

Vazsonyi, A. & Crosswhite, J. (2004). A test of Gottfredson and Hirschi's general theory of crime in African American adolescents. *Journal of Research in Crime and Delinquency*, 41 (4), 407–432.

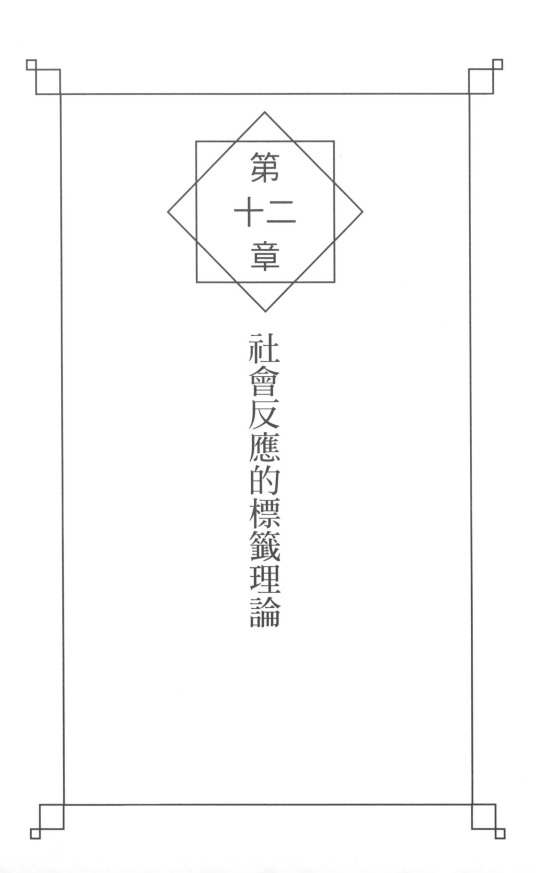

第十二章

社會反應的標籤理論

第一節　標籤理論的時代背景

犯罪學者提出的理論往往是對於歷史情境的反應。1776 年美國獨立，其後經歷了內戰，雖然過程殘酷辛苦，但內戰結束卻也使南北方的整合，雙方差異漸減，國內共識大增，造就美國發展的大好時機，並於十九世紀末與二十世紀初，經歷了最為快速的工業化發展，生產量增加，加上大量的歐洲移民，讓美國社會充滿生機，走向都市化與多元社會。這些發生在美國的變化促使芝加哥學派的出現，讓學者們關注到人類在都會區生活與適應的問題，而這些也關係著犯罪問題的出現。

1950 年代的美國是富庶與繁榮的，史學家稱之「一個繁榮的時代」(a decade of prosperity)。郊區化、高速道路興建、大學教育興起和電視與各種家電用品普遍的使用，可以看出美國在那時期的富庶。犯罪學社會控制論出現與美國社會的富庶與繁榮有關，也就是說，生長在當時的犯罪學者，在富裕的環境下看到不良少年問題，似乎犯罪已不再是貧窮與適應的問題，而是個人自己與其生活經歷中失去社會控制力，帶來犯罪。

60 年代與 70 年代的美國歷史是動盪與叛逆的。1960 年，John F. Kennedy 以 43 歲的年紀選上美國總統，此時的美國可說充滿活力與未來，然而這一年，美國社會開始步入對立、衝突與不安。1961 年，Martin Luther King Jr. 在華府舉行一場大規模的人權運動示威，抗議社會對黑人的歧視，那時他發表了動人的演講「我有一個夢」(I Have a Dream)，他說：

> 「我有一個夢，這個夢深植於美國夢，終有一天，這個國家會站起來，會活出其信條的真正意義，我們所堅持的人生而平等，這信仰將不辯自明。」

之後，美國國會做了正面回應，於 1964 年通過《人權法案》，禁止人們對族群、宗教、性別、移民國家背景的歧視。

1965 年，美國總統 Lyndon B. Johnson 派遣 2 萬名軍人進入南越，以防止共產主義勢力擴張，只是戰爭激烈，美國在戰場上傷亡慘重，共犧牲了 58,000 人，這造成美國社會年輕人、婦女、少數民族對政府的反抗與社會運動，也分裂美國。反戰團體與主流社會對立，社會瀰漫對政府的不滿與不信任。1969 年，40 萬名嬉皮 (hippies) 在紐約州胡士托農場舉辦音樂節聚會 (Woodstock Festival)，他們不信任政府、抗議政府，當時的年輕人並以性解放、吸毒、墮落、叛逆等，宣洩他們的不滿，而「嬉皮」成為反社會傳統文化之記號。

圖 12-1 1961 年 Martin Luther King Jr. 博士帶領華盛頓大遊行，有 20 萬人參加，他們要求終止種族隔離與歧視

1970 年代初期，美國總統 Richard Nixon 發生水門事件醜聞 (Watergate scandal)，更加深了美國人對政府的不信任感，各地反政府抗議、示威達到最高峰，並迫使總統 Nixon 於 1974 年辭職下野。隔年 1975 年，越戰宣告結束，美國社會才逐漸恢復平靜與安定。然而這時，不信任政府、政府要為社會問題負起最大的責任的觀念已深植人心，在這樣的背景下，犯罪學標籤理論 (labeling theory) 於焉出現。

圖 12-2 1969 年 8 月在紐約州舉辦的胡士托音樂節，有 40 萬人參加，他們抗議政府，並以吸毒、墮落、叛逆，宣洩他們的不滿

標籤理論受到符號互動論的影響，強調犯罪人被標籤後，便接受了犯罪的自我觀念，並認為犯罪具有沒有選擇、沒有退讓的符號意義。這理論在 1960 年代快速發展，歸功於 Howard Becker 在 1963 年出版的《外人》(*Outsiders*)，這本書後來成為暢銷書，帶動了當時許多犯罪學家從權力者負面標籤的角度檢視犯罪問題。

第十一章社會控制論，我們從犯罪人 (criminal) 身上找答案，把犯罪人視為一個有生命的有機體，他們有主動的一面，也有被動的一面，他們參與這個社會，並從與他人的互動中接受別人對他的看待，可以這樣說，這個有機體在參與社會、適應社會的過程中產生學習與社會化。社會控制論學者則認為，社會化結果不健全者容易受到誘惑犯罪，社會化結果健全者便有拒絕犯罪誘惑的力量。顯然，社會控制論把犯罪問題歸罪於行為人自己，而與政府無關。

一些學者卻認為，人類這個有機體，在參與社會、與人互動、溝通時，如果受到有權力者給予他們負面的、不愉快的反應，將造成負面作用，甚至內化自我犯罪觀。因此，這些學者認為，嘗試從犯罪人身上尋找犯罪原因有其限制。

標籤理論關注焦點為社會反應 (social reactions) 的問題，對於一些不能見容於主流社會的人，例如：不良少年、惡棍、流浪漢、同性戀或在學校製造問題的學生，社會給予他們特別的反應、解釋，尤其是給予其偏差的角色、身分或定義，對他們產生了關鍵性的影響。以下我們將探討標籤與偏差行為的關係，強調標籤過程和其影響，也會討論幾位標籤理論重要學者的論點。

第二節　標籤的過程

標籤出現的必要條件是犯罪行為的發生，需要知道是誰觸犯以及受害者是誰，另外，從法律的角度來說，犯罪行為背後的影響因素為何、犯罪的動機為何……這些構成犯罪行為的要素也是標籤出現的條件。然而，標籤理論更認為，不是行為本身而導致被視為犯罪，而是根據社會反應；也就是說，任何犯罪行為，它不是本能上或生下來就是犯罪的，而是由法律所界定，並由人們對於觸犯法律者所做的反應決定。

依照社會學家 Frank Tannenbaum (1938) 的說法，社會上擁有權力者或擁有權力的團體是給予標籤的人。他們給了犯罪人一個異於他人的定義，

他們對犯罪行為做出反應，透過對犯罪者的指指點點，對犯罪者的定義與
隔離、或對犯罪行為作出事實的敘述等，這樣的動作具有相當大的影響力。
Tannenbaum 說製造犯罪的方式，是使一個人自我意識地認識自己的犯罪行
為，並發展出人們所期待的犯罪特質。

Tannenbaum 如是說道：

「因此，製造犯罪的過程是一個標誌、定義、辨識、隔離、描述、
強調以及製造意識與自我意識的過程。它成為一種激化、建議、
強化，並激發出抱怨者所抱怨的每一個特質。」[1](Little & Traub,
1975: 160)

Tannenbaum 對於標籤的說明精簡明確、強而有力，是標籤論的經典定
義，經常被引用。如 Tannenbaum 所說，標籤的結果將使一個人變成別人
所描述的樣子，這正是標籤論核心的論點。

Howard Becker (1963) 的《外人》(*Outsiders*) 特別提到標籤者，他稱其
為道德事業家 (moral entrepreneur)。他強調 (1963: 147–153)「道德事業家」
可以是個人、團體或是正式的組織。道德事業家在於影響別人，以維護社
會價值與道德規範的完整性，道德事業家同時也是對偏差行為帶頭標籤的
人，他們公開指摘那些他們無法接受的行為，對行政單位施壓，要他們積
極處理違反法律的人。另外，他們設法影響立法，制裁破壞道德完整性的
任何企圖。以團體形式的道德事業家有很多，臺灣白玫瑰運動團體即是典
型的道德事業家，他們嘗試對法官施壓，讓性侵害者受到應有的法律制裁；
他們試圖影響立法，訂定嚴厲制裁性侵害的法律；他們也給警察施壓，要

---

1 此段文字精彩、真知灼見，出現於 Little & Traub (1975) 編輯的《偏差理論》(*Theories of Deviance*)，原文為："The process of making the criminal, therefore, is a process of tagging, defining, identifying, segregating, describing, emphasizing, making conscious and self-conscious; it becomes a way of stimulating, suggesting, emphasizing, and evoking the very traits that are complained of."

求快速偵破性侵害的案子。

依照 Becker 的觀點，道德事業家可約略分為兩大類：一類是規範創造者 (rule creators)，另一類是規範執行者 (rule enforcers)。

規範創造者通常強烈的譴責任何違反法律或不道德的行為，經常發表他們的社會價值與道德觀的意見，有時他們會舉辦公益活動，強化特定社會的價值，同時尋求社會的支持。規範創造者也嘗試左右選舉，甚至於進入議會，直接影響法案制訂。

規範執行者是一些治安專業的人，他們擁有執法的權力可以制裁違法者，例如：警察，就是最為典型的規範執行者，逮捕犯人是他們的工作，也是他們的責任，而一些警察用非法方式執行法律或取得犯罪事實的證據，屬不當的執法，但其標籤作用還是具有相當影響力。除警察外，執行法律的公務員、檢察官或對於法律事件進行判決的法官，都是規範的執行者。另外，監獄管理人員也是，他們對違法的人之標籤作用最大。

Harold Garfinkel (1956) 提出降級儀式 (degradation ceremony) 的概念，他特別提及結構性的降級方式是一種制度性的降級，由擁有權力的單位執行，將徹底改變個人的身分。Garfinkel 認為，這種降級儀式是一種公開的譴責，讓一個人受到羞辱，並剝奪他們作為正常公民的身分，這種降級儀式存在於任何社會裡。Garfinkel 說，法院是執行降級儀式的機構，稱為降級者 (degrader)，他們具有法學專業素養，公開對被告進行身分改造，使之變更身分成為犯罪人，並讓這種身分永遠跟隨他們。

標籤的方式還有很多：臺灣發生老師體罰學生、父母虐待小孩事件……都是標籤行動，會對小孩造成負面影響，形成自我標籤的作用，小孩認為自己遭到虐待是因為自己不好，他們內心受傷，出現較多較為明顯的憂鬱與焦慮。學校老師對學生記過、對學生進行能力分班 (tracking)，也是標籤的作法，會對那些被記過的、或被分到非就學班的小孩產生傷害，降低自我。

在人來人往的社會裡，標籤多樣化，標籤不僅發生在制度性的機構上，也發生在非制度性的層面上，尤其較高地位的人對犯罪者或地位較低者的

排斥、拒絕、隔離、否定等都是標籤作法，雖然沒有像警察或法官一樣帶來決定性的影響，但也會帶給被標籤者負面的自我。

第三節　標籤的影響

標籤理論強調，一個偏差犯罪行為的發生，不是由於犯罪者自身的一些犯罪特質所引起，而是社會集體多數對於犯罪者的反應，對於他們犯罪行為的定義所造成的負面作用之結果。

標籤理論也認為，當一些正式的、社會上官方的標籤加諸在一個人身上的時候，對一個被標籤的人而言相當關鍵。一個警察逮捕一個人犯、一個檢察官對於一個被告起訴、一個心理醫師給一個患者一份正式的診斷書……這些都正式的宣布這個人的行為有別於一般人，這便是標籤，而這種特殊身分的給予會改變一個人對自己的認知，也會改變一個人的社會關係和行為。

標籤理論並沒有要解釋一個人如何開始他的偏差行為或者他的犯罪生涯，標籤理論要解釋的是社會定義的重要性，社會對於偏差者所做的負面反應和其後的影響。標籤理論強調，社會對於偏差行為的制裁或壓力將對一個人產生影響，而使一個人繼續追求他的偏差行為，且沒有轉圜的餘地。標籤理論強調的是犯罪生涯的發展模式，認為犯罪行為是一種社會過程、社會反應的產物，是負面標籤的結果。

標籤理論從一個動態的角度分析犯罪行為，把分析的焦點放在社會上的人如何對一個被認為是犯罪的行為、偏差的行為做反應，尤其是負面的反應方式。偏差的人在各種不同的情境下，我們會怎麼對付他、對待他？一個被負面標籤的人，他們在這些社會反應之後，受到的影響到底是什麼？如何讓一個人沒辦法改變偏差的認知與偏差的角色？這是以下要討論的。以標籤理論學者所提出之理論概念逐一討論，包括：Frank Tannenbaum (1938)，Edwin Lemert (1951)，Howard Becker (1963) 及 Edwin M. Schur (1965; 1984) 等人。

一、Tannenbaum 的惡魔者的把戲

前面討論 Tannenbaum (1938) 標籤的概念，提及標誌 (tags)、定義、隔離、描述等是製造犯罪的過程，這時，社區與犯罪的人有了互動、產生區隔，造成被標籤者繼續犯罪的主因。

標籤與偏差行為的發展有關，一個人被標籤後，他會如何成為一個很壞的、違反法律的人？對此，Tannenbaum 提出了「惡魔者的把戲」(dramatization of evil) 的概念。

「惡魔者的把戲」指當一個人被標籤，其自我認同就會隨之發生，使得一個人開始扮演被標籤的角色。Tannenbaum 強調，標籤本身可以產生社會學上自我期許的諾言 (self-fulfilling prophecy) 之現象；也就是說，一個人會依照社會的期望去扮演他的角色，這角色可能是讓一個人更好，也可能使一個人變成犯罪者或偏差者的角色。如果是犯罪者或偏差者的角色，社會會對他的行為給予更進一步的負面反應，甚至拒絕這個人，而社會的反應及拒絕，會讓我們知道社會上真正的犯罪者在哪裡。

標籤的過程在於讓犯罪者負起他們的行為責任，這時「惡魔者的把戲」就得以把一個人與他的社會團體分開，並讓這個人接受他自己被以特殊身分對待的角色，也就是犯罪人的角色。

二、Lemert 的次級偏差

犯罪學者 Edwin Lemert (1951) 也提到標籤的過程，他的論點寫在《社會病態學》(*Social Pathology*) 這本書上，他提出的理論為「次級偏差理論」(theory of secondary deviation)。偏差行為或犯罪行為還沒被標籤者，稱為初級偏差 (primary deviance)，當初級偏差經過權威者對犯罪者行為的介入與標籤，原本法律的問題，在此時將變成犯罪問題，並發展成次級偏差。

Lemert 認為這種標籤從初級偏差發展到次級偏差的行為過程，對行為所產生的影響總共有七個步驟，以下說明之：

第 1 步驟：一個人觸犯了某種的偏差行為。

第 2 步驟：社會藉著制度上的處罰來對這個人做出反應，做出懲罰。

第 3 步驟：這個人用更偏差的行為來對付社會的負面反應，這時就出現了次級偏差。而次級偏差的結果造成更多的懲罰和更多的偏差反應，而成為一個連續的、不斷的、相互循環的結果。

第 4 步驟：被標籤的人發展出敵意和憤怒的態度，且是針對執法者和社會而來的。

第 5 步驟：社會則給予這個犯罪的人更多的標籤，也給予這個犯罪的人更為負面的、更刻板印象的烙印。

第 6 步驟，這時，這個人幾乎沒有太多選擇的接受偏差的角色和偏差的地位；此人接受社會對待他、期望他的方式，其結果將更加強化一個人的偏差行為和偏差認知。

第 7 個步驟，這個人最後完全接受偏差的角色與地位。

上面第 5 個與第 6 個步驟最為關鍵，Lemert 強調，社會對犯罪者給予污點的標籤和烙印，將引起他們更多、更壞的犯罪行為，而被標籤的人將重新組織他的認知，重新發展他自己的自我概念，而這樣的結果是他接受了偏差的角色，成為一個次級偏差者，完全接受犯罪的角色。

三、Becker 的「外人」與「主人身分」

偏差行為是如何被製造出來呢？社會學家 Becker (1963) 認為，一個人一旦被標籤以後，就很難擺脫這種標籤的影響，依照 Becker 所寫《外人》(*Outsiders*) (1963: 9)，偏差是對犯罪者制裁的結果，成功的制裁產生成功的標籤，而被標籤的人則成為犯罪人。據此，Becker 認為對犯法的人的制裁是社會偏差的主要來源。

Becker 的「外人」指偏差或犯罪的人，他們被標籤、被區隔成為局外人。「外人」與人的行為本質並無關聯，「外人」是其他的人對他們偏差行為定義與反應的產物。Becker 在《外人》這本書的第一頁，寫道：

> 「社會團體透過立法，將那些觸犯法律的人歸為特定的團體，標
> 籤他們為『外人』，進而創造偏差。從這樣的觀點來看，觸犯法律
> 人的行為本質不是偏差，而是源自觸犯法律者的援引法律對他們
> 進行制裁的結果。偏差的人，他們是被成功標籤的人，偏差的行
> 為是人們被標籤的結果。」(Becker, 1963: 1)

Becker 與 Lemert 一樣，並不關心初級偏差或犯罪，他說那是正常的，不會帶來太大的負面影響，Becker (1963) 較關心外面團體標籤的影響，他認為這會造成終生偏差 (career deviance) 的行為。Becker 曾以大麻使用者 (marihuana users) 為例，說明被標籤者如何成為終生偏差者，初級偏差者很難再去否定他身為偏差者的角色，而他自己也在意識上接受了這樣被標籤的角色，使得初級偏差的大麻使用者取得了新的角色認同 (role identify)，有了新的主人身分 (master status)，便用這身分取代原先的初級偏差身分，大麻使用者拿著這個主人身分進入次級偏差的，這時，他們將更鞏固自己的信念、相信自己偏差的身分，甚至加入大麻使用者的團體，產生特殊次文化。

四、Schur 的污名化

學者 Edwin Schur (1965; 1984) 也提到標籤的過程，稱其為污名化 (stigmatize)，污名化足以對一個人產生極大的負面影響。Schur 特別看到少年法庭對一些少年虞犯行為如：逃家、逃學等的反應，Schur 認為這種虞犯行為在一般的社會大眾來說並不是一種犯罪行為，但是，少年法庭認為那是犯罪行為，且少年法庭用少年法律、道德判斷給予這種虞犯行為懲罰，其結果，這些小孩受到污名化，他們的行為將變本加厲。Schur 認為，在標籤的過程中，逃家行為原本是屬於初級偏差的，但經過了標籤會變成住宅竊盜行為，這時初級偏差進入另一個不可逆轉的次級偏差行為。

人們對犯罪給予負面的標籤，這標籤的結果也會是負面的，簡單的說，

標籤的結果傷害了一個犯罪的人，並讓一個人的行為更加惡化，使其再也不可能回到正常的生活。

第四節　結　論

社會學者 Schrag (1971: 89–91) 摘要了標籤理論，用以下幾個重點說明：

1. 並沒有所謂行為本質上是犯罪的 (no act is intrinsically criminal)。

2. 犯罪的「定義」會受到擁有權力者的強化。

3. 一個人並不是因為違反法律而成為犯罪者；他們成為犯罪者乃因被擁有權力者的指定所致。

4. 由於每一個人都會遵從社會規範，也會犯法，因此不應該將行為分類為犯罪與非犯罪。

5. 逮捕的行動本身開啟了標籤的過程。

6. 逮捕以及刑事司法系統上的司法決定，依犯罪者個人特性判定，而無關犯罪行為本質。

7. 年齡、社會經濟地位、階級、種族是犯罪者個人主要的特性，這些皆足以影響到刑事司法上的差別處置。

8. 刑事司法體系乃建立於自由意志，它允許那些擁有權力的人指責與拒絕被發現的犯罪者。

9. 標籤是一種產生對偏差角色以及他們次文化認同的過程，並會導致我們去拒絕那些曾經拒絕過我們的人的情況 (Labeling is a process that produces, eventually, identification with a deviant image and subculture, and resulting rejection of the rejectors)。被標籤的人後來對社會做出反擊就是這樣的結果。

國內學術期刊中很少看到標籤理論的實證研究論文，非常可惜，可看出臺灣犯罪學界對社會反應或標籤帶來負面影響的議題較疏遠，可能是因為學術界對符號互動論的研究方法感到陌生，也可能是文化層面上的問題，

受訪者不願意談論負面標籤問題，致使相關研究付之闕如。因此，下列提供國外標籤理論的研究發現供參考：

Wiley、Ann 與 Esbensen (2013) 的研究指出，少年遭到警察攔截、逮捕或詢問者，不只惡化了他們的偏差行為，也惡化了偏差的態度。Mingus 與 Burchfield (2012) 研究 150 位性侵害者指出，在被判刑之後，性侵害者降低了自我，也降低他們融入社會的能力與意願。研究也同時指出，性侵害者越害怕被貶抑或被歧視，越可能迴避各種融入社會的活動，結論為標籤對性犯罪者帶來許多預想不到的負面效果。

標籤理論興起於一個不信任政府的時代，年輕人叛逆、對主流社會有強烈的疏離感，學者們受到這種時代氛圍的影響，脫離傳統功能論保守的觀點，從較有批判性的角度看社會問題，尤其青少年問題和墮落、吸毒的問題。他們認為有權力者和政府要為這些問題負起最大的責任。

符號互動理論是標籤理論的基礎，因此，標籤理論也強調社會情境對個人行為的反應、解釋，以及個人與這些情境相互互動的結果。

一個人如何建構屬於他自己的社會意義、如何詮釋他周遭的種種事物，這是相當有意義的犯罪學問題，因為犯罪往往建構於社會意義。在這一章，我們看到人類行為被動的一面，他們被迫接受被標籤的角色與身分，在這種被動的過程中，漸漸接受自己被標籤的角色，且用這樣的態度生活，找到自己存在的價值。

然而，可以看到，當人們解釋他們周遭的各種情境時，不只是一個意義的接受者而已，有些人會是一個意義的創造者，他們會用自己的方式、學術說法，用理性的方式詮釋種種事物。因此，個人行為中的一部分應該是隨個人自由意志、自己理性的決定；而有一部分則是被動的，隨著社會對他的反應而定。總而言之，標籤理論似乎缺少人類理性層面的思考，過於強調人類行為被動的一面，也過於強調社會主流價值和社會優勢團體對犯罪者造成的「犯罪化」過程，這是理論的缺失。

Sagarin (1975) 曾對標籤理論做了三點批判，他的論點甚有道理：

1. 標籤理論可能可以解釋不良少年對於犯罪的反應，但是標籤對於那

些犯罪程度較為嚴重者,仍無法解釋。

2. 標籤理論無法解釋人類最原始的犯罪行為。

3. 標籤事實上具有嚇阻作用,而不是如標籤理論所主張的沒有作用,因此,人們對犯罪者的標籤,應具有犯罪預防的正面作用。

另外,標籤理論似乎是與現實世界脫節的。我們知道,社會上有許多人他們曾經被標籤,但他們並沒有持續犯罪;也就是說,這些被標籤的人沒有發展到所謂「次級偏差」的犯罪行為,甚至於有些人在被標籤之後徹底悔改,走出不一樣的人生。

最後,筆者用幾句話來說明標籤理論的政策運用。標籤理論強調標籤的負面作用和負面影響,因此,標籤理論學者提出去除標籤的作法,強調用「急進不介入」(radical non-intervention) 的方式預防犯罪。社會學者 Schur (1965) 曾對這論點做出闡述:如果我們能減少給予犯罪者烙印,不要介入標籤犯罪的人,犯罪的事件就會減少。至於標籤理論在不良少年犯罪預防政策方面的運用,犯罪學者提出「非介入」(non-interventions) 及「轉向」(diversions) 的概念,強調政府機構,例如:警察、法官、社工員等,不要積極介入小孩問題,因為把小孩的問題交給學校或家長處理,只會使小孩的問題更加惡化 (Regoli, et al., 2009)。

學習重點提示 ◈

1. 標籤理論出現的時代背景導致犯罪學研究方向的轉移,開始脫離對犯罪人的思考,而強調犯罪化過程和犯罪之間的關係,請對此進行說明。

2. 標籤理論中,犯罪化 (criminalization) 是一個犯罪製造的過程,試說明之。

3. 說明下列標籤理論學者的觀點:Tannenbaum、Lemert、Becker、Schur。

4. 請摘要說明犯罪學標籤理論的重點,並提出這個理論的批判。

參考書目

Becker, H. (1963). *Outsiders*. New York: Free Press.

Garfinkel, H. (1956). Condition of successful degradation ceremonies, *Sociological Theory: A Book of Readings*, edited by Lewis A. Coser & Bernard Rosenberg, Long Grove, IL: Waveland Press, Inc., 455–462.

Lemert, E. (1951). *Social Pathology*. New York: McGraw Hill, Inc.

Little, C. & Traub, S. (1975). *Theories of Deviance*. Itasca, IL: F. E. Peacock Publishers, Inc.

Mingus, W. & Burchfield, K. (2012). From prison to integration: applying modified labeling theory to sex offenders. *Criminal Justice Studies*, 25 (1), 97–109.

Regoli, R., Hewitt, J. & DeLisi, M. (2009). *Delinquency in Society*, eighth edition. Burlington, MA: Jones and Bartlett.

Sagarin, E. (1975). *Deviants and Deviance: An introduction to the study of disvalued people and behavior*. New York: Praeger Publishers.

Schrag, C. (1971). *Crime and Justice: American Style*. Washington, D.C.: Government Printing Office.

Schur, E. (1965). *Crimes without Victims*. Englewood Cliffs, NJ: Prentice-Hall.

Schur, E. (1984). *Labeling Women Deviant: Gender, Stigma, and Social Control*. Philadelphia: Temple University Press.

Tannenbaum, F. (1938). *Crime and the Community*. New York: Columbia University Press.

Wiley, S., Slocum, L. & Esbensen, F-A. (2013). The unintended consequences of being stopped or arrested: an exploration of the labeling theory. *Criminology*, 51 (4), 927–966.

圖片來源

圖 12-1：Crowds surrounding the Reflecting Pool, during the 1963 March on Washington. Photo by Warren K. Leffler, 1963/Public domain

圖 12-2：Part of the crowd on the first day of the Woodstock Festival. Photo by Derek Redmond and Paul Campbell, 1969/CC BY-SA 3.0

第十三章

衝突、權力與犯罪

這一章我們要討論與前面幾章不太一樣的犯罪學觀點，這個觀點強調犯罪是一種政治過程的結果，犯罪與個人的階級、個人的體型，或個人的自我概念等都沒有關係，犯罪是社會團體與擁有控制政治權力機構者互動與壓迫的結果，這種犯罪學的解釋稱之為衝突學派犯罪學。

美國賓州大學 Thorsten Sellin 教授被認為是早期的衝突學派學者 (Jones, 1986)。讀犯罪學的人應該對 Sellin 不陌生，他提出文化衝突犯罪學理論，寫於《文化衝突與犯罪》(*Culture Conflict and Crime*) (Sellin, 1938)。

Sellin (1938) 分析工業社會文化衝突現象指出，過去傳統社會，道德與規範成為法律，並透過執法維持文化的一致性。然而，工業社會出現了許多文化差異團體，來自移民與鄉下的弱勢團體，每個文化團體擁有他們自己的行為規範和社會化機制，成為文化發生衝突的導因；且因為代表主流社會的文化團體，他們會嘗試影響法律的執行，如此，弱勢文化團體就容易成為執法對象，被逮捕並移送法辦。Sellin (1938) 指出，工業社會與文化團體之間的差異越大，衝突就越加明顯，而其中，沒有權力的文化團體，其成員行為被視為犯罪的機會較大。Sellin 看到工業社會的文化差異與文化衝突的問題，並視其為犯罪問題的來源；只可惜，犯罪學者對 Sellin 文化衝突的概念並不感興趣，他們更感興趣的是權力的衝突與對抗，使得 Sellin 的論點未能受到青睞。

1958 年被認為是衝突學派在犯罪學領域興起的重要年份 (Jones, 1986)，達倫道夫 (Dahrendorf) (1958) 在那一年於《美國社會學期刊》(*American Journal of Sociology*) 發表了〈烏托邦之外〉(Out of utopia)，強烈批評實證學派的共識模式觀點，並提出衝突模式 (conflict model) 以探討資本社會問題。同年，George Vold (1958) 出版第一版的《理論犯罪學》(*Theoretical Criminology*) 提出衝突社會學 (sociology of conflict) 的名詞，在眾多犯罪學教科書中，這是第一位舉起衝突學派犯罪學旗幟的學者。

衝突學派有許多的理論，例如：批判學派 (critical)、衝突學派 (conflict)、激進學派 (radical)、馬克思學派 (Marxist) 等，彼此之間的論點相互重疊、難以釐清，在此筆者參考 Jones (1986) 的分類：第一類以正統

馬克思理論為基礎的批判學派 (critical criminology)，延續黑格爾 (Hegel) 以來辯證哲學的批判傳統；第二類以達倫道夫權威衝突理論為基礎的衝突學派 (conflict criminology)，或稱新犯罪學派 (New Criminology) [1]；第三類以馬克思行動論為基礎的馬克思主義學派 (Marxist criminology)，或稱激進犯罪學派 (radical criminology)，也有稱和平學派犯罪學 (peacemaking criminology)，他們主張消除國家暴力，以回歸和平與秩序。

從上面三個衝突學派的分類，可知衝突學派理論主要來自於馬克思與達倫道夫，以下介紹兩位學者的理論。

第一節　衝突犯罪學的基礎

馬克思的理論是衝突學派犯罪學的基礎，而影響馬克思思想的重要人物，首當其衝的就是黑格爾。

一、黑格爾

黑格爾是十八、十九世紀最重要的哲學家，當我們提到馬克思的時候，勢必會提到黑格爾。黑格爾最重要的主張為，人類歷史是人類意識型態的表露和反映，這個論點和韋伯是一樣的，聚焦於人類意識在歷史變遷的重要性。然而，對於人類情況，黑格爾則認為是一種異化的狀況，其中，主體與客體是分開的、分離的，這表示，人類自己和人類生活的世界是分開的，兩者並不一致，人類生活的現實狀況似乎沒有想像中的那麼美好，而黑格爾認為這種異化的狀況可以經由自我意識的改變來改變。

何謂「主體」(subject)？你是你自己，你是觀察這個世界的人，你如何看這個世界，這就是主體的概念。何謂「客體」(object)？它是指其他所有

1　《新犯罪學》(New Criminology) 係 Taylor、Walton 和 Yang 於 1973 年出版。由於該書受到學界重視，發行量又大，因此形成一個學派。

的人，或者是我們生活的物質世界中所有的東西。黑格爾也提到「全體」(totality) 的概念，理論上，主體與客體合一成為一體，被稱為「全體」，是人類社會最為美好的境界。

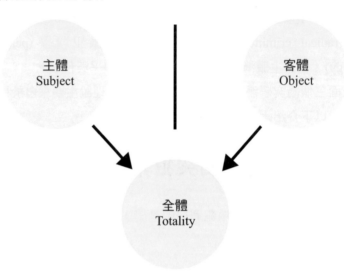

圖 13-1 黑格爾的主體、客體、全體

黑格爾說主體與客體是分開的，兩者並不一致；這意謂，作為主體的你和你所擁有的世界觀，跟你現實生活的情境和你生活中所有的東西，兩者是一種脫離現象。黑格爾說，我們生活的狀況並沒有如你自己所擁有的、所想的完美。而當主體與客體分開，就出現異化，英文是 alien，表示在世界裡，你是一個陌生人，乃因在你周遭的盡是陌生人，他們和你不相同，不會合一，無法達成「全體」的理想。

黑格爾強調，人類的意識、人類的生活情境往往遭到扭曲，我們的意識和我們的生活情境，兩者並不一致，因此，我們必須進行批判，批判我們的意識，並且得到真實的意識，這是黑格爾批判理論的核心，黑格爾認為，科學家的工作就是要對人類的意識進行批判性檢驗。

黑格爾的思想和社會學家韋伯有相似之處，他們都相信人類思想的力量。黑格爾提及，當人類的意識增加了，了解被異化的問題，就能克服主體與客體的分離，達到全體（主體與客體一致的目標）。黑格爾相信人類思

想可以改變歷史，這論點和韋伯強調歷史變遷的過程受到人們主觀了解的影響是一樣的，只是，黑格爾相信，我們必須學習批判的哲學，去認識人類社會異化的問題，異化是我們世界真正的問題，如果我們懂了，得到真正的意識，就可以克服異化，改變這世界。

二、康　德

　　黑格爾是最早的批判理論家，但也有人認為第一位批判理論家應是德國哲學家伊曼努爾・康德 (Immanuel Kant)。康德區分了「事物本身」以及「事物自己」這兩個概念，他強調「事物本身」與「事物自己」是不同且分離的，「事物自己」是我們內心所有想法的總和；「事物本身」則是我們生活的世界。而我們的「事物自己」並沒有和「事物本身」一致；也就是說，我們的想法沒有和我們生活的世界一致。他進一步說，我們生活的世界是如此的豐富，但我們發展出來的觀念卻和這個豐富的世界不一致、不合適；因此，康德認為，我們的「事物自己」、我們的意識是有問題的，我們必須對我們的意識進行批判，方能了解世界的豐富，而不只是滿足於我們內心所想的、我們視為理所當然的世界。

三、年輕黑格爾

　　年輕黑格爾 (Young Hegelians) 指黑格爾於 1831 年過世後出現的批判理論信徒，他們想要運用黑格爾的批判方法批判事情，包括批判黑格爾的批判理論。年輕黑格爾成員們具有批判性的批判、批判任何理所當然的論點之行徑也影響到馬克思。

四、費爾巴哈

　　路德維希・費爾巴哈 (Ludwig Feuerbach) 是年輕黑格爾的成員之一，

對馬克思有重大影響。費爾巴哈稱他的理論為「自然主義」（這也是年輕馬克思成員曾使用的名詞），他說他是一位自然主義者。自然主義的意思是，如果你不了解意識的重要，只要你用你的意識和你的精神與自然互動，你就可以了解你的意識；亦即，我們可以從生活的經驗中認識真正的意義。

費爾巴哈有本重要的著作《基督的本質》(*The Essence of Christianity*)，他提出，不是神創造人而是人類自己創造了神。費爾巴哈採用較為激進的立場，把異化的概念投射到神的概念上，他相信來自宗教的精神世界是人類情境的反應；因此，他稱他的理論為「自然主義」，強調精神世界是人類生活經歷、人類情境之反應。

許多人會將自然主義與理想主義混淆，但其實費爾巴哈的自然主義論點和理想主義是有區隔的，所謂的理想主義是指物質世界來自人類的想法，來自人內心的世界。思想解釋了人類的行為，而物質世界的一切皆從思想開始，這就是理想主義。簡單的說，如果你相信有神，相信神創造世界、創造人類，你就算是理想主義者。

如果我們把黑格爾、年輕黑格爾、批判主義、自然主義放在一起，就可構成物質主義。物質主義是馬克思的重要思想，也是馬克思唯物論的基石。物質主義不同於理想主義，它強調世界的一切皆從物質環境開始，人類的解釋和想法皆來自物質世界、物質環境，也就是說，人類的想法和人類的世界觀，都來自人類生活的世界、人類的物質世界和物質的情境；對費爾巴哈來說，神是人類生活經歷、人類情境的反應，是人創造神，而不是神創造人，這可以算是一種物質主義；對馬克思來說，當我了解你在社會中的階級結構，當我了解你的經濟利益，我就知道你內心在想什麼，也是馬克思的物質主義。

第二節　馬克思的生平

卡爾‧馬克思 (Karl Marx)　生於 1818 年 5 月
5 日，1883 年 3 月 14 日過世。1843 年，馬克思在
25 歲時娶了太太 Jenny von Westphalen，一位來自
有名望家庭的女孩。馬克思是猶太人，他太太並不
是，但宗教信仰並不為他們家庭要面對的問題，反
而是政治問題，它一直離不開馬克思。

圖 13-2 馬克思

一、脫離黑格爾

1843 到 1845 年對馬克思思想發展非常重要，短短三年，他寫了一本
重要著作《黑格爾哲學批判》(*A Contribution to the Critique of Hegel's
Philosophy of the State*)，或稱《黑格爾法哲學，權利哲學》(*Hegel's
Philosophy of Law, Rights*)。《黑格爾哲學批判》強烈批判宗教是鴉片，主張
對宗教的批判是所有批判最為首要的工作。

之後，馬克思又寫了《猶太問題的討論》，但因這本書無法為德國警方
接受，因此，他被迫離開德國，逃難到巴黎。1844 年，他在巴黎著手他哲
學思想的架構，那年夏天，他完成了《巴黎手稿》(*The Paris Manuscripts*)。
在《巴黎手稿》之前，馬克思仍是位黑格爾信徒，但至此，他脫離黑格爾，
也和年輕黑格爾團體區隔，開始走自己的路，成為物質主義者，用歷史唯
物論 (historical materialism) 來描述他的立場。

之後，馬克思遇上了一位年輕人弗里德里希·恩格斯 (Friedrich Engels)，當時恩格斯只有 24 歲，兩人成為終生的朋友，一起工作、寫書，完成了《神聖家庭》(*The Holy Family*)，後來，又共同寫了《共產黨宣言》(*The Communist Manifesto*) 以及《德國意識型態》(*The German Ideology*)。1845 年，馬克思與恩格斯因不見容於法國政府，被逐出，逃至比利時布魯薩爾。

圖 13-3 恩格斯

二、革命行動

1848 年 2 月 22 到 24 日，法國發生暴力革命，馬克思和恩格斯兩人在一周內寫了《共產黨宣言》，這本小小的冊子很有見地，提出非常重要的社會分析。它強調經濟是歷史變遷的力量，而資本主義是不穩定的，必須用階級鬥爭的方式達成建立共產主義的目標，馬克思還在《共產黨宣言》中回答了為何要革命以及革命應該如何進行的問題。

馬克思後來又遭到比利時驅逐，來到革命的巴黎，時間是 1948 年的 3 月 15 日。這時的歐洲瀰漫革命氛圍，法國革命持續著，3 月 13 日奧地利維也納革命，兩天後，匈牙利的布達佩斯也發生革命，3 月 18 日德國柏林同樣發生革命。似乎如同馬克思所說，工人們起身革命了，且風氣蔓延整個歐洲。這時，馬克思和恩格斯回到了德國，他們也想要拿起革命火炬，只是不久後，奧地利於 1848 年 10 月出現反革命，匈牙利也壓制了革命，年底，德國革命也被壓制。

1848 年 12 月，法國民眾投票選出總統 Louis Napoleon Bonaparte，他是拿破崙的侄子，這位總統後來成為法國的國王，稱自己為拿破崙三世。拿破崙三世在 1870 年瓦解，法國又有了革命，由社會主義成立革命政府巴黎公社 (The Commune) 統治巴黎。這次革命是遵循馬克思與恩格斯的《共產黨宣言》方式發起的革命，證明《共產黨宣言》在法國的成功。不過，法國的巴黎公社很快就被推翻。後來，馬克思建立自己的政治組織，並稱

之為國際工人組織 (The International Workingmen's Association)，也稱「第一國際」(The First International)，然而下場悽慘，被擊敗、解散，並使許多人未經審判遭到屠殺。

馬克思與恩格斯在巴黎短暫停留後，搬到英國倫敦，倫敦也成為他最後生活的地方。馬克思在此完成了他重要的著作《政治經濟學批判大綱》(*Grundrisse*) 和 1867 年的《資本論》(*Capital*)[2]。

巴黎公社失敗後，歐洲進入保守年代，德國鐵血宰相俾斯麥 (Otto von Bismarck)、英國維多利亞女王 (Queen Victoria)、奧地利皇帝法蘭茲約瑟夫一世 (Kaiser Franz Joseph) 的保守執政，使革命沒有生存的空間，馬克思最後在失望中過世，享年 63 歲。

第三節　馬克思的衝突論

衝突學派的犯罪學理論基礎來自馬克思，只是馬克思很少談論犯罪問題，唯一一次出現是在馬克思剩餘價值 (surplus value) 論點中，用短短幾句說明了他對犯罪的立場（筆者在第五章討論涂爾幹犯罪功能時寫過，再度陳述）：

> 「一位哲學家生產思想；一位詩人生產詩篇；傳道人佈道、教授寫書；犯罪人則製造犯罪，而如果我們再更為深入的看犯罪與社會生產的關係，我們就會減少很多偏見。犯罪不只生產犯罪，也生產刑法。有了刑法，大學教授就可以講授，而這同時，教授將他的講授概要轉換成市場上的商品。……再者，犯罪人更製造整個警察以及刑事司法體系：警察、法官、陪審員、監獄官等等，這些構成了不同的產業，出現更多部門的社會分工，發展出不同

2　《資本論》有三冊，第一冊於 1867 年出版，其餘兩冊出版於 1885 年與 1894 年，由恩格斯在馬克思過世後接手完成。

的工作內涵，並創造新的需求來滿足他們的需要。而拷打本身則是最聰明的設計，造就了許多有名的工具和工匠。」(Marx, 1986: 320)

馬克思從生產模式看犯罪，說明犯罪人如何帶給資本市場各種商品和社會分工，只是馬克思並沒能從實證角度分析影響犯罪發生的因素，但他的許多概念卻成就了犯罪學者對資本社會犯罪問題的討論。馬克思的衝突概念有：歷史唯物論 (historical materialism)、辯證哲學 (dialectical philosophy)、異化 (alienation)、拜物主義 (material fetishism)，以及無產階級革命行動論 (praxis) 等，以下說明之。

一、歷史唯物論

馬克思被稱為是一位歷史物質主義者，通稱為歷史唯物論，對學術界影響極大。所謂歷史唯物論是用物質的觀點來詮釋人類的歷史變遷與發展。下面是出現於馬克思的《政治經濟批判的貢獻》(*A Contribution to the Critique of Political Economy*) (Marx, 1979) 前言中的一句話，可讓我們了解馬克思的歷史觀點：

「不是人類的意識決定他們的存在，相反的，是人類社會的存在決定他們的意識。」

人類的世界觀、動機、期望或是語言，無法掌握人類自己的命運；而是人類在社會中的生存與社會適應方式，決定了人類的意識。

依照馬克思的歷史唯物論，人類賴以生存的物質條件決定了社會的面貌，這是馬克思「超結構」(superstructure) 的概念，乃指社會上的制度，例如：法律、宗教、教育政策，以及控制犯罪的刑事司法制度等，皆源於人類生存與社會適應的需要，即：吃、喝、居住，以及穿衣服的需要，人

類也為了滿足這種需要，就藉著組織，創造超結構，進行生產。

對馬克思而言，人類為了生存，被迫進入一種社會關係，而人們並沒有選擇的權力。馬克思也進一步強調，這些的關係往往是相互對立的。馬克思說，自有人類歷史以來，人類在不同的階段有其不同的賴以生存的方式，也就是不同的生產模式 (mode of production)，這不同的生產模式導致了不同的生產關係，例如，原始社會是個游牧與打獵的社會，生產關係是奴隸與非奴隸；封建社會是個莊園的農業社會，生產關係是地主與佃農；至於資本社會，那是個生產的社會，生產關係是資本家與工人。依照馬克思的歷史唯物論觀點，人類在社會上所提供的勞力方式決定了人類的歷史[3]，也決定了人類的社會關係、社會型態以及歷史的變遷。

馬克思進一步指出，當新的生產模式出現，既有的生產關係無法隨之改變，甚至於抵抗，這時便會造成生產模式與生產關係出現衝突與對立的現象，事實上也是新的階級與舊勢力的衝突與對立，而當衝突與對立達到一定程度的時候，便會爆發革命，也會出現新的生產關係。人類歷史從封建社會進入資本社會，正是生產模式帶來生產關係對立與衝突必然的結果。

二、辯證哲學

辯證哲學，是一種對立與衝突的現象。馬克思強調階級之間的對立與衝突，第一個是資本家 (capitalist)，資本家擁有生產的工具，他們剝奪勞工的剩餘價值；第二個是經理階級 (bourzeoisie)，這些人領著薪水從事管理的工作，是所謂的中產階級；第三個是工人 (proletariae)，所謂的工人階級。第一個階級與第二個聯合，與工人階級對立。

---

3 對於人類生產模式所決定的歷史，馬克思共分為五種型態，也是歷史變遷的類型，包括：原始部落社區 (primitive tribal community)、古代社區 (ancient communal type of social structure)、封建社會 (feudal system)、資本主義的生產模式與社會關係 (bourgeois mode of production and social relations)、以及共產社會 (communist) 等。

　　黑格爾的「正」(thesis)、「反」(anti-thesis) 與「合」(synthesis) 的辯證哲學常被人討論，其中，「正」是主流的東西，這種主流足以造成對主流力量的反撲者；「反」是「正」的否定的東西。「正」與「反」之間的衝突與對立，最終必定會獲得解決，便出現「合」(Schnitker & Emmons, 2013)。

　　馬克思雖然說他的辯證方法與黑格爾不同，甚至於對立，但是基本上，兩者都承認辯證是由兩種不同力量相互對立的狀態。馬克思強調，在生活中對立是非常普遍的。例如：在政治上，經常看見不同政黨對立，甚至同一政黨內也有對立的情況發生。

　　馬克思認為，資本社會資本家與工人對立是歷史發展的來源。資本家擁有生產工具，也擁有知識、技術和人力，他更知道如何進行資源的分配。除此之外，資本家能從工人的剩餘價值中獲得利益。至於工人，他們沒有恆產、沒有組織、赤貧，且完全沒有任何資源分配的權力。

　　在資本社會裡，階級之間在利益上的對立與衝突相當普遍和直接，但這種衝突正是歷史發展的力量來源，也是必然的結果。馬克思認為，法律的制訂以及法律的執行，皆是不平等的財富、權力以及控制衝突的產物。簡單的說，法律是一種被創造出來的工具，它被用來強化資本階級、統治階級的利益與意識型態。至於犯罪學探討的犯罪問題，正是這種階級對立的產品。犯罪是個人對於不平的社會情境的抗議、掙扎以及表達。犯罪可說是低階工人生活的一部分，是他們對社會不平的反應的結果。

三、四種異化

　　馬克思在《巴黎手稿》(*The Paris Manuscript*) 強調，無產階級最為異化，他們因為異化，所以他們有克服異化的強烈動機。《巴黎手稿》中，馬克思認為薪資、利潤、房租、私人擁有權等，都是異化構成的要件，而這些人類的意識，不是從我們的想法中出現，而是從資本社會中的物質條件出現，從人類薪資、人類生存環境、商業社會的交易活動中出現，成為了異化的來源。異化不會來自人自己的想法，異化來自商業社會的生產，除

非我們解決了薪資、利潤等問題，否則會持續有異化的問題。

馬克思強調資本社會四種異化特性，分別是：與生產東西的異化、與生產行為的異化、與人類的異化，以及與同仁、朋友的異化等，說明如下：

1. 與生產東西的異化

當勞力成為一種商品、當人們以利潤來帶動經濟的時候，異化就會出現。商品產生了商業社會，也構成了資本主義的社會，而在資本主義的生產模式裡，勞工生產的東西對勞工來說是異化的，勞工僅是為了工資而付出勞力，勞工與他生產的東西沒有關聯，沒有情感；而對資本家來說，勞工生產的東西也只作為資本家的工具，要在市場上賣出，以獲取剩餘價值。

2. 與生產行為的異化

勞工與小生意人生產的東西有很大的差別：如果你是做西裝的，你沒有異化，因為看到人穿你做的衣服，你會說那是我做的，你會感到驕傲；對藝術家來說也是，他們的作品和生產，是他們生命的一部分，他們認同他們的作品，覺得有價值，藝術家和他的產品是沒有異化的；但當你在生產線上工作時，你是鞋廠、紡織工廠、飛機製造公司、汽車製造廠、電腦生產工廠等大生產線中，僅負責商品一部分製作的小角色，你可能不知道自己生產的東西做何用途，也不知道你生產的東西最終會變成什麼商品，因此，你不會以你生產的東西為傲，這時你和生產行為本身是異化的。

當你成為生產行為的陌生人，你不會認為你和工作有何關係，你只有想要賺錢，只有想要下班後要離開工作的地方，這是人和工作的異化。你看不到工作的意義、工作的價值，這是馬克思第二類型的異化。

3. 與人類的異化

人和動物有何不同呢？人類知道利用工作，付出勞力生產，來滿足人類的需要，這是人類和動物最不一樣的地方。動物工作是為了滿足他們自己的需求，動物沒有計畫，沒有把他們的工作當成一種工具來轉化成一種

商品，以滿足其他動物的需求，據此，動物與人類的差別在於計畫，動物沒有計畫，人類有計畫，人類設計了生產來滿足人類的需求，因此，在生產的世界裡，人與人類是異化的，因為人工作不是在於讓自己滿足，人工作在於把自己當成勞力市場的成員，以生產東西獲得薪資。

有關人與人類的異化，可以舉個例子說明：如果我們擁有自己的房子，我們可以有自己的作法、自己的設計，這表示我們和人類沒有異化，因為我們擁有自己喜歡的東西，也滿足了我們自己的需求；但現實是，我們的社會是一個物品生產的社會，在我們的社會裡，我們無法擁有自己的作法，不可能自己想做什麼工作就可以得到你要的工作、要多少薪資就可以得到你要求的薪資……如此，我們和人類是異化的，因為這是一個物質生產的社會，並非任何事情都可以照著自己意志。

4. 與同仁、朋友的異化

這裡指我們和我們身邊的人，和我們互動的人的異化。

這可能是馬克思理論最為深入的地方，他認為人們以物品彼此對待，因為當我們進入物品的生產市場，我們就會試圖擴大利益、增加自己的好處，我們會功利的思考我們和我們周遭世界的關係，這時，我們通常用工具的角度思考我們和別人的關係，且用工具的角度對待我們周邊的人。舉例說明：大學教授間為了自己的好處，搶課、搶學生、搶研究計畫，帶來與同仁和學術圈朋友間異化。

在資本社會裡，我們都是從東西的角度看人，無論是到政府部門辦事情、到市場買東西，我們被以物品對待，沒有情感、沒有朋友關係，互動只有當我們有需要時才發生。馬克思在 1844 年後，開始關心人類彼此之間異化的問題，馬克思認為，當你成為一個東西、一個物品、成為市場上的東西，我們就有異化問題，我們和對方互動行為的源頭僅僅是自我的、工具目的的，缺少愛也缺少彼此的關心，這就是馬克思所描寫的人與身邊的人、人與朋友之間異化情形。馬克思說這些是人類最悲慘的異化，而這些異化充斥著我們現代社會。

在馬克思的時代，資本主義的名詞才剛出現，也沒有各項資本主義生產模式的名詞，但他卻早已預見了人和人之間在資本市場上彼此異化的問題。

四、拜物主義與行動論

馬克思對資本家剝削工人、貪得無厭、永不滿足、大肆搜括工人剩餘價值等問題嚴厲批判。他並提出拜物主義，一種資本社會的特性，人們對於物質條件的需求永遠不會滿足，有了還要更多，賺一千萬會想要兩千萬；有了一億則會想著五億。

馬克思也強調行動論，他呼籲世界上所有的工人要能聯合起來，推翻資本主義。他在《共產黨宣言》最後一句話說道：「工人沒有任何的損失，因為他們一無所有，他們更可以把綁在他們腳上的腳鐐拿掉。」

第四節　達倫道夫的衝突論

除馬克思外，還有一位社會學者也影響衝突學派犯罪學發展——拉爾夫·達倫道夫 (Ralf Dahrendorf)。讀犯罪學的人對達倫道夫較陌生，筆者特地提出，除了希望大家能認識這位當代社會衝突論大師，更希望從他的權力分配的對立與衝突，來讓同學了解今日資本社會本質與犯罪問題的關聯，進而找出解決犯罪問題的方法。

我們知道，馬克思的理論建立在工業革命初期的社會問題上，馬克思看到擁有生產工具的資本家與那些沒有擁有生產工具的勞動階級之間的衝突與對立，以及工人被資本家剝削、壓榨剩餘價值等的問題。然而，伴隨著資本主義不斷的發展與擴張，生產結構發生變化，馬克思的解釋與時代的資本社會出現一些脫節，衝突學派學者看到這問題，決定要突破傳統的馬克思觀點，為這個社會的衝突問題作更為深入的了解，其中一位學者便是德裔英國社會學家達倫道夫。

達倫道夫，1929 年 5 月 1 日生於德國漢堡，是一位思想家、政治家，也是位名社會學教授。他來自一個工人家庭，父親 Gustav Dahrendorf 是德國有名的勞工運動家和德國社會民主黨的黨員。達倫道夫在他年輕的時候就參與各種政治活動，15 歲時，他參加反納粹活動遭到逮捕，並拘禁於集中營；18 歲時，他參加其父親參與的德國社會民主黨 (social democratic party)。

圖 13-4 達倫道夫

1952 年，達倫道夫從漢堡大學 (Universität Hamburg) 畢業，寫了一篇有關馬克思的博士論文：《馬克思思想中的正義觀》(*The Concept of Justice in the Thought of Karl Marx*)。之後，轉往英國倫敦政經學院 (The London School of Economics and Political Science) 讀書，受教於專攻科學哲學的教授 Karl Popper (Turner, 2010)，1956 年，獲得倫敦政經學院社會學博士。

達倫道夫擔任過不少學校的教師，包括他的母校漢堡大學社會學教授，也曾前往美國哥倫比亞大學任教。1966 年，他到康斯坦斯大學 (Universität Konstanz) 一直教學到 1986 年。達倫道夫也積極參與政治活動。1969 年達倫道夫成為德國國會成員，在 1970 年時，他轉換跑道，前往「歐洲共同體委員會」(European Commission) 負責外國貿易以及對外關係，其後，他負責教育、研究與科學部門。1974 年，達倫道夫被指派為倫敦政經學院院長，在那裡擔任近 10 年的行政工作。1987 到 1997 年，他又擔任牛津大學 (University of Oxford) 聖安東尼學院 (St Antony's College) 的院長（聖安東尼學院是牛津大學國際與區域問題的研究中心）。達倫道夫曾在英國上議院占有一個席位，也曾被英國女王授予貴族稱號。2009 年，達倫道夫因癌症於德國科隆過世，享年 80 歲。

在上個世紀的 60 年代後期，美國社會動盪不安，黑人示威遊行爭取權力與社會地位，社會各階層亦競相爭人權，在這樣社會背景下，社會衝突論受到歡迎，風靡於美國，也流行於歐洲。此時，達倫道夫對於資本社會衝突的起因、衝突的形式，以及對於社會安定與變遷的影響，提出相當深

入的看法，因而受到學界推崇，使達倫道夫成為近代社會衝突理論的主要代表人物。

達倫道夫 (1959) 的社會衝突理論主要寫於《工業社會的階級和階級衝突》(*Class and Class Conflict in Industrial Society*)。學界對這本書有很高的評價，被知名美國政治社會學者 Martin Lipset 認為是改變現代社會學最重要的努力，也被認為對社會理論發展有重大貢獻[4]，以下說明達倫道夫 (1959) 的理論。

權力問題是達倫道夫對現代社會衝突 (social conflict) 主要的論點，他說：「衝突是由於權力分配引起的，而不是由於經濟因素引起的。」權力擁有者、支配者與無權力者之間的衝突是今日社會的特性，現代社會的衝突在於各種利益團體權力的對抗與衝突。

提到權力 (power) 的問題，達倫道夫說在一個社會關係之中，當行動者要執行他的意志，他可以不用去管別人的抗拒，就是權力。權力通常與個人的人格特質有關，舉例：一位革命家，他很有魅力，也很有權力，可以號召很多人上街頭抗議，且他可以不用去管那些抗拒他的人。

至於權威 (authority)，達倫道夫認為權威是一個命令被特定團體遵從的程度。權威往往與個人的社會地位或者角色有關。例如：我擔任校長，是教育部長給我的位置，因為有這樣的位置，所以我擁有權威，可以決定一些事情，改變學校種種狀況；而如果我不擔任校長，我就沒有這樣的權威，不能下命令，不能改變學校的種種狀況。

達倫道夫認為：權威是當今資本社會最為重要的特色：在企業界，我們看到經理用權威控制他的下屬；在政府部門，我們看到行政主管利用權威執行法律。他進一步指出，構成當今資本社會者為「勉強結合團體」(imperatively-coordinated associations)。「勉強結合團體」因為利益，勉強的結合在一起，他們不是因為在生產模式中的位置而結合。在「勉強結合團

---

4 這句話出現在達倫道夫所寫《工業社會的階級和階級衝突》(*Class and Class Conflict in Industrial Society*) 這本書封面上。

體」中，我們可以看到權威的特性，例如：國家、教會、自願者組織、政治團體等，都有權威特性存在，使得資本社會得以運作；簡單的說，權威是讓這些「勉強結合團體」得以運作的基本要件。

達倫道夫也表示，當代社會的權威具二分法的特性：一方獲得權益，另一方則遭受相互對應損失；亦即，某個團體有權威，則某個團體便沒有，對立的團體不會共同享有權威。

權威並不可分大小、層次；相反的，權威有明顯界限，分為有權威者、沒有權威者這兩種，簡單且明確。舉例：筆者擔任國立大學校長期間，每年必須到立法院報到，因為立法院要審查國立大學預算，立法委員有他們審查預算的權力，可凍結國立大學預算，但大學校長卻沒有，這也是權威二分法的概念。

達倫道夫強調，社會衝突存在於擁有權威團體與沒有權威團體間，乃因這兩個團體在利益上相互對立。擁有權威團體是支配者，他們以其權威嘗試維持現狀，以增加他們的利益。沒有權威者是受支配的人，他們的利益分配來自於有權力的人。然而，沒有權威的團體，往往會尋求改變現狀的可能，因為這個原因，衝突才會無時無刻的存在。

達倫道夫也提到團體衝突所帶來的權威關係合法性問題，他指出，支配者的團體，嘗試要維持他們的利益，因此透過法律，以合法方法訂定各種規範，使其支配的權力具有正當性與合法性，而受支配團體，他們如果要改變現狀，就必須要挑戰合法性。

這樣的衝突是支配者與受支配者的衝突，也是階級的衝突，發生在今日許許多多勉強結合的團體之中。總而言之，不等權威分配是衝突的源頭，也構成今日資本社會主要的特性。

達倫道夫並沒有脫離馬克思的階級對立與辯證的哲學，但他嘗試從馬克思的階級和階級鬥爭學說解放，他要說明整個資本社會的階級狀況和階級衝突的本質。他提出自己的理論，特別強調資本社會以權力作為對立與衝突的基礎，並運用他的理論剖析資本主義社會階級和階級衝突的問題。

馬克思認為是經濟情境導致社會的對立與衝突，馬克思認為導致對立

的人在階級意識上有明顯的差異，資本家有資本家的階級意識，工人有工人的階級意識，他們相互對立、衝突，沒有交集。對達倫道夫卻不認同馬克思的這個論點。達倫道夫看到的對立基本上是政治的，這可能與他長年熱心參與政治，和熟知政治在今日社會的重要性有關。社會中有許多的團體，有些有正式的組織，有些團體沒有明顯的組織，但他們都有相同的意識，具有共同的情感。達倫道夫強調，團體彼此之間的對立與衝突是今日社會衝突的原因，這樣的論點是不同於馬克思的，因為馬克思看到的是生產結構下，擁有生產工具者與那些勞動階級之間的對立與衝突。

達倫道夫以階級衝突作為主題，對馬克思的階級論及思想進行批判。此外，他提出了自己的理論，強調當代社會的衝突，並且這種衝突環繞在團體間權力關係的相互矛盾與對立上。他並認為，當今社會不可能逃避衝突，但也不可能沒有整合，只有這兩者持續不斷的運作，資本社會才能穩定與發展。

在介紹馬克思與達倫道夫的理論之後，我們來看犯罪學者如何運用衝突理論來分析犯罪問題。

衝突學派的犯罪學大致分有三種，包括：批判學派犯罪學 (critical criminology)：屬正統的馬克思主義犯罪學；衝突學派犯罪學 (conflict criminology)：以達倫道夫理論為基礎的犯罪學；強調馬克思行動論，建立世界和平的犯罪學派等，以下說明之。

第五節　批判學派犯罪學──正統的馬克思主義

批判犯罪學派以馬克思理論建構他們的學說。接受了馬克思的辯證哲學、唯物論、拜物主義、行動論等概念。正統馬克思主義有以下學者：

一、Willem Bonger

Willem Bonger 是第一位馬克思學派的犯罪學者，他主張資本主義是犯

罪的根源，資本主義創造一個不重視社會責任的氛圍，人們自私、不擇手段，強調生產的獲利，卻帶來更多的犯罪。

Bonger 在 1876 年生於荷蘭，因不願意屈服於納粹，於 1940 年自殺過世。他曾在阿姆斯特丹大學 (Universiteit van Amsterdam) 讀書，學生時代寫了一篇資本主義經濟因素帶來犯罪的論文，並將這論文送去比賽，但沒獲獎。後來他修改了這論文，並於 1905 年以法文出版，書名為《犯罪與經濟情況》(*Criminality and Economic Conditions*)，這本書後來出英文版，被美國刑法與犯罪學社[5]評選為重要英文譯著，Bonger 因而聲名大噪。

Bonger (1916) 主張犯罪是現行資本主義社會結構的結果，是資本社會不應該的行為，或稱之為非道德的行為。當一個人冒犯了現階段社會結構中特定人的利益，這個人的行為便很容易地被界定為犯罪行為。Bonger 更明確指出，除非某一個行為傷害了統治階級的利益，否則將不可能被處罰。

Bonger (1916) 檢驗了犯罪與社會結構的關係，以馬克思理論作為基礎。他認為生產結構本身決定了社會結構的本質（這裡所謂的社會結構本質就是馬克思所謂的超結構）。

Bonger (1916) 又指出，原始社會強調利他 (altruistic) 的精神，他們的生產是為了共同消費，而不是為了交換貨品與金錢。在原始社會裡，社會的凝聚力非常高，人們彼此幫助：生產豐富時，每個人都過著豐富的生活；生產少時，每個人都挨餓，人們分享他們所生產的。而資本社會有所不同，資本社會把人類基本本質轉變。Bonger 認為資本社會的問題是太過於自我 (egoistic)，凡事以自我為出發點：資本家為了他們自己而從事生產，並試圖利用工人的剩餘價值來創造利潤，另外，資本家對於別人的需要不感興趣。資本主義在這樣的情形下，建立了社會不負責任的精神，並創造一個犯罪動機的氛圍。Bonger 承認利己是一個自然的、人類生來的本能，所以他認為利他必須是一種社會責任，社會應該鼓勵所有成員用利他的方式對待別人，以避免利己之精神過度出現、發揮，毫無控制。

---

5 美國刑法與犯罪學社於 1909 年在西北大學法學院成立，目前這組織已經不存在。

Bonger 提到富有者的犯罪，包括：違規的貸款、股票操縱、土地開發以及內線交易等，他認為這些白領犯罪者雖然比殺人、強盜等的暴力性低，但是他們對社會的傷害非常大，因此富有者的犯罪本質是非常大的。我們知道，一般犯罪的受害人占少數，且損失的金額也比較小；但白領犯罪不一樣，每每出現都造成巨大傷害，讓很多人蒙受財產損失，更多甚至傾家蕩產。例如 2001 年美國能源公司安隆 (Enron Corporation) 被懷疑不當收受現金破產，使得佛羅里達州政府必須把政府員工退休基金拿來購買安隆股票與公司債，損失高達新臺幣 117 億元，退休員工幾乎血本無歸，損失慘重，可見富有者的犯罪往往對社會造成較大傷害。

依照 Bonger 的理論，解決犯罪問題的方法就是要創造一個社會主義的社會。依照他的主張，社會主義將可以醫治很多疾病，讓利他的精神能夠出現、蓬勃發展，不過他也指出，社會主義之下仍然可以看到一些犯罪，但這一些的犯罪通常都由心理精神疾病、生理疾病或生物因素所造成的，而不是生產結構所引起。

二、Rusche 與 Kirchheimer

Rusche 與 Kirchheimer (1939/2009) 解釋資本主義社會中的監獄系統運作方式，他們提到犯罪的懲罰通常與社會的生產結構有關，當經濟情況不好的時候，資本家不需勞力，這時懲罰就會加重。他曾舉例說明：亨利八世時代，英國經濟很差，那時總共有七萬兩千個人因偷竊被吊死。但當市場上需要這些受刑人的勞力時，他們就不會執行死刑，而把他們送到遙遠的地方，藉以提供市場勞力。Rusche 與 Kirchheimer 結論：經濟情況是影響監獄政策的主要因素，他們如是說道：

「任何社會的監獄系統並不是一個獨立的現象，它是整個社會系統中一個主要部分，且監獄系統與社會失敗或成功有生命共同體的關係，如果社會能夠提供他的成員一個合理的生活標準及安全，

犯罪率就會下降。」

總而言之，犯罪被認為是失業及社會經濟狀況非常惡劣的一種延伸。監禁政策的目的在於解決資本家的經濟問題，因此，目前資本主義社會所使用複雜的司法系統並不能夠處理社會不平等的問題，事實上，他們是使政治社會不安定的來源。

三、Quinney 的犯罪的社會事實

Richard Quinney 是另一位馬克思犯罪學派具影響力的學者，他被稱為正統的馬克思主義 (Orthodox Marxist) [6]。Quinney 主張犯罪是資本主義的產物，犯罪問題的唯一解決方法是建立社會主義制度。

Quinney (1970) 提出了犯罪的社會事實 (the social reality of crime) 的論點，解釋資本主義與犯罪問題的關聯。Quinney 的犯罪社會事實共有六個命題，第一個命題在於定義犯罪，其他的則在於解釋犯罪。六個命題說明如下：

1.犯罪的定義 (definition of crime)：犯罪是人類行為的定義，並且由一個政治組織社會中的權威機構所訂定。

2.刑事犯罪定義的形成 (formulation of criminal definitions)：犯罪指的是行為本身與那些擁有權力制訂政策者利益衝突的結果。

3.刑事犯罪定義的運用 (application of criminal definitions)：有權力者決定犯罪的執法對象。

4.刑事犯罪定義的行為型態的發展 (development of behavior patterns in relation to criminal definitions)：人們的行為模式是被結構化的，例如：

6　雖然 Quinney 遵循馬克思主義，後來卻走向和平主義，主張用犯罪學促進世界和平，他在《司法的批判》(*Critique of Legal Order*) 中說：「今天要批判，激進的思考，就必須革命」(Quinney, 1974: 16)。

工作的機會、學習的經驗、人際關係等，這些都影響到是否會被定義為犯罪。

5. 犯罪概念的建構 (construction of criminal conceptions)：犯罪觀念是被建構出來的，並且在社會的各種部門中透過各種的傳播管道被傳播出來。

6. 犯罪的社會事實 (the social reality of crime)：上面五個命題的組合形成了第六個命題。

Quinney 也提出「國家犯罪」(crimes of the State) 的概念，他主張國家犯罪提供剩餘價值，以擴大生產與利潤。國家犯罪包含了下列五種型式：

1. 犯罪之控制：指重刑犯與輕微犯罪的人，他們被刑事司法體系的人逮捕，控訴違反刑法或其他國家法律。

2. 政府犯罪 (crime of government)：指資本社會選舉出來的官員或者指派的官員，他們的作為在於維持其政治上的優勢（例如：政治迫害、水門事件）。

3. 經濟支配犯罪 (crimes of economic domination)：這是白領階級的犯罪，例如：聯合壟斷、污染、操縱物價、生產不完全物品等等，其目的在於保護資本家的利益，也在於擴大利益。組織犯罪也是一種經濟支配的犯罪，其目標在於維繫資本主義之續存，並且用不法的所得投資合法的公司，藉以避免調查局起訴。

4. 社會傷害 (social injuries)：否決社會基本人權，包括：性別主義、族群中心主義、經濟剝削等，這些皆未被定義為犯罪行為。

5. 掠奪性犯罪 (predatory crime)：為人身犯罪，例如：謀殺、強姦、搶奪，通常是針對社會上的特定階級者，例如：工人階級。Quinney 認為這種犯罪通常是低下階級者，無意識的對國家、對他們被剝削的反叛。

Quinney 的貢獻是建立馬克思論點的犯罪學，以及有系統的進行馬克思主義的犯罪學分析。

四、Chambliss 的辯證哲學

Chambliss 提出從政治經濟矛盾 (contradiction) 的概念來了解當代資本社會法律的本質。

Chamblis 就讀加州大學洛杉磯分校 (University of California, Los Angeles)，受教於犯罪學家 Donald Cressey；研究所就讀印第安納大學 (Indiana University)，受教於 Alfred R. Lindesmith [7]，並取得博士學位。畢業後前往華盛頓大學 (University of Washington) 任教，在那裡，他寫了《流浪者法律的社會學分析》(*Sociological analysis of the law of vagrancy*) (Chambliss, 1964)。這論文從階級衝突角度探討刑事司法的過程及結果，例如法律如何出現，如何執法，以及擁有權力者與沒有權力者對立與衝突本質等，使他成為美國衝突學派犯罪學先驅者，影響長達 50 年 (Hamm, 2010)。

離開華盛頓大學後，他前往加州大學聖塔芭芭拉分校 (University of California, Santa Barbara) 任教，持續近 20 年，期間寫了幾本重要著作，包括：《法律、秩序與權力》(*Law, Order, and Power*) (Chambliss & Seidman, 1971)；《犯罪與法律過程》(*Crime and the Legal Process*) (Chambliss, 1968)；以及《論犯罪的政治經濟》(*Toward a Political Economy of Crime*) (Chambliss, 1975)。1986 年，Chambliss 加入喬治華盛頓大學，這是他人生最後的學術生涯。Chambliss 於 2014 年過世。

Chambliss 經常在撞球場、打牌的地方或各種巷道逗留，用符號互動理論的質性研究法嘗試了解組織犯罪本質。但他後來認知到他必須離開巷道，因為他發現，只有到市政府或企業公司才能真正了解組織犯罪的本質。在

---

[7] Lindersmith 是芝加哥大學社會學系訓練出來的學者，受到 Blumer 與 Sutherland 符號互動理論學者的影響，以深入訪談法研究吸毒者，寫了著名的論文《吸毒者的社會學分析》(*A Sociological theory of drug addiction*)，刊載於《美國犯罪學刊》(*American Journal of Sociology, AJS*) (1938)。

經歷多次威脅與毒打之後，他寫了《受賄：從小惡棍到總裁》(*On the Take: From Petty Crooks to Presidents*)，這是對權力者批判的著作 (Chambliss, 1978)。

　　Chambliss 的辯證哲學建立在矛盾 (contradiction) 的概念上，他說工人與資本家的矛盾產生了衝突，這時，國家出現進退兩難的情境：如果國家只代表資方的利益，衝突就會增強，工人會對國家抗議、產生暴動；相反的，如果國家站在工人這邊，資本主義的系統則會瓦解，新的社會秩序會出現。面對這樣的矛盾，國家會利用法律，有時候站在資本家利益、有時候站在勞工利益，以維持平衡，並解決問題。

　　Chambliss 提出「矛盾、衝突、進退兩難、解決」(contradiction, conflict, dilemma, resolution) 的理論架構，也可解釋歷史變遷的過程，如下圖 (Chambliss & Zatz, 1993: 11)：

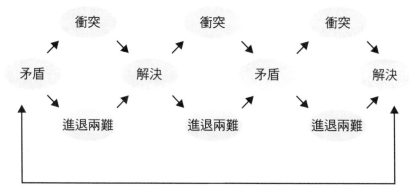

圖 13-5 Chambliss 辯證哲學架構 (Chambliss & Zatz, 1993: 11)

　　Chambliss 的辯證哲學偏向正統馬克思主義，資本社會中，工人及資方基本上是對立與矛盾的，是衝突的來源，但也隨著資本市場的發展，衝突獲得解決，只是解決往往只是暫時性的，很快會帶來其他衝突與矛盾。

　　Chambliss 用歷史研究來支持他的論點，他以英國的《遊民法》(關係那些在路上遊蕩、無家可歸的人的法律) 為例，這法律在 1943 年訂定，當時立法的目的是要提供廉價的勞工，並用以對付即將垮臺的歐洲封建系統，

與社會秩序的建立完全無關，Chambliss (1964: 77) 說道：

> 「《遊民法》的分析，說明既得利益團體對法律出現或修改 (vested interest group) 的重要性。《遊民法》的出現在於提供擁有權力的地主，可以容易地取得廉價勞工，而當這種需求消失，以及地主不再需要廉價勞力時，法律就會停滯、沒有用處。」

遊民法後來被修正，為了確保遊民的運送；並在這些犯罪者的前額上烙印上「V」的字體，以控制這些人，避免他們再犯。這樣的法律修正，主要的目的在於適應新的資本社會變遷帶來的治安威脅情境。Chambliss 的《遊民法》研究後來也成為馬克思衝突學派犯罪學的經典作品。

Chambliss 的理論也被犯罪者稱為是近代最負盛名的激進犯罪學 (radical criminology)，是這學派的代表人物之一 (Taylor, Walton & Young, 2012: 3; Bohm, 1982)。激進犯罪學批評馬克思衝突學派，認為太保守，很少明確敘述衝突及權力如何彰顯於資本社會的政治與經濟體系中。激進犯罪學並認為而對立帶來的解決，往往也只是有利於特定的階級，而非社會全體的人。

Chambliss 的犯罪學強調資本主義國家的權力完全依賴刑事司法系統維持，而刑事司法系統更是社會秩序的基石，這個巨大的刑事司法系統可以說建立了自己的王國，他們定義犯罪的行為，也決定執法的方向，他們自行決定哪些行為違法、哪些人要被逮捕。對 Chambliss 以及激進派犯罪學者來說，某種程度刻意支持特定人的利益是相當普遍且明顯的，法律反映出資本社會財富不平等分配的目的，而法律執行也是以統治階級的意願、意志為依歸，更明確的說，國家要處罰哪些人是相當具有選擇性的。

第六節　衝突學派犯罪學

衝突學派犯罪學以達倫道夫 (1959) 的理論為基礎建構，這學派的核心

理論強調，犯罪與社會上那些擁有權力者有關，社會中有權力者控制立法機構，也控制法律的執行，其目的在於保護與擴大他們既有的利益。如此，探討立法與法律執行過程是衝突學派主要的目的，衝突學派學者對犯罪化 (criminalization) 過程的討論感興趣，探討資本社會中人們如何成為刑事司法體系處理的對象之過程 (Bernard, 1981)。

前文提到的 William Chambliss 和接下來要介紹的 Austin Turk、George Vold、Ian Taylor、Paul Walton 與 Jock Young 以及 Tony Platt 等人的理論皆屬衝突學派，以下說明之。

一、Turk 的衝突理論

Turk (1969) 強調，複雜與異質的當代社會仍持續不斷的衝突與競爭，而這正是產生犯罪與偏差的根源。Turk 將社會上的團體分為權威的人 (authority) 與受控制的人 (subject)，他檢視權威的人與受控制的人之間的關係 (authority-subject relationships)，尤其兩團體在文化與行為上的差異，且探究這樣的差異如何轉換成法律上的衝突。Turk 也探討違反法律的人如何被犯罪化 (criminalization) 的問題：在哪些情況下法律會被拿來作為工具、在哪些情況下特定的人會成為執法的對象？

Turk 探討犯罪與社會權威團體之間的關係，他認為權力團體之間持續的衝突與競爭導致了犯罪的出現，因此，Turk 特別強調法律衝突 (legal conflict) 的問題，也強調受控制的人被犯罪化的問題。

Turk 的理論建立在社會學者達倫道夫之上，Turk 相信，社會規範以及社會規範如何被評價，決定了所謂的法律和所謂的犯罪行為，因此，Turk 認為犯罪學者應重視「犯罪化」的過程，而不是執著探討犯罪的發生原因。

建立在上面的論點，Turk 提出五個犯罪與偏差行為的解釋命題，說明如下：

1.當權威的人與受控制的人在行為上出現差異時，兩個團體便發生衝突，這樣的衝突會因為文化上的差異而使問題更趨複雜化。

2.當具非法特質的人或介入於非法行動的人變得更為有組織時，衝突更加可能發生。

3.當受控制的人不世故時，衝突更可能發生；而當權威的人在文化與行為規範上日趨一致時，法律規範執法的可能性會增加。

4.當那些受控制的人的權力越來越少時，執法的可能性就越高。

5.規範違法的人（指那些受控制、沒有權威的人）的現實主義(realism)[8]下降時，執法的可能性就越高。

總而言之，對 Turk 來說，社會要維持著某種程度的平衡是很困難的，且似乎永遠無法達成。Turk 也認為，文化賦予團體某種特定的意義是很重要的，因為這樣的意義正是造成另外一個團體激發他們負向反應的主因，舉例來說：文化上，我們給予警察擁有執法權，這使得擁有權威的人會試圖來控制執法權。另外，那些擁有權威的人也會持續的來維持或擴張社會資源；如此，擁有權威的人，他們刻意要來界定那些受控制的人的行為是偏差或是犯罪，將是非常自然的。如此，我們很清楚地看到權力關係正是資本社會衝突的源頭。

二、Vold 的團體衝突理論

Vold (1895–1967) 是美國犯罪學知名人物。他是挪威移民的後代，生於美國南達科他 (South Dakota) 一個小農場。1921 年畢業於南達科他州立大學 (South Dakota State University)，之後進入芝加哥大學攻讀碩士，博士學位則在明尼蘇達大學 (University of Minnesota) 取得。就讀博士班時，他在學術上的才華受到肯定，因此他留在明尼蘇達大學任教。1937 年，他升等教授，並在任 27 年後退休。

---

8 現實主義乃指現實的情況，如國際政治就是一種現實主義，往往是形勢比他人強者決定政治關係，這裡則是指沒有權力者的現實情況，如果不利於他們，則他們成為執法對象的機會就會提高。

　　Vold 早期的學術生涯較重視犯罪學與監獄學，1931 年他獲得麻薩諸塞州 (Massachusetts) 監獄系統的研究計畫，1934 到 1936 年間，協助修訂明尼蘇達州的《精神疾病人格法》(*Psychopathic Personality Laws*)，他也長期擔任明尼蘇達州犯罪委員會 (Crime Commission)，並完成《明尼蘇達犯罪委員會報告》(*Report of the Minnesota Crime Commission*) (1936)。Vold 的重要著作如下：《預測方法與假釋》(*Prediction Methods and Parole*) (1931)、《警察訓練調查》(*Survey of Police Training*) (1937)、《人與社會》(*Man and Society*) (1937)。由於 Vold 在犯罪學上的貢獻，他於 1966 年獲得美國犯罪學學會蘇哲蘭獎 (Edwin Sutherland Award)。

　　Vold 於 1958 年寫《理論犯罪學》(*Theoretical Criminology*)，這本教科書的目的在於建構他自己的衝突學派理論，稱為「團體衝突理論」(group conflict theory)，是犯罪學教科書中第一位提出衝突學派的人，由於這本書被美國校園中廣泛使用，Vold 成為一位犯罪學界人盡皆知的人物。他主張的「團體衝突理論」也因自成一格，有其學術地位。

　　Vold 是一位達倫道夫衝突理論學者，他特別強調人類社會衝突本質對犯罪定義、法律形成及法律執行的影響，其中犯罪被視為一種政治過程 (political process) 的現象，而弱勢團體往往在這種政治過程下犧牲。

　　Vold 在建構其衝突論時，引用了不少符號互動理論與社會心理學理論的觀點，Vold 認為團體生活及團體衝突是任何一個社會的基本特性；但任何團體社會的成員都有組成團體的心理需求。據此，Vold 的理論建立在社會心理學之上，認為團體與團體文化上的對立與衝突都是心理的正常結果。

　　Vold 強調集體行為的形成過程，也強調人格形成的社會互動理論。Vold (1958: 283) 說人是一個團體的動物，他的生活是他所屬團體的一部分，也是他的團體的產物。人會很自然的組織起來形成團體，是由於他們心理學上的一個性格或氣質使然，也是親近他們自身利益相當實際的方法。所以，團體的出現是為了滿足團體成員的需要，一種自然發展的結果。

　　Vold (1958: 283) 強調，當人們嘗試要擴大這些需要時，會跟其他團體

接觸，這些相互競爭的團體會試圖保護自己的權力和利益，而這些衝突和妥協的過程是造成法律出現及法律執行的最主要原因。

基於上述的思考，Vold (1958: 288) 說過一句很重要的話：

「所有的立法、犯法以及法律的執行都是一種的政治過程，這是資本社會中各種利益團體之間根深蒂固的衝突競爭與直接反應的結果，也可以說是他們（指那些擁有權力團體）試圖控制國家警察權的結果。」

Vold 指出，當人們缺少了權力、當人們控制不了立法機關，這些人的命運是悲慘的，因為這時，他們的行為較有可能被界定為犯罪。當不同團體之間的利益發生衝突時，通常那些在政治舞臺上沒有權力者之行為，最有可能被界定為犯罪行為。

基於上述的關係，控制立法機關和立法的過程便成為大家想要爭奪的東西。Vold 指出，由於少數族群團體，例如：黑人、西班牙人、亞裔的族群往往與主流團體格格不入，同時，這些少數族群團體也沒有政治上的權力，他們無法左右立法，決定哪些行為是犯罪哪些不是；他們也無法左右執法方向，決定對哪些人逮捕或起訴，此種政治權力競爭的結果，少數團體常成為犧牲者。

毫無疑問的，擁有政治權力的人能決定法律內容，也能決定法律執行方向。

建立在文化衝突的理論架構之下，Vold 發現下列四種現象最容易被定義為犯罪：

1. 政治上的反對運動或是抗議運動。
2. 管理局、管理部門及工會衝突的結果，例如：工廠罷工或停工。
3. 工會之間在司法上的衝突。
4. 試圖改變種族的相關議題或階級系統。

據此，Vold 做了以下結論：

「當正常的人類，用正常而自然的方法，維持他們自己生活方式
時，犯罪可以說是人類正常而自然的結果。」(Vold, 1958: 296)

三、TWY 的新犯罪學

Taylor、Walton 和 Young (1973) 的衝突理論稱為「新犯罪學」(New
Criminology)，他們批評傳統犯罪學理論，認為它不是好的理論，也沒有任
何的學術價值，無助於犯罪問題的了解和犯罪政策的制訂，因此，他們提
出一個全新的犯罪學概念與分析方法。

「新犯罪學」運用了馬克思理論，強調菁英的統治階級利用法律來保
護自己，並且嘗試要控制那些挑戰菁英者經濟利益的任何人。此理論也說，
刑事司法體系在於支持資本主義，但不去碰觸資本主義帶來的結構不平等
問題。換句話說，Taylor、Walton 和 Young 認為犯罪是社會政治制度下的
反應，而資本主義體系受到政治利益者的控制，目的在於維護既得利益，
且讓刑事司法的焦點集中在沒有權力者身上，至於資本主義中經濟利益者
的剝削行為則被隱藏起來。

「新犯罪學」強調犯罪在社會上是嚴重的問題，而這問題是擁有權力
與聲望者的產物，因此，這樣的犯罪學分析是對社會制度的批判分析，要
從我們所尊敬的人的身上尋找答案。這些權高位重的人，他們依附在資本
主義制度，也依附在社會文化與價值之中，他們被賦予了權力，但他們自
己卻是違法與犯罪的製造者，例如：背信、侵占、假交易、濫墾，對社會
造成更大的傷害。至於沒有權力的工人階級，他們往往成為擁有權力階級
的受害者。

Taylor、Walton 和 Young 也批評政府處理街頭犯罪的政策，認為他們
過度強調嚇阻，用重典伺候違法者及增設監獄，Taylor、Walton 和 Young
認為這是死路，無法解決問題，解決之道應是最少的警察介入，由龐大民
眾來決定警察的勤務方向，並由民眾來開啟警察的運作系統。讓民眾可以
指揮警察，才是可行的作法。

Taylor、Walton 和 Young (1973) 的「新犯罪學」有下列幾個理論重點：

1.偏差行為源頭問題：一個可接受的犯罪學理論必須能從較大的結構源頭 (wider structural origins) 來討論偏差行動；也就是說，偏差的行動源於社會財富與權力分配的問題。

2.偏差行為立即的原因：一個可接受的犯罪學理論必須能解釋造成偏差行為背後的事件經歷，或結構發展問題，也就是說，很多犯罪人，發生在他們身上的事件、他們的意識型態、他們在社會中的生活經歷、他們受到的政治結構迫害等問題，都是偏差行為發生的原因，值得探討。

3.偏差行動社會動力的問題：一個可接受的犯罪理論必須能解釋信仰與行動的關係，以及人們決定與他們真正行為之間的關係，例如：人想要成功，但實際上卻無法達成。

4.社會反應的社會心理學：一個可接受的犯罪理論必須能討論社會對於特定人所做的反應。因為一般來說，很多偏差者，他們在成為偏差者之前，時常被他人對他們的反應影響，導致他們沒有任何選擇空間，只能投入偏差行為。

5.社會反應的政治經濟學：一個可接受的犯罪理論必須探討政治經濟帝國主義問題，包括特定意識形態強化，以及運用道德事業家控制偏差。

6.社會反應結果造成進一步的偏差：一個可接受的犯罪理論應探討社會反應，例如：拒絕、標籤等，強化偏差者的自我意識，造成人們進一步偏差的問題。

「新犯罪學」強調，真實且複雜的世界充滿許多彼此之間對立與衝突關係，犯罪則是這種過程下的產物；「新犯罪學」也強調，只有財產與生命機會不平等問題獲得解決，才能建立永續的社會秩序。

四、Platt 的救小孩運動

另一位馬克思衝突學派的犯罪學者是 Tony Platt，他曾是芝加哥大學、

加州大學柏克萊分校的教授。Platt 以研究美國少年刑事司法系統著名，探討少年刑事司法系統的發展，並提出他的看法。他認為少年刑事司法系統的真正目的並非在於保護少年，而是在於控制移民的家庭與小孩，並灌輸崇尚紀律的價值觀念。Platt 這樣寫道 (1969: 83)：

> 「救小孩運動的興起與中產階級婦女團體有關，這些人欲圖延伸
> 他們傳統上的家庭主婦角色，進入公共服務和經濟資源的領域。
> 救小孩運動的目的在於捍衛家庭、家庭生活以及父母的監督功能，
> 這些都是中產階級女性生活的主體。」

Platt 指出，這些中產階級的婦女以「救小孩」為偽裝，創造了「不良少年」的名詞，但其目的是自我的，在於控制低階小孩的行為，以避免美國出現危險階級、製造社會問題。Platt 更強烈批評少年自身並沒有從刑事司法系統中得到實質的利益。

第七節　行動論的批判學派犯罪學

前面在批判學派犯罪學時提及 Richard Quinney，說他是一位正統馬克思學派犯罪學者，但他也同樣具有行動論的色彩，本書稱為行動論的批判學派犯罪學。

Quinney 在 1979 年版的《犯罪學》(*Criminology*) 一書中，提出犯罪學社會理論 (social theory)，他的理論批判資本主義社會生產模式，他說刑事司法系統是資本主義體系重要一環，在於確保資本家的資產累積和對工人的勞動剝削。除此之外，當今資本社會的政治體系，大幅擴大刑事司法開銷，預算年年增加，刑事司法體系需僱用更多人維持這系統，以控制人民的抗爭、革命。

Quinney 除批判當今資本社會控制人民本質外，也強調，犯罪學社會理論應幫助工人得到社會主義的世界。他說，現有的犯罪學理論皆在於支

持資本家，而他的社會理論要跨越現有理論傳統，完全拒絕任何支持資本主義的研究，他強調社會理論要有馬克思批判精神，並強烈批判現有理論。另外，社會理論也要以實際行動來改變世界，尤其是建立社會主義社會的理想 (Quinney, 1979: 422)。

一些批判犯罪學學者奠基於馬克思的行動論，他們走出學術象牙塔，以實際行動表達自己的主張；他們也挑戰現況，並以之為依據，尋求政治及經濟結構的改變，達到人道與平等的社會。另外，他們也支持弱勢以及遭邊緣化的團體，使他們有依靠、不再恐懼，且得到應有的對待，這些都是行動論批判犯罪學的論點。

美國社會學家 Robert Bohm (1982) 曾強調，馬克思行動論的批判犯罪學有許多不同名稱，例如：馬克思主義犯罪學 (Marxism criminology)、社會主義犯罪學 (socialist criminology) 或激進學派犯罪學 (radical criminology)，雖然名稱不同，但都強調用批判的態度，致力於揭發資本主義社會的剝削、經濟與權力暴力主宰的事實，也強調用革命的方式建立社會主義的社會，其中行動論是這學派的主要思想，強調以革命手段達成資本主義社會徹底的改變。

美國科羅拉多大學波德分校 (University of Colorado, Boulder) 教授 Joanne Belknap，2014 年擔任美國犯罪學會理事長，她在該年學術會議理事長致詞中呼籲，犯罪學家應該勇於承擔社會暨法律正義的責任，她要犯罪學者以行動，例如：探討各種社會不公平現象，或走入社區，實際去服務那些受到迫害的人，或者進行教學工作，喚醒民眾正義認知，這樣的努力，她稱為學術行動主義 (Academic Activism) (Belknap, 2015)。

美國北卡羅來納大學夏洛特分校 (University of North Carolina, Charlotte) 教授 Bruce Arrigo (2016) 也支持 Belknap 學術行動主義的呼籲，強調學者應走出象牙塔，除教學、服務及研究外，更應和我們每日生活中的看到不公正、不正義事實的鬥爭，包括：社區、世界，以及環境等，致力將這些鬥爭轉換成實際行動，並透過理念的傳播來影響這世界；此外，學術行動主義也要幫助修復那些行動主義者因抵抗而受到的傷害，以及對

財產革命等進行努力。

近來一些犯罪學家倡導「酷兒犯罪學」(queer criminology)，他們主張犯罪學要探討邊緣人口，例如同性戀、雙性戀、跨性別等，這些人群因為他們與其他人的差別，使他們在社會中受到許多壓迫、排擠，而犯罪學家應對這不平等與不正義現象進行批判 (Ball, Buist & Wood, 2014; Buist & Lenning, 2016)。這個學派所謂的「酷兒」乃指人們的經歷有別於其他正常者，例如同志或 AIDS 者，他們因為其身分經歷，容易受到傷害、拒絕、隔離、歧視，使他們孤獨、恐懼，出現不屬於這世界的感受。酷兒犯罪學學者對主流犯罪學進行批判，提出不平等與不正義的問題，並帶來理論上的反省，以及試圖改變各種社會迫害計畫。酷兒人群也透過故事敘述或集體行動，打破社會大眾對他們的刻版印象，嘗試得到社會的理解與接納，並為自己找到社會上的容身之地。

約在上個世紀末葉，和平犯罪學 (peacemaking criminology) 出現，也是強調以實際行動阻止人類遭受歧視、剝削、苦難與迫害，並追求社會永久的和平。和平犯罪學致力於人類社會公平、正義以及和平的普世價值，這是超越國家、族群的。這學派典型的代表人物是美國社會學者 Harold Pepinsky 和澳洲社會學者 John Braithwaite，以下說明之。

一、Pepinsky 的和平犯罪學

Pepinsky 是美國印第安納大學教授，他從犯罪者及受害者觀點來看犯罪，並認為犯罪是一種迫害現象，Pepinsky 這樣說道：

> 「犯罪是一種迫害，從一個人到另外一個人；從一種迫害變成另一種迫害。因此，我們必須要容許犯罪者，才能終止犯罪者加諸在別人身上的苦難，總之，只要我們持續要使那些犯罪的人受到苦難，犯罪的問題終將會越來越大。」(Pepinsky, 2006)

　　Pepinsky 提出一種相當實際的作法解決犯罪問題，他強調以調解 (mediation) 代替懲罰。調解把刑事的案子變成民事的，讓加害人與被害人在一起，用愛、了解與同情共同尋求解決，這對雙方當事人都是相當正面與具建設性的作法，但卻與資本主義的刑事司法目的背道而馳，且明顯對立。

　　和平學派認為現今的刑事司法系統本質上是「以暴制暴」，這種作法無濟於事，只會讓當今的犯罪問題更加惡化，製造更多的社會問題，尤其是讓犯罪者變得更加暴力。和平學派也反對和當今資本社會妥協，他們認為妥協是窮途末路，只有大家聯合起來，用暴力與革命的方法推翻現狀，寄望讓資本社會破產來解決犯罪問題。

　　最後，和平學派認為建立社會主義政權才是消除各種犯罪的可行作法，犯罪學者必須正視刑事司法的暴力問題，讓社會回歸和平與正義，才是解決犯罪問題、消除流浪漢、性攻擊最根本的方法。

　　Pepinsky (1986) 提出以「正義社會學」(sociology of justice) 作為和平世界的努力，他說 (Pepinsky, 1986: 105) 懲罰犯罪者應該被認為是犯罪問題的一環，因為那絕對不是一種解決的方式。事實上，傳統的犯罪懲罰只會加速我們社會出現更多暴力與犯罪，以及帶來更多害怕感。Pepinsky 也強調，正義社會學要從暴力社會結構中找到犯罪及懲罰問題的源頭，社會學家應該致力於制止犯罪的發生及幫助受害者，如果真的有犯罪發生時，我們不該懲罰犯罪的人。

二、Braithwaite 的修復式正義

　　修復式正義 (restorative justice) 提出者以澳洲國家大學教授 John Braithwaite 最負盛名，主要作品為 1989 年的《犯罪、恥感與整合》(*Crime, Shame and Reintegration*)，以及後來 Makkai 與 Braithwaite (1994)、Strang 與 Braithwaite (2000) 共同寫的研究報告。《犯罪、恥感與整合》在於從各種被遺忘的犯罪學理論，包括：次文化、標籤、控制理論、差別接觸、

緊張理論等，找回他們的價值、整合他們並重新注入
犯罪學生命力，以建立社會秩序 (1989: 5)。
Braithwaite 稱他的理論為「整合恥感理論」(re-
integrative shaming theory)，強調恥感的效用必須建立
在「人與社區的整合」和「人受到社會支持」之上。
「整合恥感」的論點成為修復式正義理論核心。

圖 13-6 澳洲國家大
學教授 John Braithwaite
（右）2013 年 5 月來
訪，和筆者攝於金門

Braithwaite 關心犯罪學發展，他呼籲犯罪學界進
行理論典範轉移，從傳統的犯罪學：強調控制街頭犯
罪和依賴警察、法院、監獄制度、維護秩序等進行典
範轉移，他認為犯罪學應該要有新方向且要與傳統焦
點區隔，據此，他提出修復式正義，這是一個犯罪學理論的新概念，強調
因衝突引起的傷害需要修復，以解決不安全感，他也認為修復式正義應該
是一個全球性的社會運動，在於建立世界和平 (Braithwaite, 2000)。

　　Braithwaite 是推動修復式正義理論與實踐的佼佼者，他長期投入相關
問題研究，也身體力行，實地到受害災區現場主持修復會議。Braithwaite
(1989) 認為，修復式正義有三個基本原則：

　　1. 使用人道的、非懲罰的刑事司法體系，讓做錯事的人改邪歸正，同
時恢復社會和諧。

　　2. 修復式正義不是口號，它需要我們採取行動，用實際的計畫與方法
改變對受害人與加害人的關係。

　　3. 修復式正義以受害人、加害人和社區為核心。加害人對於受害人和
社區都有責任，這是不容否定的。我們必須鼓勵犯罪人，讓他們願意為自
己錯誤的行為負起責任，而不是用許多合理化的言語為自己辯護。另外，
受害人不該永遠自怨自艾、忿忿不平，終致抱憾終生，我們需要主動幫助
與開導他們。在犯罪事件中，社區也是受害人，受到實質犯罪傷害、污名
化社區聲譽或社區和諧破壞，如何修補犯罪對社區的傷害，亦是修復式正
義關心的課題。

　　Braithwaite 比較了修復式正義與傳統刑事司法正義模式的差異，如下

表 (Strang & Braithwaite, 2000: 36)。

表 13-1　修復式正義與傳統刑事司法正義模式比較

傳統刑事司法正義模式	修復式正義模式
受害者在刑事司法系統中是邊陲的	受害者是刑事司法過程中的重心
強調犯罪懲罰或者犯罪人的矯正	強調關係的修復、傷害的修復 犯罪人、被害人及更大社區的關係修復
刑事司法體系沒有社區的概念，由國家代表之，並進行犯罪事件的處理	社區的成員或者組織扮演更為積極的角色
衝突當事人在刑事司法體系上的對抗與詰問 (adversarial) 成為司法過程的特色	衝突當事人彼此之間的對話與協商是修復過程的特色

　　Braithwaite 同時提出修復過程 (the process of restoration) 的概念，強調修復會議是一種衝突當事人療傷止痛的過程，具有教育與犯罪預防的目的，其作法是透過調停第三者，大家進行面對面溝通、談判、協商、仲裁等稱為和解 (reconciliation)，共同建立共識、解決問題、製造和平。

　　第三者的角色稱之為促進者 (facilitator)，促進者最重要的工作是安排見面與對話，在加害人、受害人及社區相關成員之間作聯繫 (connections) 的工作。用一個較為非正式且易於控制對話的過程與結果進行，以解決犯罪帶來的傷害與衝突 (Strang & Braithwaite, 2000)。同時，促進者也要創造一個使參與者感到舒服之氛圍，他們可以為自己或為別人講話，是在於抒發衝突帶來傷害的感受，也是對未來雙方關係恢復可能性的努力。

　　修復式正義之目的在於建立和平的社會秩序，自然是以降低犯罪率作為指標。在修復過程中，加害人要知道自己行為的責任，並學習是非對錯的價值觀，以增進自己的能力與社會適應力；至於受害人，在於使他們能夠從修復過程中感受支持，並透過道歉、賠償等方式，作為受害人的補償，以使修復過程成為有意義的行為，進而願意寬恕對方，並發展出正面、積

極的人生態度，重新出發；至於社區部分，則是寄望從修復過程中凝聚居民情感，並為衝突當事人尋找可能的社區資源，以確保社區安全，發揮社區功能。

修復式正義指出和解是有難度的，但透過一位專業促進者的協助，鼓勵見面、對話、說出事件感受或者嘗試賠償可能性等，再加上其他的幫助：擁抱、抱歉之表示、拜訪，甚至出任社區志工服務等，有助於加害人與受害人的和解與關係恢復 (Strang & Braithwaite, 2000)。

修復式正義除了加害人、受害人以及調停第三者之參與外，也需要整個社區、學校、警察、法院的參與，例如：法院提供協商的機會，讓加害人看到法律與秩序的價值 (Strang & Braithwaite, 2000)；警察社會控制力的參與，確保社區安全；學校的參與在於提供加害人學習與成長的機會，強化他們社會適應能力。除此之外，修復式正義要讓加害人得到社區資源的協助，以作為犯罪行為矯治的基礎。

Makkai 與 Braithwaite (1994) 曾以實證資料支持修復式正義理論，他們將澳洲保育之家的檢查分為兩組，一組是傳統的執法模式，另外一組是修復式正義的模式，前者對於營業違規之經營採負面標籤的作法，後者則對違規者採取寬容及了解的作法。研究結果顯示，保育之家遭到「整合恥感」對待者，在其後的檢查中，展現較高的遵從規範意願。研究發現，恥感配合上團體的接納與整合，可以有效提升遵守法律的意願，也是改變偏差行為的基礎；因此，修復式正義反對以標籤、羞辱的方式來對待違反法律的人；相反的，我們應該以尊重和接納方式對待之。

Siegel (2011) 對於修復式正義有一些疑慮：(1)其是作為政治的運動，抑或矯治的過程？修復式正義應該要定位到較高的層次，超越個人、團體、社會，因為它所企求的是全球的人道價值與和平；(2)應有文化與社會的差異。因為修復式正義要如何從多元的社會中找到大家的共識，或者找到共同的修復式正義作法，這是很困難的；(3)平衡犯罪者與受害者的需要，這是相當艱難的事情；(4)修復式正義可能只有短期的效果，忽略了長遠的矯治需要。最後，Siegel 也批評，修復式正義的作法未能一致、沒有統一範

本,將使修復式正義推動時喪失焦點。

總而言之,修復式正義是社會運動也是矯治過程,強調理論必須屈服於行動之下,只有實際採取行動,人類犯罪帶來的衝突與社會秩序威脅才有改善的可能。如此,修復式正義是一種行動、一種實作、一種實踐,需要實際採取行動。作為實際行動,修復式正義有個工作原則:「促進對話、恢復關係、解決紛爭」,強調加害人、受害人和社區皆為修復過程的核心,只有三方面關係都得到修復,才能達到犯罪矯正,以及社會秩序建立的最終目標。

臺灣也有和解的政策,以區公所的調解委員會最為人所知。他們調解民事事件,例如:債權債務的清償、房地產買賣的糾紛、租賃關係、占用及婚姻的糾紛等,其中以車禍求償的調解最多,此外他們也調解刑事案件。調解委員為地方上具有聲望的人士,他們不必具專業調解的訓練,因為達成和解即不再訴訟才是他們最大的目的,這與修復式正義的精神存在很大的差異。

近來,修復式正義的風潮也吹向法務部,提倡刑事司法上人道的、非暴力的和解,其中,以被害人、加害人的調解 (victim offender mediation, VOM) 作為基礎,鼓勵對話來達成雙方關係之恢復,只是,法務部的調解作法,缺少創造個人與社區團體整合的社會連結思考,而這是修復式正義模式最為核心的概念,強調透過對話、溝通、互動,以及團體社區的接納,來增強自我概念、人際關係和人格成長,並作為犯罪預防的重要策略。

受害人與加害人的調解執行,最大的困難是加害人與受害人不願意見面,這使得法務部推動的方案困難重重,成果相當有限。2009 年,法務部曾舉辦修復式正義的徵文比賽「有話對你說」,此活動在於表達加害人對於他們自己犯罪行為的認錯,並表示歉意與悔改;至於受害人部分,則希望他們在接到加害人的悔改信後,能夠選擇原諒。基本上,這樣的活動在於使加害人與受害人,雙方都能走出生命的陰霾(2009/10/8《聯合報》)。但這作法並不完全符合修復式正義精神,因為缺少中間促進對話的調停人,也缺少參與活動的自願性。

　　2012 年初，筆者與國立臺北大學犯罪學研究所周愫嫻、林育聖等三位教授，接受教育部委託，協助推動「防制校園霸凌」工作，辦理「防制校園霸凌理論與實務研討會」及「防制校園霸凌個案處遇作為工作坊」，讓學校輔導人員可以認知到校園霸凌的通報責任和處理校園霸凌的方法。一年之後，我們導入犯罪學修復式正義的概念，成立「橄欖枝中心」，鼓勵衝突當事人見面、相互溝通和對話、尋求和解，以有效解決霸凌問題，進而促進校園和諧。橄欖枝是和平的象徵，這典故來自《舊約聖經》挪亞方舟的故事，「橄欖枝中心」則以建立和平與友善校園為最終目標（侯崇文、周愫嫻、林育聖，2014）。

　　筆者認為，承認人性的存在，是修復式正義理論思考的源頭。因為人性，人會自私、以自己為中心、行為的目的在於帶給自己最大的快樂，如此，社會上才發生競爭、適應、暴力與衝突的問題，這雖然是很正常的，卻是修復式正義嘗試要解決的問題。

　　修復式正義理論其實和其他犯罪學理論一樣，乃學者們對於社會秩序如何維護與建立長期思考得來的結晶。古典犯罪學派向舊時代挑戰、力求改革，改革用於契約社會，用懲罰嚇阻犯罪，強調懲罰的快速性及確定性，以建立社會秩序；犯罪學實證學派也在努力找出犯罪原因，以預防犯罪；修復式正義也有相同目的，致力於結合各種犯罪學理論，找出有利於改變人的因素，尤其是建立整合的社區，並透過互動，恢復人際關係，提升犯罪者社會適應能力，參與社會、建立秩序。

　　筆者認為修復式正義是犯罪學生命歷程理論典範 (life course paradigm) 的一環。生命歷程理論典範將於本書最後一章中討論，它強調一個人生命歷程的變化。修復式正義推出各種多元的計畫或做法，透過協調者的安排，促使衝突雙方對話、修復關係，這些行動的目的在於改變人，使他們因為對話與關係的修復，而成為負有責任感和生產能力的人。

　　筆者也認為修復式正義也運用到涂爾幹的社會事實概念。涂爾幹強調人必須和社會連結，必須參與社會分工，才能維持團體的共同情感、凝聚力與秩序；而如果我們失去了和團體的連結，人對自己所生活的環境毫無

興趣或人被團體刻意的隔離、排斥，將導致他們無法參與活動，而出現迷亂，社會控制的功能喪失，將無法約束人的行為，其結果便是犯罪與偏差。修復式正義鼓勵人與人和人與社區關係的修復，並使衝突當事人參與社會分工，讓他在團體中有其所屬角色與功能，這是避免迷亂與犯罪的方法，也是人類行為學習與改變非常有效的做法。

三、女性主義犯罪學

這學派認為傳統犯罪學者強調男性犯罪者，但卻忽略女性犯罪與社會中女性被不平等對待。批判學派犯罪學強調資本社會女性受到歧視，而這問題的根源是資本主義，在資本社會中，男人與女人權力分配不平等，但是女人在資本社會的分工裡並沒有缺席，她們為資本家生產許多的剩餘價值，卻被大幅的剝削，女性主義犯罪學 (feminist criminology) 認為這是違反人道，也是犯罪問題的來源。

女性主義犯罪學共有三個探討之取向，說明如下：

1.自由女性主義 (liberal feminism)：認為性別歧視和社會上對女性角色的刻板印象是犯罪的來源，因此，強調利用防止性別歧視的行動來改變。

2.社會主義女性主義 (socialist feminism)：是性別歧視的資本社會功能，它造成社會階級的分工，讓男人與資本家成為有權力的階級 (powerful class)，而讓女人與工人階級成為沒權力的階級 (powerless class)。

3.激進女性主義者 (radical feminism)：犯罪為父權經濟與女性次級關係的產物，例如：強姦是一種暴力犯罪，一種男性權力、男性控制及男性統治支配的結果，而不是一種性攻擊行為。

第八節　結　論

社會學理論關心結構歷史及結構內涵對人類行為的影響，也關心人類依據他的信仰與價值行動，這些因素都比個人的、心理的因素更為重要，

因此，犯罪的解釋應該從人類與經濟的互動內涵中尋找答案，而衝突學派就是從這角度看犯罪問題。

衝突學派特別強調法律是被製造、被決定的，犯罪是來自文化上的衝突和階級利益衝突的結果，因此，經濟結構、階級結構以及性別結構的不平等，決定了犯罪本質及犯罪數量。

衝突犯罪學派其下有不少學派，這些學派都有自己的名稱，然而，鮮少人樂於比較他們彼此之間的差異。社會學者 Pelfrey (1980) 的《犯罪學進化》(*Evolution of Criminology*) 曾說：「衝突犯罪學各學派似乎更在意於他們理論的地位，以及他們對犯罪學的影響，卻忽略了理論的論述。」似乎，衝突犯罪學派的學者更積極於拿起他們的理論旗幟和傳統犯罪學理論區隔，或進行典範競爭，並發揮他們的影響力。

本章以馬克思的衝突理論為中心，並分析馬克思的理論如何被用來解釋犯罪問題，也談及衝突理論的行動學派，介紹近代一些犯罪學者如何致力於用犯罪學促進公平與正義的社會，他們提出建構馬克思公民社會的犯罪學論點，或以兩性平權的方式來解決犯罪者、受害人、社區等相關的問題。本章也討論近代一些犯罪學者倡導的酷兒犯罪學，嘗試為那些受到排擠與迫害的「異於一般人」者，找到屬於他們的社會角色。

學習重點提示 ◆

1. 請說明馬克思的理論，以及他對犯罪學衝突學派發展的影響。

2. 請說明衝突學派犯罪學的理論基礎，馬克思和達倫道夫的理論內涵。也請說明犯罪學衝突學派三大支派為何？他們強調的論點又為何？

3. 衝突學派犯罪學者 William Chambliss 嘗試從馬克思犯罪學典範角度解釋犯罪，請說明之。

4. 請說明衝突學派犯罪學的理論基礎。

5. 修復式正義 (restorative justice) 的概念出現在上世紀末葉，現已經發展成為一個犯罪學新的理論典範，這理論在於說明社會衝突事件處理的哲學。試說明修復式正義的理論內涵，其與傳統報應式刑事在司法模式的作法上有何差異？又請說明修復式正義的推動作法。它如何透過修復過程，以達受害者、加害人以及社區關係的恢復？

6. TWY「新犯罪學」(New Criminology) 及 Vold「團體衝突理論」(group conflict theory) 如何說明當代社會的犯罪問題？

7. 犯罪學家 Turk 如何說明「犯罪化」(criminalization) 的問題？

8. 請說明 Quinney 的「犯罪的社會事實」(the social reality of crime) 理論為何？

參考書目

侯崇文、周愫嫻、林育聖 (2014)。校園霸凌及其防制對策。一吋橄欖枝。臺北市：教育部。

蕭白雪、曾增勳（2009 年 10 月 8 日）。被害家屬心痛　殺人犯懂了。聯合報，第 A9 版。

Arrigo, B. A. (2016). Critical criminology as academic activism: on Praxis and Pedagogy, Resistance and Revolution. *Critical Criminology*, 24 (4), 469–471.

Ball, M. (2014). Queer criminology, critique, and the "art of not being governed". *Critical Criminology: An International Journal*, 22(1), 21–34.

Ball, M., Buist, C., & Woods, J. (2014). Introduction to the special issue on Queering

Criminology: new directions and frameworks. *Critical Criminology*, 22 (1), 1–4.

Belknap, J. (2015). Activist criminology: Criminologists' responsibility to advocate for social and legal justice. *Criminology*, 53 (1), 1–22.

Bernard, T. (1981). The distinction between conflict and radical criminology. *Journal of Criminal Law and Criminology*, 72 (1), 362–379.

Bohm, R. (1982). Radical criminology: an explication. *Criminology*, 19 (4), 565–589.

Bonger, W. (1916). *Criminality and Economic Conditions*. Vancouver, B.C., Canada: The Political Economy Club.

Buist, C. & Lenning, E. (2016). *Queer Criminology: New Directions in Critical Criminology*. London: Routledge

Braithwaite, J. (1989). *Crime, Shame and Reintegration*. Cambridge: Cambridge University Press.

Braithwaite, J. (2000). The new regulatory state and the transformation of criminology. *British Journal of Criminology*, 40, 222–238.

Braithwaite, J. (2002). Setting standards for restorative justice. *British Journal of Criminology*, 42, 563–577.

Chambliss, W. (1964). A sociological analysis of the law of vagrancy. *Social Problems*, 12 (1), 67–77.

Chambliss, W. (1968). *Crime and the Legal Process*. McGraw-Hill.

Chambliss, W. (1975). Toward a political economy of crime. *Theory and Society*, 2, 149–170.

Chambliss, W. (1978). *On the Take: From Petty Crooks to Presidents*. Indiana University Press.

Chambliss, W & Seidman, R. (1971). *Law, Order, and Power*. Reading, Mass: Addison-Wesley.

Chambliss, W. & Zatz, M. (1993). *Making Law: The State, the Law, and Structural Contradictions*. Bloomington and Indianapolis: Indiana University Press.

Dahrendorf, R. (1958). Out of utopia: toward a reorientation of sociological analysis. *American Journal of Sociology*, 64, 115–127.

Dahrendorf, R. (1959). *Class and Class Conflict in Industrial Society*. Stanford, CA: Stanford University.

Hamm, M. (2010). Chambliss, William J.: Power, Conflict, and Crime, *Encyclopedia of Criminological Theory*, edited by Francis T. Cullen & Pamela Wilcox. Thousand Oak: Sage, 142–149.

Jones, D. (1986). *History of Criminology: A Philosophical Perspective*. Westport, Conn: Greenwood Press.

Lindesmith, A. (1938). A sociological theory of drug addiction. *American Journal of Sociology*, 43 (4), 593–613.

Makkai, T. & Braithwaite, J. (1994). Reintegrative shaming and compliance with regulatory standards. *Criminology*, 32 (3), 361–385.

Marx, K. (1979). *A Contribution to the Critique of Political Economy*, edited by Maurice Dobb, London: Progress Publishers.

Marx, K. (1986). *Karl Marx: A Reader*, edited by Jon Elster. New York: Cambridge University Press.

Pelfrey, W. (1980). *Evolution of Criminology*. Anderson Publishing Co.

Pepinsky, H. (1986). A sociology of justice. *Annual Review of Sociology*, 12, 93–108.

Pepinsky, H. (2006). Peacemaking criminology, *The Essential Criminology Reader*, edited by Stuart Henry & Mark M. Lanier, Boulder, CO: Westview, 278–285.

Platt, A. (1969). *The Child Savers: The Invention of Delinquency*. Chicago: University of Chicago Press.

Quinney, R. (1970). *The Social Reality of Crime*. Boston: Little, Brown and Company.

Quinney, R. (1974). *Critique of Legal Order: Crime Control in Capitalist Society*. Boston: Little, Brown and Company.

Quinney, R. (1979). *Criminology*, 2nd edition. Boston: Little, Brown and Company.

Rusche, G. & Kirchheimer, O. (1939/2009). *Punishment and Social Structure*. New Brunswick: Transaction Publishers.

Schnitker, S. A., Emmons, R. A. (2013). Hegel's thesis-antithesis-synthesis model, *Encyclopedia of Sciences and Religions*, edited by Anne L. C. Runehov & Lluis Oviedo, Springer Netherlands.

Sellin, T. (1938). *Culture Conflict and Crime*. New York: Social Science Research Council.

Siegel, L. (2011). *Criminology*. New York: Thomson Wadsworth.

Strang, H. & Braithwaite, J. (2000). *Restorative Justice*. New York: Ashgate Publishing.

Taylor, I. R., Walton, P. & Young, J. (1973). *The New Criminology: For a Social Theory of Deviance*. Routledge & Kegan Paul plc.

Taylor, I., Walton, P. & Young, J. (2012). *Critical Criminology*. Routledge.

Turk, A. (1969). *Criminality and Legal Order*. Chicago: Rand McNally.

Turner, B. (2010). Thinking citizenship series: Ralf Dahrendorf on citizenship and life chances. *Citizenship Studies*, 14 (2), 237–244.

Vold, G. (1958). *Theoretical Criminology*. New York: Oxford University Press.

圖片來源

圖 13-2：Karl Marx/Public domain

圖 13-3：Friedrich Engels/Public domain

圖 13-4：Lord Dahrendorf. Library of the London School of Economics and Political Science/Flickr, No restrictions

圖 13-6：筆者提供

第十四章

當代生命歷程典範

　　臺灣有「流氓教授」，他們現在是教授，但過去曾是流氓，他們如何從犯罪的生涯中走出來？他們後來如何能夠拒絕犯罪，不再犯罪？這些生命歷程的改變讓犯罪學家感到興趣[1]。臺灣也有一些很有地位與身分的人，他們後來走向犯罪，被判刑，關了起來。一個人的生命歷程會出現變化，有的由壞變好，有的則由好變壞，這些轉變是犯罪學生命歷程典範 (life course paradigm) 要探討者。

　　1997 年，臺灣發生重大犯罪案件，陳進興、林春生與高天民等三人，共同綁架白冰冰女兒白曉燕，撕票之後，於逃亡期間更犯下性侵害、殺人、強盜、人質挾持等重大犯罪案件，受到全國關注。陳進興讀小學時經常偷東西，國中時多次違反校規，最後輟學沒有完成學業。他在 13 歲時，因為偷竊被送到法院並且判決確定，後來他又違反保護管束的規定，遭送感化教育，沒多久，他又因殺人被判有期徒刑，最後則犯下綁架白曉燕且撕票的案件。一些犯罪學家對於這種觸犯重大案件的人感到興趣，他們想探討從小時候持續到成年的犯罪發展過程，且更想要探討這些犯罪的人在成長過程中的心理因素及危險因素，這樣的研究取向稱為犯罪發展理論 (developmental theory of crime)。

　　生命歷程犯罪學派約在 1990 年代出現，由犯罪學家 Robert Sampson 與 John Laub 提出，稱為「生命歷程犯罪學」(life course criminology)。他們因為回到 Sheldon Glueck 的資料[2]，用當代統計分析方法重新分析，發現了生命歷程的重要。後來他們發表一系列文章，其中最為有名的為 1993 年出版的《發展過程中的犯罪》(*Crime in the Making*)，這本書受到「美國犯罪學會」(American Society of Criminology) 與「美國刑事司法學會」

1　臺灣東吳大學林建隆教授寫過《流氓教授》(2000)。他曾經因為觸犯刑法殺人未遂罪遭到監禁，後來因為看到兩位弟弟也跟他一起墮落，而痛改前非，考上大學，畢業後繼續完成博士學位，後來受聘為大學教授。

2　Glueck 與他太太 (Glueck & Glueck, 1930) 曾寫《500 位犯罪生涯》(*500 Criminal Careers*)，是早期犯罪學界重視終生犯罪及嚴重犯罪問題的學者。

(Academy of Criminal Justice Society) 兩大知名犯罪學社團的肯定，也使生命歷程理論在犯罪學有一席之地 (Sampson & Laub, 1993)。隔年，1994 年 3 月，Laub (1994) 教授受邀到美國波士頓東北大學 (Northeastern University)，以這主題進行重要演講。

犯罪發展理論 (developmental theory of crime) 也出現於 1990 年代，德裔美國臨床心理學家 Terrie Moffitt (1993) 提出反社會行為發展理論，他在《心理學回顧》(*Psychological Review*) 提出兩個反社會行為類型：青春期有限 (adolescence limited) 以及生命歷程持續 (life course persistent) 犯罪發展模式，前者只有在青少年時期犯罪，之後便停止；後者則持續犯罪至成年。Moffitt 的兩個反社會行為類型也說明了犯罪統計曲線的變化：犯罪數量隨著年紀的增加而增加，但過了 18、19 歲，犯罪則急速減少。

第一節　何謂生命歷程？

美國學者 Glen Elder (1994: 5) 定義生命歷程如下：「係逐級年齡的各種軌跡 (trajectories) 彼此緊密交織 (interweave)，例如：職業生涯、家庭的途徑，這些都可能因為變遷的情境以及未來可能的選擇而改變。可能是短暫的轉換 (transition)，例如：離開學校或退休等，當有了轉換的時候，就會出現新的軌跡，也會有新的型態與意義。」一個人長大，會離開學校、離開父母、找工作或結婚生子……，這些隨著年齡而發生的各種軌跡，將帶給我們新的選擇與改變，而出現轉換的情境。這些生命歷程，帶給人們新的生活經歷，也帶給人們不同的生命意義。

荷蘭學者 Jan Kok (2007) 這樣定義生命歷程：「生命歷程，它在於研究一個人的生命與社會變遷。人們在家庭、社會以及歷史的時序中，建構出每一個人的生命史。」Kok 也說，生命歷程可以視為一個人在時間的前進中一系列位置的變化，這系列的位置可以是一個人的婚姻、就學或居住地點等 (Kok, 2007: 204)。

Kok 強調，生命歷程典範在於探討個人一系列位置變化的次數，稱之

為事件；事件在時間上的互動，我們稱為軌跡 (trajectories)；事件與事件之間的差距則稱之為持續時間 (duration)。

軌跡是一個較長時間上的改變：教育的時間通常很長，是一個人重要的軌跡；工作也通常會持續較為長的時間，也是人生命歷程的軌跡。一個生命歷程的軌跡，通常會伴隨一些轉換：指個人的身分、社會參與、職業角色方面的改變。轉換通常會有儀式，例如：畢業典禮、升遷的儀式或工作報到或退休等的儀式；例如臺灣警察局長就任新職，會舉行布達儀式，是生命歷程轉換的概念。

生命歷程事件，轉換，以及軌跡與持續時間關係圖如下：

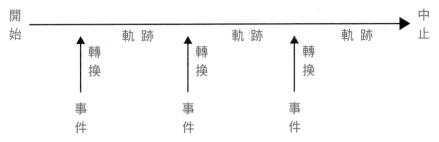

圖 14-1 生命歷程事件，轉換，以及軌跡與持續時間關係圖

第二節　生命歷程理論典範

最早談生命歷程的社會學者為 Thomas 及 Znaniecki，他們探討美國波蘭移民的生命故事，同時探討移民在變遷社會下家庭和鄰里社區的關係，他們發現移民往往在新社會中經歷孤立與迷亂，而這構成了犯罪的原因 (Thomas & Znaniecki, 1918)。

生命歷程理論典範的出現和 1990 年代的時代背景有關，冷戰結束、共產主義瓦解、網路科技出現，人們經歷快速社會與文化變遷，面對新秩序的挑戰，許多年輕人開始關心他們發展階段的問題：大學畢業了，下一步要如何走？就業了，下一步要如何走？結婚了，下一步要如何走？在這歷史情境與社會思潮下，生命歷程問題受到重視，成為了解問題的一個方法。

　　學術界用生命史的角度解釋犯罪原因之所以受到重視，乃因生命史已是一個學術上的典範 (paradigm)，稱為生命歷程典範 (life course paradigm) (Elder, 1985; 1994; Elder, et al., 2003; Sampson & Laub, 2003; 2005)。我們了解，學術界典範是指被多數學者接受、認可，用來解釋人類行為的觀點或理論，而典範的理論與觀點，通常具較高的價值與正確性。近年來，許多犯罪學家走出傳統上從人口變項分析社會事實的方法，轉而從縱貫 (longitudinal)，人的生命發展、生命歷程來看人的改變，探討犯罪者如何變得循規蹈矩、立地成佛；或善良老百姓如何成為犯罪之徒，這樣的觀點為一個微觀 (micro perspective) 的因果關係分析，深刻了解影響人的變化之關鍵因素。

　　生命歷程典範採取社會學符號互動理論的觀點，強調行為發展是橫跨整個生命歷程的，並非在小孩時期就已完成、固定、不會再改變。生命歷程典範強調，當一個人隨著年齡的成長，相伴的各種期待和機會，和伴隨著個人生命成長所發生的事件，將影響著人並帶來行為的變化。

　　生命歷程典範是研究人的生命發展過程與社會和經濟內涵之間的互動關係、人一生在時空上的生命變化，包括：家庭變化、職業變化和社會關係的變化，對一個人生命發展的影響與改變，這是生命歷程理論典範的核心。我們可看到一個人的生命發展中，社會及歷史因素如何與人的生命變化發生互動，例如：一個在貧民區長大的小孩，他因為接受教育，在學校裡獲得新的機會，出現改變的契機，在這樣的人的生命發展中，新的經歷帶來了改變的機會。

　　Elder (1994: 5) 特別指出，生命歷程典範應該探討「社會力」(social force) 如何影響人的生命歷程。「社會力」指社會事實現象，例如：工作、家庭、教育、政治制度等，都是社會力，人的生命歷程中如何受到這些社會力的影響，是生命歷程典範要探討的議題。

　　生命歷程也探討轉換時間點 (timing of the transition) 問題，較早進入偏差或犯罪的軌跡者，受到的負面生命影響較大，導致了後來一系列的負面影響，致使犯罪持續發展 (Patterson, 1996)。舉例說明：在年紀很小的時候

就犯罪，進入矯正學校，其帶來的各種負面生命的影響包括：就業不易、教育機會受限、社會拒絕等，都是轉換時間點帶來的不利影響。

另外，生命事件不同軌跡也是生命歷程典範研究範疇。家庭的生命事件帶來不同的軌跡，也帶來不同的影響；職業的生命事件也會帶來不同的軌跡和不同的影響，其他的生命事件如：宗教的、婚姻的、經濟的……也如此。

生命歷程理論還有一個相當重要的發現，很多人在長大以後就不再犯罪，也就是中止 (desist) 的現象，停止犯罪活動。然而，少數小孩在進入成年階段，還是持續犯罪，從這些人身上可以發現，他們在很小的時候就出現反社會行為，長大以後的犯罪行為會更多、更嚴重。社會學家當然很想了解，為什麼越早有反社會行為的小孩，未來的行為問題會更多，可能的解釋為：小孩時的反社會行為，往往導致與家人的緊張與衝突，降低了與父母情感的聯繫，也傷害成長的機會，甚至為了填滿心靈上的空虛，尋找犯罪朋友，而無法自拔。

第三節　發展與生命歷程典範

2003 年，英國的犯罪學家 David Farrington 在美國《犯罪學期刊》(*Criminology*) 發表〈發展與生命歷程犯罪學〉(Developmental and life-course criminology)，簡稱 DLC，是他榮獲美國犯罪學會 Sutherland 獎的致詞文。他嘗試結合發展理論與生命歷程理論，以建構新理論典範，促進了犯罪學知識的發展 (advanced knowledge) (Farrington, 2003: 221)。「發展與生命歷程理論典範」納入了五個犯罪學重要學者的觀點：Richard Catalano 與 David Hawkins (1986; 1996)、Robert Sampson 與 John Laub (1993; 1997; 2003; 2005)、Terrie Moffitt (1993; 1997)、Rolf Loeber 與 Marc Le Blanc (1990)，以及 Terence Thornberry 與 Marvin Krohn (1997; 2005) 等，以下簡要說明 Farrington 的「發展與生命歷程理論」。

Farrington 認為「發展與生命歷程理論」有三個重要議題：⑴探討犯罪

及反社會行為的發展；⑵不同年齡的危險因素；⑶一生的生命事件帶來之
影響。發展與生命歷程典範要特別聚焦於犯罪者生涯上的特性，尤其是犯
罪的開始、持續以及中止，從生命歷程上的犯罪生涯探討犯罪問題。

　　Farrington 的生命歷程理論嘗試和 Gottfredson 與 Hirschi (1990) 強調
的低自我做區隔，他認為生命歷程更應該重視人在社會上的競爭與適應，
因此他納入了緊張理論的觀點，強調物質取得和成就和展現男性價值等都
關係著犯罪動機，也影響生命歷程變化，而自我及違反法律的態度，並非
是生命歷程理論最需要討論者。另外，Farrington 認為，他的理論不只是犯
罪的發展，更重視犯罪事件發生的情境與機會因素，他認為犯罪機會在生
命歷程中扮演重要的角色，生命歷程理論重視學習過程或標籤過程，這些
都是生命歷程中的關鍵因素。最後，Farrington 認為，個人的社會背景或環
境因素可能和人格發展有關，但這並非是生命歷程理論重心，犯罪學更應
該去探討生命歷程中人在各種情境上的經歷造成的緊張，或者帶來更好的
社會適應，這些對於犯罪與否的影響才更顯著。

　　筆者並未反對 Farrington 要建立「發展與生命歷程典範」的雄心大志，
但它僅強調人類社會適應帶來之壓力與緊張，卻輕忽社區內涵本身對人類
行為之影響，這是筆者無法贊同的。人類生活環境關係著行為發展，一個
整合、有共同情感與凝聚力的社區將帶來社會控制力，是生命歷程是否出
現迷亂與犯罪不能忽略的問題。另外，筆者也不贊成 Farrington 刻意忽略
Gottfredson 以及 Hirschi (1990) 於一般化犯罪理論所強調的自我控制價值，
人類對自己的看法一直是影響人是否犯罪的重要因素，這關係更是許多犯
罪學家實證的結果。據此，本章標題放棄 Farrington 的「發展與生命歷程
理論」，採用學術界普遍認同的生命歷程理論典範。

　　上面生命歷程理論的論點給予讀犯罪學的人許多啟示，讓我們懂得從
關注一個人犯罪的生涯：他如何開始、如何持續以及又如何中止了解犯罪。
以下討論幾個犯罪學家的生命歷程觀點：先介紹 Loeber 及 Le Blanc 的犯罪
途徑論點，再介紹 Moffitt 以及 Sampson 與 Laub 的論點，之後介紹
Catalano 與 Hawkins 的社會發展模式、Farrington 的整合認知反社會潛能理

論，以及 Le Blanc 的整合多層次控制理論。最後，筆者再提出自己的犯罪學觀點。

第四節　Loeber 與 Le Blanc 的犯罪途徑

1990 年，Rolf Loeber 與 Marc Le Blanc 在《犯罪與司法》(*Crime and Justice*) 期刊上共同寫了〈論發展犯罪學〉(Toward a developmental criminology) 的論文，激起犯罪學界對生命歷程研究的關注。Loeber 及 Le Blanc 強調，犯罪學家要致力於了解犯罪者的生命歷程變化，而不是把犯罪的人視為一個不變的、靜態的東西。犯罪是一個動態 (dynamic) 過程，有開始、有成長狀態，也有中止等變化。

Loeber 及 Le Blanc (1990) 呼籲社會學家研究下列問題：

1.為何人們開始有反社會行為？

2.為什麼有一些人中止反社會行為？而有些人則不會？

3.為什麼有一些人在長大的過程中惡化他們的反社會行為？為什麼有的人漸漸減少他們的反社會行為？

4.人們停止反社會行為的力量是什麼？

Loeber 與 Le Blanc (1990) 的犯罪途徑 (pathway to crime) 研究，使用匹茲堡少年研究 (Pittsburgh Youth Study) 的資料，探討不良少年犯罪之路，Loeber 與 Le Blanc 強調，不良少年通常走的不會是單一的路，有的走向暴力犯罪集團，有的走向偷竊和詐騙。

Loeber 及 Le Blanc 指出了三個明顯的途徑：

1.權威衝突途徑 (authority conflict pathway)：這種途徑的不良少年，小時候倔強頑強，導致他們叛逆，只用自己的方法行事。年紀稍長，則與權威機構衝突，逃學蹺課或和老師頂嘴，有的甚至逃家、中輟，不再升學。

2.掩蔽途徑 (covert pathway)：這種途徑的不良少年，由微罪開始，偷竊、詐騙，導致他們有一些破壞財產的行為。這些行為後來擴大而有更為嚴重的行為，例如：偷車、仿造文書、偷機車、買賣贓物或使用偷來的信

用卡犯罪。

3.外顯途徑 (overt pathway)：外顯途徑者從霸凌開始，在學校找人麻煩、打架，年長後更惡化他們的行為，從事強盜殺人的暴力犯行。

第五節　Moffitt 的犯罪發展路徑

Terrie Moffitt 是美國杜克大學 (Duke University) 的臨床心理學家，她提出兩個不良少年犯罪發展的路徑：一個為少年時期有限路徑 (adolescent-limited pathway)；另一個為生命歷程持續路徑 (life course persistent pathway)，前者是相當典型的青少年路徑，他們年輕氣盛，有一些的小問題，動不動就與父母、老師、朋友衝突吵架，但是當他們長大以後，這種衝突就減少了，後來也停止了犯罪或偏差行為；後者則是指在很小的時候就出現反社會行為，長大以後仍然沒有中止，甚至於問題行為越來越嚴重，成為一位犯罪學上的終生犯罪者 (career criminal) (Blumstein, Cohen, & Farrington, 1988)，或長期犯罪者 (chronic offenders) (Wolfgang, 1958)。

Moffitt (2006) 從她自己長期的研究中，得到的兩個犯罪發展路徑，她稱之為：反社會行為的發展類型 (developmental taxonomy of antisocial behavior)，她的反社會發展類型具有幾個實用的價值：首先，如果兩個類型是正確的，我們就可以將焦點放在反社會人格暴力因果的因素，從中介入給予幫助。其次，她認為不同的類型有不同的犯罪預防的作法，而如果生命歷程持續路徑是正確的，我們可以在小孩更早的時期，用一些輔導技巧來幫助；而如果少年時期有限路徑是正確的，我們可以從同儕影響面，找出更多改革少年的作法。兩個反社會行為的發展類型說明如下：

一、少年時期有限反社會行為路徑

Moffitt (2006) 指出，少年有限路徑反社會行為的出現乃是因為成熟代溝 (maturing gap) 的現象使然。隨著青春期的出現，在成熟及責任感來臨之

前，對許多年輕人來說，他們處在一個沒有角色的年代，他們內心的挫折與不愉快是問題行為的原因。另外，Moffitt (2006) 也強調，年輕人對於他們凡事依賴父母的情況也十分不滿，他們想要自主，擁有自己的發展空間，只是，面對現實，他們感到無奈，也不願意等待未來的機會。而這時，他們便以叛逆和不良少年活動來展現他們自我的追求，以獲得朋友、同儕的肯定與認同。

只是，依據 Moffitt (2006) 的說法，隨著年齡成長、成熟，許多偏差和反抗的行為就停止了，小孩逐漸認識自己的角色與責任，而回歸到正常的生活。Moffitt 提出套住 (snares) 的生命歷程現象，她指出少年有犯罪的紀錄、坐牢、吸毒、中輟等這些將套住他們，使這些少年延後了他們拒絕犯罪的時間。

Moffitt (2006) 除上述兩個反社會行為路徑外，也提及幼年有限攻擊小孩 (childhood limited aggressive children) 後來發展成為低階嚴重犯罪者 (low level chronic criminal offenders)，但他認為這類型的人數並不多，主要是受到後來環境危險因素的影響。另外還有一個反社會的類型，稱為成人開始反社會行為路徑 (onset antisocial behavior)，這種反社會行為路徑的出現來自官方的犯罪統計，這種成年開始的反社會行為現象，Moffitt 認為是時間延後 (time lag) 造成的，通常是 3 到 5 年，從社會發展模式理論來看，這些人在青少年時就已經有偏差的行為，只是沒有明顯化而已。

Moffitt 也指出行為發展模式還有戒絕的路徑 (the abstainer pathway)，這種人從小到大循規蹈矩，一直都沒有犯罪，從來不惹麻煩，可能的解釋是這些人沒有犯罪的機會或受到同儕排擠，又或者他們不喜歡和同儕往來。

二、生命歷程持續路徑

根據 Moffitt (2006) 的論點，生命歷程持續路徑的反社會行為發展模式為：小孩在很小的時候就有問題行為，而這個問題行為因為他成長的環境惡化而擴大。解組的社區、家裡的社會經濟問題、父母不當管教，以及學

校適應問題等，都破壞了小孩與社會的整合與連結的機會，讓他們出現反社會行為。Moffitt (2006) 也指出，小孩環境因素會擴大影響到其他社會生活領域，包括：不佳的人際關係、和同學老師的衝突，其結果使之喪失了正向學習的社會價值與機會。

Moffitt (1993; 1997; 2006) 的臨床心理學背景，特別著重探討心理的困擾及心理疾病問題，她指出這些生命歷程持續者有許多明顯的特質，例如：低語言能力、易怒、負面的人格特質或是衝動的人格特質等。

Moffitt (2006) 也提及生命歷程持續路徑帶來社會鍵消失的問題，她強調個人行為面的問題與環境惡化的因素，逐漸建構一個失序的人格與態度，這是這些小孩後來持續發展攻擊及反社會行為直到中年的重要特質。Moffitt (2006) 進一步指出，這種的反社會行為特質在長大之後會和其他生活各種層面連結在一起，例如：他會出現更多的偏差行為，會經常和人發生衝突，工作上出現大量問題行為，甚至於帶來家庭的暴力或傷害小孩，這些問題使得生命歷程持續路徑者的改革更加困難。

第六節　Sampson 與 Laub 的逐級年齡理論

Sampson 與 Laub 的理論稱為逐級年齡理論 (age-graded theory)，他的理論主要出現在 1993 年的著作《發展過程中的犯罪》(*Crime in the Making*)，以下說明之。

逐級年齡理論有二個重要的概念：(1)一個人一生中轉捩點 (turning point)：轉捩點指各種生命事件對於犯罪生涯發展的影響；(2)社會資本 (social capital)：人們所建立的社會資本主要為正向的，對於個人的成功有幫助者如：婚姻，可以創造社會資本，給人自信以及讓人們對他產生信心，可以抑制犯罪。

生命事件是 Sampson 與 Laub 理論的重點，也是他們在學術上最大的貢獻。就犯罪學來說，生命事件具有使一個人停止犯罪的作用。例如：一個黑道或地方角頭，在結婚有了小孩之後決定退出江湖，這種情況常見於

臺灣。

　　生命事件是一個人生命軌跡 (trajectory) 中發現的事件，生命事件之後會出現轉彎的過渡期，Sampson 與 Laub 用轉換 (transition) 之概念表示，指一個較為短暫的期間，是在生命事件之後的調整期。Sampson 與 Laub 認為，某些情況中，生命事件在調整期之後有正向的改變，但有些情況則是負向的改變。一個受刑人離開監獄重獲自由，這是個生命事件，讓他重新開始展開人生，這時他正經歷生活轉換的過渡期，他可能有個正向的改變，調整自己，為自己的未來重新規劃，重新出發；他也可能有個負向的改變，持續犯罪，且越陷越深。

　　成功的婚姻、學業及就業，幫助一個人有著穩定的生活；相反地，失敗的婚姻、被學校放棄及找不到任何就業的機會，可能是後來成為犯罪者的轉捩點。Sampson 與 Laub (1993) 在《發展過程中的犯罪》(*Crime in the Making*) 一書中把人的一生的軌跡分成五個重要階段：0 到 10 歲的小孩期、10 到 18 歲的少年期、17 到 25 歲的轉變期、25 到 32 歲的少壯期、32 到 45 歲的中年前轉變期。每一個人生的階段都有影響生命軌跡發展的重要事件，在小孩時期，個人結構背景因素是重要的生命事件，Sampson 與 Laub 指出，較為重要的影響因素包括有：低收入家庭、家庭人數、家族爭議、居住的流動、父母離異、房間太擁擠、母親就業等。

　　在青少年階段的影響因素有：父母太過於嚴厲的管教、父母的拒絕、對學校的附著、學業的表現等，當然，結交偏差朋友更是惡化生命歷程一個重要因素。17 歲之後的轉變期、少壯期或者中年前的轉變期，例如就業和婚姻，對一個人的生命歷程很關鍵，婚姻的挫折、不愉快以及工作上的不如意，往往是走上犯罪生涯的原因。

　　上述有關不同的人生階段、人生所遭遇之問題，都成為左右人生命歷程的重要生命事件，Sampson 與 Laub 稱這論點為「逐級年齡理論」(age-graded theory)。

　　Sampson 與 Laub 的逐級年齡理論摘要如下：青少年偏差行為在進入了少壯期之後的犯罪行為，並非完全是個人特性因素使然，隨著年齡的成長，

伴隨著發生在個人身上的各種社會事件更是使一個人持續犯罪的原因。逐級年齡理論也強調用社會結構內涵帶來家庭及學校社會控制機制，來解釋不良少年問題，然而，這種反社會行為持續到中年，則是生命事件帶來的社會鍵、社會控制力削弱所導致。

臺灣社會特有的傳統與文化也往往是人生命歷程的關鍵點，舉例來說：經國家考試成為公務人員，是一個生命歷程的重要點。很多人因公務人員的鐵飯碗保障，一直效力於這個職場直到他們退休，他們待在此工作崗位可能是一輩子的事情，這樣的生命事件足以讓一個人擁有一個完全不一樣的生命軌跡，而這正是生命歷程理論典範的意義。而從逐級年齡理論觀之，如果一個人的家庭有了犯罪的人，可能會對家庭其他的成員帶來不同的生命軌跡：有的小孩會因為家人犯罪開始放棄自己、墮落、犯罪；如果家人染上毒癮問題，可能會出現另外一個生命軌跡：對吸毒的人來說，或許他的吸毒行為會持續發展；而對家中成員來說，他們可能要面對更多經濟、人際關係，甚至犯罪誘惑等問題。

第七節　Catalano 與 Hawkins 的社會發展模式

曾在美國華盛頓大學社會工作學院擔任教授的 Richard Catalano 與 J. David Hawkins (1986; 1996)，兩人共同提出社會發展模式 (social development model) 理論，簡稱為 SDM。他們結合三個犯罪學的理論：社會控制，也是 Hirschi 的社會鍵 (social bonding)、Akers 的社會學習以及 Sutherland 的差別接觸理論等，嘗試解釋不良少年的危險因素 (risk factors) [3]。Catalano 與 Hawkins (1996) 在發展他們的理論時，也和 Gottfredson 與 Hirschi (1990) 一樣，企望解釋所有的犯罪行為。他們強調暴

3　Catalano 與 Hawkins 的社會發展模式早於 1986 年提出，是美國國家藥物濫用局 (National Institute on Drug Abuse, NIDA) 其中一個計畫的研究成果，此成果發表於兩人任教的華盛頓大學的一次公開演講。

力、非暴力以及毒品濫用等，都受到人類行為的相同原理原則影響，據此，他們的社會發展模式要解釋犯罪行為、反社會行為，同時也要解釋人類正常的行為、遵守法律的行為。

在建構社會發展模式時，Catalano 與 Hawkins (1986; 1996) 強調，社會學家應該從行為發展模式思考，他們指出，人類社會行為受到很多因素的影響，有生物的、心理的、社會的，人類在不同的社會環境或情境下受到這些因素的影響，而出現犯罪或反社會行為，另一些人也是在這些因素的影響下，出現了正常的、遵守法律的行為，因此，犯罪學家必須同時找到造成犯罪的危險因素，以及造成遵守法律的保護因素，才能了解行為面貌。

在理論考量時，Catalano 與 Hawkins (1986; 1996) 特別強調差別接觸、社會學習以及控制理論（也可稱為 Hirschi 的社會鍵理論）都是造成守法正常行為的重要過程，同時也是造成犯罪、反社會行為的重要過程。他們強調，多數小孩從家庭、學校、宗教團體、朋友和社區學習中獲得遵從社會規範的價值，但也有少數的小孩，他們在相同的環境下學習卻學習到反社會的價值，Catalano 與 Hawkins (1996) 認為這種差異就是學習機制的力量。Catalano 與 Hawkins (1996) 認為社會化會因為下列四種的學習機制造成行為上的差異，包括：⑴參與他人活動與互動的機會；⑵參與他人活動與互動的程度；⑶參與他人活動與互動的技巧；⑷參與未來他人活動與互動的強化機制 (reinforcement) 等。

Catalano 與 Hawkins (1986; 1996) 認為學習就是社會化，可以產生社會鍵，當個人和社會化機構附著，連結就會出現，並左右反社會或支持社會的行為，這是 Catalano 與 Hawkins 的社會鍵的概念。而 Catalano 與 Hawkins 也依據 Hirschi 社會鍵的概念強調，有社會鍵，就有不犯罪的力量；而沒有社會鍵，就會導致犯罪。

建立在上述理論架構之下，Catalano 與 Hawkins (1986; 1996) 提出兩個行為發展模式：「支持社會行為發展路徑模式」(prosocial path model)、「反社會行為發展路徑模式」(antisocial path model)。Catalano 與 Hawkins 稱「參與他人活動與互動的機會」、「參與他人活動與互動的技巧」，以及增強

「參與他人正向社會活動與互動的程度」，將帶來對於正向社會活動與互動的認同與附著和強化人們對於法律、社會秩序與道德的信仰，建構了「支持社會行為發展的路徑模式」。

至於「反社會行為發展路徑模式」也與「參與他人活動與互動的機會」，以及「參與他人活動與互動的技巧」有關。缺少互動的能力、或只能參與負向社會活動機會，都會導致人們對於「反社會的活動與互動」認知的強化，帶來對「反社會活動與互動」正向價值的看法，這樣的結果進而影響「反社會活動與互動」的社會鍵，也帶來對違反法律、社會秩序與信仰的支持，建構了「反社會行為發展的路徑模式」。

Catalano 與 Hawkins (1986; 1996) 並提及「參與未來他人活動與互動的強化機制」，如果「反社會行為的活動與互動」帶來快樂，會強化未來反社會活動的參與與互動。此論點源自 Akers 的社會學理論，強調行為結果影響未來行為，可以是社會支持行為，也可以是反社會、違反法律與道德的行為。

Catalano、Kosterman、Hawkins、Newcomb 以及 Abbott 等人 (1996) 在同一年發表支持社會發展模式的實證研究報告，寫於《毒品問題期刊》*(Journal of Drug Issues)*。該研究報告來自西雅圖社會發展計畫 (Seattle Social Development Project)，是一個縱向的研究計畫 (longitudinal panel)，分析來自 590 位西雅圖低收入地區家庭 5 年級小孩，研究計畫持續追蹤他們 9 歲、10 歲、13 歲、17 歲和 18 歲的資料，分析方法採統計上結構方程式模型 (structural equation modeling) [4]，藉以檢驗研究資料與社會發展模式的理論期望是否一致，研究指出，社會發展模式的犯罪解釋是正確的，可以預測 17 與 18 歲青少年毒品的使用行為。

---

4 結構方程式模型是一種多變數的統計分析方法，在於檢定複雜變數之間關係的假設。

第八節　Farrington 整合認知反社會潛能理論

　　Farrington (2003; 2005; 2010) 的生命歷程理論稱為整合認知反社會潛能理論 (integrated cognitive antisocial potential theory, ICAP)，強調反社會的潛能 (antisocial potential, AP)，是他的理論最為核心的概念，也是犯罪行為出現最為主要的概念。反社會潛能透過挫折、緊張以及模仿過程形成；同時也透過社會化和生命事件形成。反社會潛能是一個人觸犯反社會行為的潛在能力，也是一個人將潛能實現、決定犯罪的能力。Farrington 的整合認知反社會潛能理論來自於劍橋不良少年發展研究 (Cambridge Study in Development Delinquency)，這是一個縱向的研究計畫，有 411 位研究對象，都是男生，年齡從 8 歲到 48 歲，都是低階級家庭成員。研究的目的在於找出危險因素，並建立犯罪行為發生模式。此理論納入了社會學者 Agnew 的犯罪學緊張理論，強調階級，以及生活上的挫折帶來反社會潛能。據此，低階級、失業、在學校成績不好者、反社會潛能較高者，較有可能介入反社會行為。

　　依據 Farrington 的理論，一個犯罪事件的發生受到兩個因素的影響：(1)反社會潛能；(2)認知過程 (cognitive processes)。意味一個反社會潛能導致的犯罪行為，通常必須經過認知過程，而這種的認知過程主要考慮犯罪的機會和受害對象因素。每一個人的反社會潛能有高有低，而測量值高的反社會潛能最可能犯罪。Farrington 也強調，較高反社會潛能測量值的人具有下列特性：(1)取得物質的需要或滿足；(2)在同儕間擁有高地位；(3)興奮與性的滿足。

　　整合認知反社會潛能理論強調生命事件對於反社會潛能的影響，舉例說明：一個人結婚生子，其工作職位越來越高，這時他們的反社會潛能會降低，也較不會衝動，因為家裡的非正式社會控制增加加上工作責任感，使得他們的反社會潛能降低，減少了犯罪的機會。

　　來自於家庭、工作、學校教育，甚至個人的衝動性、快感、興奮滿足

的尋求情形所引起的反社會潛能，Farrington 稱為長期的反社會潛能 (long term antisocial potential)。而短期的反社會潛能 (short term antisocial potential) 則與個人的生氣、挫折、無所事事、酗酒、吸毒有關，這些強化了反社會的潛能。Farrington 的整合認知反社會潛能理論也納入行為心理學的強化機制 (reinforcement)：一個人在其環境下對於報酬與懲罰的反應方式所造成的結果，會影響後來的行為。如果犯罪行為得到報酬，這時犯罪行為重複的機會大；相反的，如果犯罪行為得到懲罰，犯罪行為就不會再重複，或者犯罪者會加以修正。

　　Farrington 的整合認知反社會潛能理論討論犯罪的發展也討論犯罪事件的發生，對 Farrington 來說，犯罪事件的發生和他們的情境與機會有關。Farrington 提出的認知過程概念，也是古典犯罪學派人類理性與享樂主義的概念。犯罪的人會評估犯罪帶來的風險、必須付出的代價、成功的機會或受害人有利於犯罪者的因素，經過這種認知過程後，犯罪者才決定是否採取犯罪的行動。下列圖簡單呈現 Farrington 的整合認知反社會潛能理論。

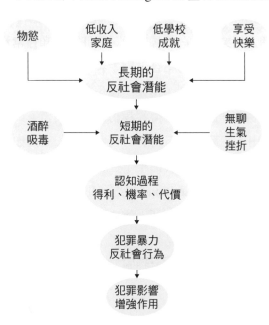

圖 14-2 Farrington (2005: 78) 的整合認知反社會潛能理論 (ICAP)

第九節　Le Blanc 的整合多層次控制理論

　　Le Blanc (1996) 提出犯罪發展、犯罪事件出現的理論，稱為整合多層次控制理論 (Integrative multilayered control theory)。Le Blanc 強調影響犯罪事件、犯罪發展和社區犯罪率有四個社會控制的機制，包括：⑴社會的鍵 (bonding to society)：指個人與家庭、學校、同儕、婚姻以及工作的連結；⑵人格發展 (personality development)：特別是自我中心 (self-centeredness) 和同理心之對比；⑶模仿 (modelling)：特別是支持社會的學習與反社會的學習之對比；⑷約束 (constraints)：指外來的社會化或者內在個人自我與信仰上的約束。Le Blanc 認為個人的社會階級、生活社區的環境等，皆對社會鍵產生影響；而個人的認知能力、個人和這世界互動方式，則影響了人格發展；另外，社會的鍵與人格發展又影響了模仿，以及個人外來或內在的約束力。

　　依據 Le Blanc (1996) 的整合多層次控制理論，犯罪事件與社區控制、社區的解組、個人約束力、自我控制力、犯罪機會和日常活動方式等都有關聯。雖然 Le Blanc (1996) 的整合多層次控制理論強調控制在犯罪事件上的影響，但社會上的一些機制，例如：模仿或學習，有些有鼓勵犯罪的作用；有些則有抑制犯罪的作用，得視模仿的內涵而定。

　　Le Blanc 指出，犯罪往往因為弱的社會鍵引起，而如果一個人十分自我，此時，各種社會化機制將發揮不了社會控制的功能，犯罪和持續犯罪就成為必然的結果。另外，Le Blanc 也提及犯罪中止 (desistance) 現象，他說：犯罪中止的出現主要是因為個人能夠發展出新的社會鍵力量，這可能是因為工作的緣故，或是因為結婚、有了小孩、組成家庭，使他們不再過於自我中心，而越來越能受到社會控制力的影響，如此便可達到中止犯罪活動的目的。

第十節　我的犯罪學想像

本書最後一節，筆者嘗試寫出自己的犯罪學觀點，稱之為「我的犯罪學想像」，借鏡自 C. W. Mills (1959) 的「社會學想像」(sociological imagination)，但不像 Mills 從政治層面、菁英層面探索中產階級受到迫害和無力改變現狀的困境，筆者從一般人、普通老百姓的層面，探索人類在社會生活的過程中，有哪些機制影響一個人成為犯罪的人，而又有哪些的機制影響一個人不去挑戰法律與規範。

筆者定義的犯罪學，也是犯罪學想像：

> 「犯罪學在於探討人類的社會結構適應，以及伴隨著對於自己和
> 世界各種事物，主觀了解及其與犯罪問題之間關係的科學。」

此定義說明了犯罪學是一門科學，且視犯罪問題為一個科學知識領域，藉以取得犯罪問題的科學知識。另外，犯罪學的探討必須從人類結構適應問題，及從人類如何詮釋自己和如何詮釋這世界各種事物的問題著手，只有透過這些問題的探討才能得知犯罪發生的真實面貌。

筆者的犯罪學想像是由當代發展與生命歷程理論典範建構，整合人類社會結構適應與人類如何詮釋這世界這兩個社會學議題，來了解造成犯罪或反社會行為和造成守法與不犯罪的過程：哪些是危險因素？哪些行為過程導致反社會行為？哪些是幫助人與社會整合、願意遵從法律、不犯罪的因素？

筆者犯罪學的想像企圖成就一種一般化理論 (general theory)，和犯罪學家 Sutherland、Gottfredson、Hirschi 和 Agnew 等學者一樣，在於發展出可以解釋所有犯罪行為的犯罪學理論，包括：暴力的、財產的、詐騙的、盜用公款的，甚至沒有受害者的酗酒、吸毒等偏差行為。

筆者在建構犯罪學想像時，有幾個基本論點：

　　1.承認人性的存在是犯罪學理論的源頭。因為人性才有生存的問題，也因為生存才有適應的問題；另外，因為人性，才有學習、抑制人性的問題，才有為何不犯罪的問題。對於人性的看法，筆者提出二元論：人性有自我的一面，也有利他的一面。人是自私的，往往以自己為中心的，行為的目的在於帶給自己最大的快樂。這種人性論也表示人類都會犯罪，人類有不得不犯罪的力量，犯罪是人類本能的一部分，因為每個人都在追求快樂，逃避痛苦，這是人類的自然欲望，追求最大快樂與最小痛苦，這項論點是古典學派的，也是 Hirschi 的社會控制論所強調的，犯罪學研究的問題不是「人為什麼犯罪？」而是要思索「為什麼人不犯罪？」。人性也有利他的一面，人是善良的，會去幫助別人、關心別人，他的行為會顧及多數人的快樂原則，這樣的人性論點來自涂爾幹，人類有過著團體生活的欲望，想要參與社會、和他人合作或建立社會連結。

　　2.導致犯罪的反社會行為和導致不犯罪的守法行為，其行為上的機制與過程是相同的。筆者這論點和 Sutherland 一樣，皆強調導致犯罪和不犯罪，都有相同的行為機制，只是 Sutherland 強調人類參與團體時，人與人互動的欲望與需要每個人都是相同的；筆者則強調人類社會適應的必要性，這對犯罪人，或者一般的人都是一樣的。同時，人類也在生活的經歷中學習，這對犯罪人，或者一般人，都是相同的。

　　3.筆者拒絕用交互、互惠 (reciprocal) 說明人類行為，也拒絕用發展 (developmental) 的概念解釋人類行為。交互、互惠的行為乃指影響反社會行為的因素也會受到反社會行為的影響，舉例說明：破碎家庭導致不良少年，而不良少年會帶來破碎家庭，這就是行為交互、互惠的特性，但是筆者並不持這樣的論點。筆者強調人類的結構適應和人與環境的互動與經驗，才是影響人類行為之關鍵，個人行為帶來的生命歷程的變化是有限制的。另外，人類行為發展的概念強調行為的開始、維持以及停止，不同行為階段有不同的預測因素，筆者也拒絕這樣的論點，假設一個吸毒的人，他因為結婚就不吸毒。這樣的論點似乎過於簡單；畢竟人類行為很複雜，影響發生、持續或者停止的因素在於社會學的因素，由社會學因素決定了人類

行為、守法或反社會。

4.筆者提出整合型的犯罪學解釋模式，主張犯罪學學術界應該放棄典範競爭，走向科際整合 (interdisciplinary) 與多元主義 (pluralism)，筆者的論點同美國馬里蘭大學社會學者 George Ritzer (1975)，強調社會學必須是多元理論典範，用多元的社會學理論角度探討涂爾幹的社會事實。

我們承認人類行為的複雜性，也承認社會複雜性。在傳統上，學術界都強調理論典範競爭，強調特定理論優於其他理論，特定理論較其他的理論能夠解釋人類行為，甚至要特定理論取代其他所有的理論，這種理論典範競爭的概念無法完整呈現人類行為與社會現象，筆者認為，犯罪學應該珍惜所有的犯罪學理論與他們的價值，犯罪學理論例如：迷亂理論、次文化論、社會控制理論、緊張理論、中立化技巧、標籤理論等，每一個理論在某種程度上都幫助我們了解部分的犯罪問題；如此，筆者認為犯罪學應該放棄理論典範競爭，必須走向科際整合，接受甚至整合不同理論，用多元的視野來解釋犯罪問題。

5.人會改變，如歷史會改變一樣。筆者接受符號互動論的觀點，強調：人的學習與成長是一輩子的，人的一生都可能會改變，就像人類的歷史。支配歷史的主流意識，並非是永久的或者絕對的；許多曾在歷史舞臺上的要角，終究會面臨被否定的命運。依據這論點，人的一生、人的態度與觀念並不是絕對的，它隨時受到挑戰，隨時準備接受改變，因此，一個人可以從一個好孩子變成壞孩子，也可能從壞孩子變成好孩子，這論點顯然不同於一些心理學，許多心理分析強調小時候成長過程的重要性，也強調人類行為有固定、停滯不前現象，似乎一個人的一生好像沒有太多改變空間。

建立在上述的基本學術立場上，本研究提出犯罪學整合型的理論典範，強調涂爾幹的結構適應與韋伯的行動者意義世界，兩個理論典範相互整合，共同解釋犯罪行為，理論重點說明如下。

1.人類行為係依人們對於各種事物所賦予的意義 (meanings) 而行動。這是韋伯的論點，也是符號互動理論的論點，強調一位行動者如何來看這些事物、如何附予這些事物特有的意義，這是很重要的，因為這會影響到

他的行為及他的社會關係。因此，犯罪是一種態度與主觀詮釋的問題，是人如何詮釋自己、如何看待自己的問題。如果一個人主觀的詮釋違反法律的價值超過遵守法律，其結果就是反社會行為的出現；如果一個人主觀的詮釋遵守法律與社會規範，其結果就是不會去犯罪。主觀詮釋左右守法行為和反社會行為，如此，人類如何賦予這個世界自己的意義，和人類如何看自己和這世界，是很重要的，對一個犯罪的人和守法的人都同等的重要。

2.社會化的重要性。社會化是變為「社會人」的過程，是人們學習與成長的過程，其中學習期望、習慣、技能、價值、信仰和其他需要，目的在於有效地參與社會、強化自己的適應能力。人們對於各種事物所賦予的意義來自社會化，來自個人與他人的互動，尤其在親密團體的互動，因此，互動與溝通品質是社會化的基礎，是左右學習的關鍵，其中，親密團體的家庭對小孩的影響非常重要，影響絕對大於學校或他們所交往的朋友。

社會化有兩個層面特性：(1)互動的社會化：影響社會化的因素甚多，青少年的初級團體、次級團體、社會對人的反應、家庭的互動、師生的互動、好朋友與壞朋友等都關係到人類學習的結果；(2)社會反應：社會上的人對行為的反應也是一種社會過程，關係到人類行為的發展，這種概念與犯罪學的標籤理論有關。標籤理論的焦點在於社會反應 (social reactions)，尤其對於一些被視為偏差的人，例如不良少年、惡棍、流浪漢、同性戀或者一個在學校製造問題的學生，社會給予他們偏差身分或犯罪身分的定義，進而對他們造成影響。這理論強調，一個偏差犯罪行為的發生，不是由於犯罪者自身的一些犯罪特質所引起，而是社會集體多數對於犯罪者的反應，對於他們犯罪行為的定義所造成的負面作用之結果。

3.人類社會適應情形左右犯罪或不犯罪。筆者接受涂爾幹與 Merton 的迷亂理論傳統，結構適應帶來了緊張與壓力，並對人類行為產生關鍵性的影響，其中，適應能力好、能成就目標者，不會出現迷亂情境，也不會有偏差或反社會行為；相反的，適應能力不佳，追求成功機會受到挫折，這種人生活經歷上的壓力與挫敗往往帶來迷亂及犯罪與偏差行為。

社會結構乃是指一個人在一個社會所定義的位置，他的階級地位、性

別、職業角色等都是結構的，找工作、結婚、買房、買車、買家具等都是社會適應的表現。筆者也認為小孩的結構適應通常與他們的家庭有關，小孩的家庭有的是完整的，有的則不完整，這些也影響小孩在學校的表現，也是他們結構適應的一環。

除此之外，行動者和環境結構適應也關係到社會化結果。我們知道，人在社會結構中的位置會影響一個人與其他的人的互動關係，也會影響其他的人與他的互動。青少年在社會結構中有其特殊的地位、女人也是、工人也是、失業的人也是，都關係到一個人成功的機會，關係到他們在社會中被對待的情況，也關係到他們的社會關係、他們的認知、他們對自己生存世界的看法。

筆者不是一位自由放任主義學者，認為人類社會應該回歸到弱肉強食、適者生存的原則，這樣是不公平的，因社會中的中產階級或弱勢團體，他們總是處在劣勢地位，贏的機會不大。但我們仍必須相信，人類社會因為是一個有機體，會不停進化。人們必須適應他們的生活環境，並且經過這過程，讓人類得到發展。因此，我們必須與人競爭，必須參與這社會，與人溝通與互動，這是競爭與適應的社會過程，這過程也關係到人類生涯是否犯罪的結果。

筆者的犯罪學想像，從行動者如何詮釋他們生活世界開始，強調行動者如何定義他們周遭事物關係著人類行為、犯罪或守法，這是韋伯的理論傳統，也是符號互動論的論點，犯罪學家 Sutherland 和許多社會控制論學者都從主觀詮釋論點解釋人類行為。互動與社會化和人類對於偏差行為的社會反應，是人類定義自己和定義這世界的來源之一，也是解釋人類行為的重要因素。筆者的犯罪學想像圖如下：

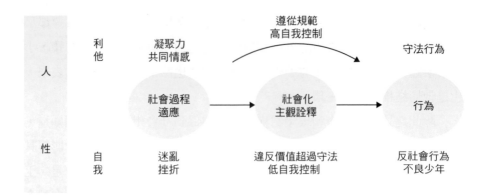

圖 14-3 筆者犯罪學想像圖

　　最後，筆者列出犯罪學想像的七個命題，結束這本書：

　　1. 犯罪行為受到犯罪者對於各種事物所賦予的主觀詮釋 (subjective interpretative) 的影響。主觀詮釋是韋伯的社會學概念，強調行為者給予各種事物的意義。各種事物指涂爾幹的社會事實或事物 (things)。

　　2. 犯罪行為與人類參與社會過程中的競爭與適應有關，而犯罪往往是人和環境未能整合，出現挫折或迷亂之結果。

　　3. 犯罪者對於社會事實或事物的解釋源於社會化以及社會反應。

　　4. 社會化來源甚多，皆與人與人、人與環境互動有關，其中家庭最為重要。此外一個整合、有共同情感、高凝聚力的環境也有助於社會化。

　　5. 負面反應的標籤可以對一個人造成負面影響，其中如果我們對於犯罪或偏差者否定、拒絕、排斥、隔離……都等於是我們社會給了他們犯罪或偏差角色與身分的定義，將對他們造成關鍵性的影響。

　　6. 人類社會適應情形也關係著人對於社會事實或事物的看法。適應佳者，人與團體整合者會帶來正向的自我概念；適應不佳者，人與團體出現迷亂情境者，會帶來負向自我概念。

　　7. 導致犯罪的行為發展過程和導致人類遵守法律其過程是一樣的，有著相同的機制，皆和人與環境、人與人的互動過程與結果有關。

　　筆者用這犯罪學想像來了解犯罪是如何發生的，也用這想像來了解人為何不犯罪的問題。

學習重點提示 ◆

1. 美國哈佛大學社會學家 Robert Sampson 和 John Laub 共同寫了《發展過程中的犯罪》(*Crime in the Making*)。他們在這本書中提出生命歷程理論，分析犯罪者犯罪生涯的持續的途逕 (pathway)，或生命歷程出現轉振點 (turning point) 離開犯罪生涯、回歸正常日子。請說明生命歷程理論，並就這理論說明從小孩時期、青少年時期以及成人時期等，影響犯罪之持續與轉振點的生命歷程內涵。

2. 何謂生命歷程？有何重要行為上的概念？也請說明生命歷程理論典範的重要學者，以及他們如何分析犯罪的持續或停止。

3. Loeber 與 LeBlanc 提出三個犯罪的不同途徑，他們各有何特色？

4. 請說明 Sampson 與 Laub 逐級年齡理論的重要概念，也請說明 Moffitt 的反社會行為發展模式的概念。

5. 請解釋 Farrington 的整合認知反社會潛能理論，也請說明 Catalano 及 Hawkins 的社會發展模式。他們在建構理論時，各結合了哪些行為科學概念？

6. 請說明筆者建構犯罪學想像的基本論點及其理論重點。

7. 請說明筆者如何定義「犯罪學」這門科學。

參考書目

林建隆 (2000)。*流氓教授*。臺北市：平安文化。

Blumstein, A., Cohen, J., & Farrington, D. P. (1988). Criminal career research: its value for criminology. *Criminology*, 26, 1–35.

Catalano, R., & Hawkins, J. D. (1986). *The Social Development Model: A Theory of Antisocial Behavior*. Center for Social Welfare Research, University of Washington.

Catalano, R., & Hawkins, J. D. (1996). The social development model: a theory of antisocial behavior, *Delinquency and Crime: Current Theories*, edited by J. D. Hawkins. New York: Cambridge University Press, 149–197.

Catalano, R., Kosterman, R., Hawkins, J. D., Newcomb, M., & Abbott, R. (1996).

Modeling the etiology of adolescent substance use: a test of the social development model. *Journal of Drug Issues*, 26 (2), 429–455.

Elder, G. (1985). *Life Course Dynamics: Trajectories and Transitions, 1968–1980*. Ithaca, New York: Cornell University Press.

Elder, G. (1994). Time, human agency, and social change: perspectives on the life course. *Social Psychology Quarterly*, 57 (1), 4–15.

Elder, G., Kirkpatrick, J. & Crosnoe, R. (2003). The emergence and development of life course theory, *Handbook of the Life Course*, edited by J. T. Mortimer & M. J. Shanahan. New York: Plenum, 3–19.

Farrington, D. (2003). Developmental and life-course criminology: key theoretical and empirical issues—the 2002 Sutherland Award address. *Criminology*, 41 (2), 221–255.

Farrington, D. (Ed.). (2005). *Iintegrated Developmental and Life-course Theories of Offending*. New Brunswick, NJ: Transaction Publishers.

Farrington, D. (2010). The integrated cognitive antisocial potential theory, *Encyclopedia of Criminological Theory*, edited by F. T. Cullen & P. Wilcox, Thousand Oaks, CA: Sage Publications, 313–322.

Glueck, S. & Glueck, E. (1930). *500 Criminal Careers*. Alfred A. Knopf.

Gottfredson, M. R., & Hirschi, T. (1990). *A General Theory of Crime*. Stanford University Press.

Kok, J. (2007). Principles and prospects of the life course paradigm. *Annales de Demographie Historique*, 203–230.

Laub, J. (1994). *Crime in the Making: Pathways and Turning Points through Life*, Thirtieth Annual Robert D. Klein University Lecture. Boston, Northeastern University.

Le Blanc, M. (1996). Changing patterns in the perpetration of offenses over time: trajectories from early adolescence to the early 30s. *Studies on Crime and Crime Prevention*, 5, 151–165.

Loeber, R. & Le Blanc, M. (1990). Toward a developmental criminology. *Crime and Justice*, 12, 375–473.

Mills, C. W. (1959). *The Sociological Imagination*. New York: Oxford University Press.

Moffitt, T. E. (1993). Adolescence-limited and life-course persistent antisocial behavior: a developmental taxonomy. *Psychological Review*, 100 (4), 674–701.

Moffitt, T. E. (1997). Adolescent-limited and life-course persistent offending: a complementary pair of developmental taxonomies, *Advances in Criminological Theory (Vol. 7): Developmental Theories of Crime and Delinquency*, edited by T. P. Thornberry.

New Brunswick, NJ: Transaction Publishers, 11–54.

Moffitt, T. (2006). A review of research on the taxonomy of life course persistent versus adolescence-limited antisocial behavior, *Taking Stock: The Status of Criminological Theory*, edited by F. Cullen, J. Wright, & K. Blevins. New Brunswick, NJ: Transaction Publishers.

Patterson, G. R. (1996). Some characteristics of a developmental theory for early-onset delinquency, *Frontiers of Developmental Psychopathology*, edited by M. F. Lenzenweger & J. J. Haugaard. New York: Oxford University Press, 81–124.

Ritzer, G. (1975). Sociology: a multiple paradigm science. *The American Sociologist*, 10, 156–167.

Sampson, R. J., & Laub, J. H. (1993). *Crime in the Making: Pathways and Turning Points through Life*. Cambridge, MA: Harvard University Press.

Sampson, R. J., & Laub, J. H. (1997). A life-course theory of cumulative disadvantage and stability of delinquency, *Advances in Criminological Theory (Vol. 7): Developmental Theories of Crime and Delinquency*, edited by T. P. Thornberry. New Brunswick, NJ: Transaction Publishers, 133–162.

Sampson, R. J., & Laub, J. H. (2003). Life-course desisters? trajectories of crime among delinquent boys followed to age 70. *Criminology*, 41, 301–339.

Sampson, R. J., & Laub, J. H. (2005). A life-course view of the development of crime. *The Annals of the American Academy of Political and Social Science*, 602 (1), 12–45.

Thornberry, T. P., & Krohn, M. D. (1997). Peers, drug use, and delinquency, in *Handbook of Antisocial Behavior*, edited by D. M. Stoff, J. Breiling, & J. D. Maser. Hoboken, NJ: John Wiley & Sons Inc., 218–233.

Thornberry, T. P., & Krohn, M. D. (2005). Applying interactional theory to the explanation of continuity and change in antisocial behavior, in *Integrated Developmental and Life-course Theories of Offending*, edited by David Farrington, New Brunswick, NJ: Transaction Publishers, 183–210.

Thomas, W. I. & Znaniecki, F. (1918). *The Polish Peasant in Europe and America*. 5 volumes (1918–20).

Wolfgang, M. (1958). *Patterns in Criminal Homicide*. Oxford, England: University of Pennsylvania Press.

索 引

A

a general theory of anomie　14

a general theory of crime　14, 262, 267

Academic Activism　318

adolescence limited　335

adolescent-limited pathway　341

Adolphe Quetelet　11, 27, 29

affective action　195

Age of Enlightenment　10, 44

age-graded theory　343, 344

Albert Cohen　117, 129, 130, 136, 173

Albion Small　142

alienation　122, 294

altruistic　304

altruistic suicide　120

American Dream　128, 138, 139

analytic induction　235

anomic suicide　121

anomie theory　110, 129, 138, 139, 186

antisocial path model　346

antisocial potential, AP

anti-thesis　296

atavism　87, 89

Auburn Model　77

Auguste Comte　11, 84

Austin Turk　311

authority　301, 311

authority conflict pathway　340

B

biological determinism　86, 93

Bobbies　73

born criminal　12, 87, 91, 99

bourzeoisie　295

Bruce Arrigo　318

Buddhism

C

C. W. Mills　219, 247, 351

calling　192

capitalist　295

career criminal　341

cartographic school　11

Cesare Beccaria　2, 46, 80

Cesare Lombroso　12, 29, 81, 84, 86, 88, 107, 108

Charles Darwin　84

Charles Horton Cooley　236

Chicago School　142, 166, 228

child savor　86

chronic offenders　341

classical school　10, 44

Clifford Shaw　143, 153

cognitive processes　348

collective efficacy theory　157, 165

comprehensive science　189

concentric model　152

conflict criminology　14, 287, 303

consciousness　118, 202, 210

containment theory　254

contradiction 308, 309

correction 9

covert pathway 340

crimes of the State 307

criminal by passion 91, 99

criminal subculture 179

criminalization 283, 311, 328

criminoid 92

Criminology 2, 3, 10, 27–29, 41, 79–81, 87, 107, 108, 130, 131, 137–139, 166, 172, 186, 227, 229, 233, 252, 267–269, 284, 286, 313, 317, 327–331, 334, 338, 357–359

critical criminology 287, 303

culture conflict theory 13

D

dark age 44

dark figure of crime 7

David Farrington 338, 359

David Matza 223, 243, 244

David Maurer 223, 227

definition of situation 206

degeneracy 92

degradation ceremony 276

degrader 276

delinquent subculture 186

demonological explanation; demonic perspective 32

desist 338, 359

desistance 350

Determinism 86

developmental theory of crime 334, 335

dialectical 115

dialectical philosophy 294

differential association theory 3, 13, 233, 236, 251

differential level of explanation 235

differential opportunity theory 179

Differential Reinforcement Theory

Donald Cressey 4, 129, 223, 241, 308

dramatization of evil 278

drift 184, 244

dualistic view 114

duration 336

E

Edwin Chadwick 72

Edwin Lemert 277, 278

Edwin Schur 280

Edwin Sutherland 3, 14, 232, 252, 313

egoistic 304

egoistic suicide 121

Émile Durkheim 139

Encyclopedic 45

Enrico Ferri 87, 94

epileptoid 92

Ernest Burgess 143, 152

ethnography 142

Everett Hughes 143, 218, 228, 229

F

fallacy of autonomy 266

fatalistic suicide 122

feminist criminology   326

focal concerns   177

Frank Tannenbaum   274, 277

free will   10, 54

Friedrich Engels   29, 292, 331

Friedrich Nietzsche   202

G

general theory   130, 137, 233, 250, 268, 269, 351

General strain theory   180

Georg Rusche   305, 330

George Herbert Mead   209, 228

George Vold   53, 286, 311

global fallacy   266

group conflict theory   313, 328

H

Harold Garfinkel   276

Harold Pepinsky   319

Hegel   287, 291, 330

Hegel's dialectical   210

Henry D. McKay   153, 166

Henry Fielding   70, 81

Herbert Blumer   143, 202, 213, 218

Herbert Spencer   84, 107, 212

historical materialism   291, 294

Howard Becker   218, 273, 275, 277

human ecology   142

I

Ian Taylor   311

idealism   290

Immanuel Kant   289

imperatively-coordinated   associations   301

inner containment   255

inquisition   38

insane criminal   91

instrumental rational action   194

integrated cognitive antisocial potential theory, ICAP   348

Integrative multilayered control theory   350

interdisciplinary   353

interweave   335

J

J. David Hawkins   345

Jeremy Bentham   2, 63, 80

Joanne Belknap   318

Jock Young   311

John Braithwaite   319–321

John Dewey   142, 204, 205

John Laub   334, 338, 357

K

Karl Marx   14, 29, 138, 291, 300, 330, 331

Karma   34

L

labeling theory   14, 273, 284

law of nature   48

liberal feminism　326
life course criminology　334
life course paradigm　325, 334, 337, 358
life course persistent　335, 341, 359
logical abstraction　235
long term antisocial potential　349
looking glass self　213
Ludwig Feuerbach　289

M

Marc Le Blanc　338, 340
Marvin Wolfgang　171
Marxism criminology　318
material fetishism　294
materialism　23, 202, 290, 291, 294, 295, 303
maturing gap　341
Max Weber　22, 29, 188, 199
mediation　320, 324
method of priori　35
Michael Gottfredson　258, 262
Michel Foucault　73
middle class measuring rod　174
mode of production　295
Montesquieu　45
moral community　114
moral entrepreneur　14, 275
moral statistics　11, 28
Mussolini　95

N

natural area　150
natural crime　95
naturalistic　84, 245
neo-classical school　10
New Criminology　114, 139, 287, 315, 328, 330

O

object　131, 287
occasional criminal　91
organic society　119
Otto Kirchheimer
outer containment　255
overt pathway　341

P

Panopticism　73
participant observation　220
pathway to crime　340
Paul Walton　311
peacemaking criminology　287, 319
penology　9
phrenology　84
pluralism　353
political process　313
positivist school　44
power　79, 301, 326
praxis　294
predestination　192
primary conflict　182

primary group   212

proletariae   295

prosocial path model   346

pseudo criminal   92

Q

Quaker   74, 76, 80

Queer Criminology   329

R

radical criminology   287, 310, 318, 329

radical feminism   326

Raffaele Garofalo   2, 94, 107

Ralf Dahrendorf   299, 330, 331

reaction formation   129, 136, 174, 175

reinforcement   239, 346, 349

re-integrative shaming theory   321

renaissance   44

restorative justice   320, 328, 329

retreatist subculture   179

Richard Catalano   338, 345

Richard Cloward   130, 173, 178

Richard Quinney   306, 317

Robert Agnew   14, 130, 137

Robert Bohm   318

Robert Merton   14, 124, 137

Robert Park   13, 29, 143, 158, 255

Robert Sampson   157, 165, 167, 334, 338, 357

Rolf Loeber   338, 340

Ronald Akers   239

root imagery   214

Rousseau   45, 54

S

sampling error   8

scholastic philosophy   35

scientism   86

secondary conflict   182

self   41, 48, 134, 190, 210, 212, 214, 215, 263, 268, 275, 278, 350

short term antisocial potential   349

Sigmund Freud   202

Sir Robert Peel   72

social bonding   258, 345

social disorganization theory   13, 142, 154

social ecology   41, 142

social facts   19, 32

social force   337

social reactions   274, 354

social situation   240

socialist criminology   318

socialist feminism   326

socialization   9, 23, 25, 40, 125, 136, 170, 174, 175, 176, 183, 184, 238, 239, 254, 255, 256, 257, 259, 262, 264, 274, 286, 346, 348, 350, 354, 355, 356

sociological imagination   219, 351

sociology of body   103

sociology of conflict   286

sociology of justice   320, 330

soft determinism   244, 247

state of nature   48

status frustration 174, 175

stigmatize 280

subject 131, 287, 311, 356

superstructure 294

surplus value 293

symbiotic 151

symbolic interactionism 202, 214, 227

synthesis 296, 330

system of the neighborhood control theory 156

T

techniques of neutralization 223, 244, 246, 251

Terrie Moffitt 335, 338, 341

the abstainer pathway 342

The Commune 292

the social reality of crime 306, 307, 328

theory of secondary deviation 278

thesis 16, 296, 330

Thomas Hobbes 46, 80, 81

Thorsten Sellin 14, 181, 286

time lag 342

timing of the transition 337

Tony Platt 311, 316

totality 288

traditional action 195

trajectories 335, 336, 358, 359

trajectory 344

transition 13, 153, 335, 344

Travis Hirschi 14, 136, 257

trial by ordeal 38

U

urbanization 86, 144, 145, 147, 272

utilitarianism 63, 79, 80

V

value free, value neutrality 22, 84, 190

value rational action 194

victim offender mediation, VOM

victimology 9

violent subculture 179

Voltaire 54

W

Walter Miller 177, 185

Water Reckless 254

Willem Bonger 303

William Chambliss 311, 328

William Thomas 13, 143, 148, 202, 206

William Whyte 171

Y

Young Hegelians 289

犯罪學

林山田、林東茂、林燦璋／著

本書的鋪陳：上篇通論部分，介紹犯罪學的概念及其發展、犯罪學方法論、犯罪學理論、犯罪黑數、犯罪預測、犯罪分析、被害者學等；下篇各論部分，描述各種犯罪型態，包括少年犯罪、老年犯罪、女性犯罪、性犯罪、組織犯罪、政治犯罪、經濟犯罪、貪污犯罪、電腦犯罪、恐怖活動與權貴犯罪等，另外，添增毒品犯罪一章，期能提供與日俱增的新研究發現，並和當前國際犯罪學研究的趨向相接軌。